王粲、刘桢研究

◎易 兰 著

华东师范大学出版社
·上海·

图书在版编目（CIP）数据

王粲、刘桢研究/易兰著.—上海:华东师范大学出版社,2021
华东师范大学青年学术著作出版基金
ISBN 978-7-5760-2137-0

Ⅰ.①王… Ⅱ.①易… Ⅲ.①王粲(177-217)—人物研究②刘桢(170?-217)—人物研究 Ⅳ.①K825.6

中国版本图书馆CIP数据核字(2021)第185912号

华东师范大学青年学术著作出版基金资助出版

王粲、刘桢研究

著　者	易　兰
组稿编辑	孔繁荣
项目编辑	夏　玮
特约编辑	李　鑫
责任校对	丁　莹
装帧设计	高　山
出版发行	华东师范大学出版社
社　　址	上海市中山北路3663号 邮编 200062
网　　址	www.ecnupress.com.cn
电　　话	021-60821666　行政传真 021-62572105
客服电话	021-62865537　门市(邮购)电话 021-62869887
地　　址	上海市中山北路3663号华东师范大学校内先锋路口
网　　店	http://hdsdcbs.tmall.com/
印刷者	常熟高专印刷有限公司
开　本	787×1092　16开
印　张	14
字　数	230千字
版　次	2021年12月第1版
印　次	2021年12月第1次
书　号	ISBN 978-7-5760-2137-0
定　价	68.00元
出版人	王　焰

（如发现本版图书有印订质量问题，请寄回本社客服中心调换或电话021-62865537联系）

序

中国诗学在魏晋六朝的回流中，为了不迷失航向，一路都矗立着放出金黄光芒的灯塔。

中国第一部诗学批评著作——锺嵘《诗品》，把以"三曹七子"为代表的建安文学，追溯至《诗经》国风。这一时期的诗歌主轴是曹植、王粲、刘桢，其如灯塔一般的璀璨光芒，照亮了千年以后的诗学——这就是易兰据博士论文修改而成的《王粲、刘桢研究》的成书意义。

易兰学棣入学前，上海古籍出版社邀我做《建安七子集注》。选题经报国家古籍整理规划小组文学艺术及语言类十年规划项目获得批准后，我颇想与博士生合作，逐步完成这一课题。2017年9月，我受聘台湾中大教授之际，易兰考入上海师范大学人文学院，我们开始用邮件和微信联系；2018年2月返沪后，她跟随我攻读中国古典文献学博士学位，合作计划得以实现。

作为曹操的幕僚，雅聚于曹丕和曹植周围的建安七子中，与曹丕、曹植相互辉映着的还有两颗诗星——王粲和刘桢。余者或善辞赋，或擅古文。

孔融也写诗，但主要写散文。其文以气运词，锋利流畅，大量用典而不滞，厚重中有刚劲之风，奋笔直书，显示了汉末文风通脱的新倾向。陈琳与阮瑀同管记室，为曹操起草文书。其文酣畅淋漓、气势奔放，颇有战国纵横家之遗风。阮瑀的表章书记又多又美，曹丕《与吴质书》说他："元瑜书记翩翩，致足乐也。"但诗和应玚一样，成就不大。徐干五言虽有妙绝之作，如《室思》写丈夫远行后妻子在室的愁思，情致如水，但其最擅长的，乃在辞赋，故诗不如赋。他们中有在锺嵘《诗品》里占据一席之地者，但总体而言，都不如王粲、刘桢重要。

王粲和刘桢诗学的重要地位，不仅体现在他们都占据锺嵘《诗品》中的上品，与曹植共同组成汉魏诗学的主轴，还在于他们在诗歌本体论和创作论上都显现出截然不同的品格,显示出中国文学史上诗学发展的不同道路——以王粲为代表的中国诗学上的"情""辞"派和以刘桢为代表的"气""骨"派,这两种倾向一直延续到西晋。

西晋诗学中,形式美学的空前发展,带来了陆机和潘岳重视情采、左思重视气骨的不同创作倾向,写诗和读诗的人各自标举,互相攻讦。这就是江淹在《杂体诗三十首》序中记载的"世之诸贤,各滞所迷","及公幹仲宣之论,家有曲直;安仁士衡之评,人立矫抗"。

时至齐梁,沈约《宋书·谢灵运传论》有云:"子建、仲宣以气质为体,并标能擅美,独映当时。"以曹植、王粲并提而不及刘桢。

刘勰的《文心雕龙·时序篇》在叙述建安文坛时也说:"仲宣委质于汉南,孔璋归命于河北,伟长从宦于青土,公幹徇质于海隅;德琏综其斐然之思,元瑜展其翩翩之乐。文蔚、休伯之俦,于叔、德祖之侣,傲雅觞豆之前,雍容衽席之上,洒笔以成酣歌,和墨以藉谈笑。"《文心雕龙·才略》篇称:"仲宣溢才,捷而能密,文多兼善,辞少瑕累:摘其诗赋,则'七子'之冠冕乎!"

由此可见,沈约和刘勰都以为,七子诗歌的首席应该是王粲,而锺嵘更看重质胜文的刘桢,把他置于王粲之前。

锺嵘《诗品·上品》"魏文学刘桢诗"曰:"自陈思以下,桢称独步";《诗品·序》云"曹(植)、刘(桢)殆文章之圣","故孔氏之门如用诗,则公幹升堂,思王入室"。而《诗品·上品》"魏诗中王粲诗"说王粲"在曹、刘间别构一体,方陈思不足,比魏文有余"。反映了在诗歌理论和美学理想上,锺嵘与沈约、刘勰之间存在较大的分歧。

对于王粲与刘桢诗学风格分野的意义,沈约、刘勰都没有说清楚。而锺嵘以为,刘桢以风骨清峻胜,王粲以文辞工丽胜,两人代表了当时不同的美学风格。

由此,中国五言诗的发展,有两条路又分又合:一条是以王粲为摹本的"诗歌形式美学"上的"情辞派";一条是以刘桢为样板的强调诗歌精神的"风骨派",这两种诗学流派既联合又相争。

经过西晋、晋宋、齐梁以至唐代,以情采胜的宋之问与坚持气骨的东方虬和陈子昂接续王、刘的诗歌分野，而有"夺锦"事件。

唐代武则天雅好文词，宋之问诗歌词采华茂、巧思绮靡，为武则天欣赏。据《新唐书·宋之问传》记载："武后游洛南龙门，诏从臣赋诗，左史东方虬诗先成，后赐锦袍，（宋）之问俄顷献，（武）后鉴之嗟赏，更夺袍以赐。"左史东方虬的诗风，就是陈子昂《与东方虬修竹篇序》里说的"骨气端翔，音情顿挫，光英朗练，有金石声"的作品。左史东方虬诗先成，武后赐锦袍，但等宋之问的《龙门应制》诗成奉上，武则天见其"文理兼美，左右称善"，遂夺东方虬锦袍转赐给他。由此反映出初唐诗风仍然是王粲传下来的"情辞派"占主导地位，而传承刘桢"风骨派"的东方虬则处于下风。

陈子昂《与东方虬修竹篇序》言："东方公足下：文章道弊五百年矣。汉魏风骨，晋宋莫传。"感叹的其实是两种诗歌美学风格的消长和相争。从诗学角度看，刘桢贞骨凌霜式的风骨和精神，结合王粲以来的词藻、对仗、典故、韵律美学，合成唐诗的大成，因此，通过研究王粲和刘桢，可以揭示出其中规律性的问题。

王粲与刘桢诗歌的本质，乃是通向唐诗美学的双通道。

虑及此，我与易兰学棣商量，决定她以王粲、刘桢文学的比较研究为博士论文题目，以诗歌为主，兼论赋等文体。

研究王粲、刘桢的人不少，要研究得深入，就要做他们的年谱；但是，他们的年谱也不少，这就要求对资料更广、更深地挖掘和更细密地处理，于是就涉及对王粲与刘桢生平的考证和一系列的论述。

就这本书稿而言，我觉得有以下几个方面具有胜意：

第一，于王粲、刘桢的生平考证时有新见。王、刘二人的生平及诗文系年，成果虽多，但尚可拾遗补缺。该书稿综合目前可见的一切既有相关成果，详细整理了王、刘研究的文献资源，通过年谱汇考的方式，在吸收前人成果的基础上又提出了自己的见解，为后续研究提供了宝贵的资料，体现出作者脚踏实地的学术态度。

对王粲的《杂诗》（日暮游西园）、《七哀诗》（其三）、《从军诗》（其二、其三、其四、其五），刘桢的《公宴诗》《黎阳山赋》《行女哀辞》《仲雍哀辞》《赠五官中郎将》（其三）等作品系年，书稿都援引确凿证据，提出新见，较之原有说法当更合理。这不仅是一项实证性成果，也为解读这些作品提供了新的可能。

第二，对王粲、刘桢的文学史地位，做出了文本层面的详尽论证。王、刘诗赋的比较研究曾引起一些学者关注，但到目前为止，对其异同还缺乏深入、系统的分析。而本书稿在精读文本的基础上，细分若干具体问题，对二人进行全面而深入的比较，从而进一步把握他们各自的风格特点。王、刘二人的文学成就何以超过其他五子？这是我常常思考的一个问题，也曾试图要求易兰回答，她在书稿中呈现出思考后的答案。这便具体阐明了王、刘二人为何在建安文学史上具有核心的地位、价值与影响。

第三，系统梳理了王、刘二人文学的接受史。书稿从接受史的角度，分三个层面，详细探讨了二人的成就和贡献。一是考察二人别集与作品在历代的流传情况。前代学者对此曾有所爬梳，但由于研究旨趣的限定，皆较为简略，无法完整呈现相对系统的二人别集版本流传情况，尤其对明清重编本尚缺乏系统、完善的整理。书稿考察了二人别集从编撰结集到流传散佚，再到辑佚重编的整个流传过程。二是进行后世有关二人作品的诗歌选本研究，对其变迁轨迹进行描述和探因。目前学界一些关于中古诗歌在后代传播的论著，已有涉及王、刘二人诗歌流传情况的研究，但诸作原非专述王、刘接受研究，学者们的研究或是重在梳理历代选本的整体风貌，或是旨在考察某一朝代对中古诗歌的接受与批评，故而为本书稿梳理王、刘二人作品在后代文学选本中的收录情况留下了充足的空间。三是介绍并评论"王、刘优劣"争论的历史，进一步认识二人诗赋的独特贡献。王粲和刘桢的文学成就孰高孰低，是建安文学史上一大公案，历代文人争论不休。以往学界有所概述，但材料及梳理的脉络都较为简略，故而易兰具体细分几个阶段述之。二人的接受史向来缺乏全面的考察，本书稿在一定程度上弥补了这方面研究的不足。

第四，有助于推进对整个建安文学的理解。王粲、刘桢是建安七子中的代表作家，以往的研究多注重考察建安七子作为一个文学群体所具有的共同文学特征，亦即"建安风骨"，忽略了他们各自的文学个性。本书稿以王粲、刘桢为例，系统探讨了建安文学分化出的两种类型：一是以王粲为代表的"辞藻美"，二是以刘桢为代表的"骨感美"。通过对建安文学同一性下多样性的分析，有助于推进对整个建安文学统一与多元交织状态的理解。

本书稿点面结合，既有宏观考察，也有个案分析，下了较大功夫。易兰自小到大，几乎一帆风顺，高考、本科、硕士、留校、成家、博士，都颇为顺当。但这一切的获得，都与她个人付出的加倍努力不无关系，与她积极进取的人生态度不无关系。由于是在职读博，一边查资料写文章，一边还要全天候工作，她主动放弃了很多娱乐休闲时间。家里孩子尚小，她常常一边照看孩子一边完善、修改论文和书稿。这份坚韧，不是一般人能够做到的。

岁月如电，流光不待。不久前的新冠疫情一度影响了我们的生活节奏，但并没有能阻止她学习的进程。一分耕耘一分收获，现在易兰学棣已经毕业，并且，她的博士论文获得2020年度华东师范大学青年学术著作出版基金资助，出版在即。我由衷地祝福她，作为她的博士生导师，高兴之余，草此序言以为祝贺。

从开题时，听取查清华、朱易安、赵维国、徐时仪、夏广兴诸位先生中肯的建议，得到他们的帮助；到正式答辩时，又汲取了查清华、郑利华、杨焄、饶龙隼、赵维国等先生提出的切中肯綮的意见，易兰学棣博士论文的完成，与诸位先生的倾力帮助分不开。她论著中展现的精义，亦与诸位先生分享。

是为序。

曹　旭
2021年7月2日

目 录

引 言 /1
　一、研究现状及问题 /1
　二、研究方法与思路 /12

上编　王粲、刘桢文学研究

第一章　王粲、刘桢的创作背景 /17
　一、社会政治 /17
　二、思想文化 /22

第二章　王粲、刘桢文学比较 /30
　一、王粲、刘桢诗的比较 /30
　二、王粲赋的艺术分析
　　　——兼与刘桢比较 /47
　三、王粲、刘桢的文学地位 /63

第三章　王粲、刘桢接受史 /79
　一、别集、作品流传 /79
　二、历代文学选本收录 /88
　三、王刘优劣论 /107

下编　王粲、刘桢年谱汇考

　一、年谱凡例 /123
　二、王粲、刘桢年谱汇考 /123

主要参考文献 /200

引言

在中国文学史上,"建安"是一个欣欣向荣、硕果累累的重要时期。曹丕在《典论·论文》中提出的"七子"无疑是这一时期最重要的作家①。其中,又以王粲和刘桢的文学成就最高,影响最大。王粲兼善诗赋,被刘勰誉为"'七子'之冠冕"②,亦为沈约所推崇,锺嵘《诗品》还提出后代的多位作家都与他有传承关系。他的《登楼赋》《七哀诗》《从军诗》等作品对后世文学创作产生了极大的影响。可见,王粲在建安文学中地位重要,不容忽视。与其并称的刘桢,五言诗久享盛名,曹丕在《又与吴质书》中说:"至其五言诗之善者,妙绝时人。"③锺嵘《诗品》把他列在上品,评曰"自陈思已下,桢称独步"④,认为刘桢诗歌仅次于曹植。刘桢对后世的左思、刘琨等作家亦产生了深远的影响,六朝拟作更是多有所见。要之,王粲、刘桢代表着建安文学的创作高峰,又各自具有鲜明的艺术风格,故而本书以王、刘为主要考察对象,由此具体清晰地阐明建安文学的成就与特色。

一、研究现状及问题

(一)王粲、刘桢诗赋研究

王粲、刘桢的诗赋研究历来是对二人文学研究的重点。20 世纪 80 年代以

---

① 曹丕《典论·论文》谓:"今之文人,鲁国孔融文举、广陵陈琳孔璋、山阳王粲仲宣、北海徐幹伟长、陈留阮瑀元瑜、汝南应玚德琏、东平刘桢公幹,斯七子者,于学无所遗,于辞无所假,咸以自骋骥騄于千里,仰齐足而并驰。"载曹丕:《曹丕集校注》,夏传才主编,夏传才、唐绍忠校注,石家庄:河北教育出版社,2013,第 234 页。
② 刘勰:《文心雕龙》,黄叔琳注,纪昀评,李详补注,刘咸炘阐说,戚良德辑校,上海:上海古籍出版社,2015,第 269 页。
③ 曹丕:《曹丕集校注》,第 110 页。
④ 锺嵘:《诗品集注(增订本)》,曹旭集注,上海:上海古籍出版社,2011,第 133 页。

前，对二人诗赋的研究主要体现在文学史中，专门的研究论著成果不多；研究对象大都集中在王粲的名作《登楼赋》和《七哀诗》上，研究视野较为狭窄。如殷乃的《从王粲〈登楼赋〉说到骚赋与辞赋的分别》①、许世瑛的《〈登楼赋〉与楚辞的关系》②及日本汉学家安东谅的《王粲〈七哀诗〉的位置》（《王粲の〈七哀詩〉の位置》）③、下定雅弘的《有关王粲诗》（《王粲詩について》）④等，刘桢诗赋则鲜有论及。20 世纪 80 年代以后，学界出现了对二人作品的整体研究。徐公持的《建安七子论》分说二人的个性，认为王粲创作充满才情，刘桢文气豪宕，意境峭拔，指出二人各自的长处，也正是对方的短处，又明确提出二人作品都具有"慷慨"的时代特征。⑤ 同时期的其他学者也纷纷对王、刘创作的共性和个性发表了自己的看法：张可礼的《建安作家的艺术个性特点》认为除了共同的时代风格以外，二人还有鲜明的艺术个性特点。他以建安十三年（208）王粲三十二岁为界，分其创作为前后两个时期，探讨了不同时期的不同特点。又考察了刘桢诗歌的主要内容、总体倾向及语言特色。⑥ 郁贤皓、张采民的《建安七子诗笺注》前言指出二人不仅具备建安诗歌的共同特色，也形成了各自独特的艺术风格："王粲才情横溢，辞藻华美；刘桢刚正遒劲，高风跨俗"⑦。吴云的《建安七子集校注》卷三"王粲集校注"前言论述了王粲诗、赋所取得的成就，并指出了他取得文学成就的原因⑧，卷七"刘桢集校注"前言又通过分析刘桢赠答诗的不同艺术手法，说明刘诗的风格特点："擅长用声韵劲健、质直畅达的语句，勾勒自然景物，抒写人生情怀，创造出一种悲凉慷慨的情调。"⑨ 韩格平的《建安七子综论》上编"概论"部分涉及二人创作的相同的时代氛围、作品主调及文学成就，下编"分论"部分则进一步指出了二人鲜明的个性特征：王粲典正稳健、体弱情柔、文辞俊逸；刘桢则是情高以会采、言

---

① 殷乃：《从王粲〈登楼赋〉说到骚赋与辞赋的分别》，载《清华周刊》1932 年第 7 期，第 1—15 页。
② 许世瑛：《〈登楼赋〉与楚辞的关系》，载《台湾文化》1948 年第 7 期，第 3—6 页。
③ 安东谅：《王粲の〈七哀詩〉の位置》，载《中国中世文学研究》1968 年第 7 期，第 26—36 页。
④ 下定雅弘：《王粲詩について》，载《中国文学报》1978 年第 29 期，第 46—81 页。
⑤ 徐公持：《建安七子论》，载《文学评论》1981 年第 4 期，第 140—141 页。
⑥ 张可礼：《建安作家的艺术个性特点》，载张可礼《建安文学论稿》，济南：山东教育出版社，1986，第 141—144 页。
⑦ 郁贤皓、张采民笺注：《建安七子诗笺注》，成都：巴蜀书社，1990，第 11 页。
⑧ 吴云主编：《建安七子集校注》，天津：天津古籍出版社，2005，第 239—252 页。
⑨ 同上书，第 557 页。

壮而情骇且辩捷而深沉。① 李文禄的《建安七子评传》结合二人生平经历，细致分析了王、刘诗赋的思想内容及艺术特色。②

整体研究以外，亦有不少期刊论文分别探讨王粲、刘桢的诗赋创作。关于王粲诗歌的艺术风格，胡明清的《王粲诗风浅探》细分王粲诗为两期三类，指出："前期的五言诗苍凉悲慨，志深笔长；前期的四言诗情至语质，文当而整；后期的五言诗莽苍雄阔，笔势浩荡。"③ 郭丽平的《意格高妙 举体华美——论王粲的五言诗》提出王粲五言诗上承二雅传统，又渐趋精致，"进一步改变传统诗歌质朴粗疏的风格"④。张春红的《论王粲诗之以情取胜》则认为王粲诗歌体现出以情取胜、才情并茂的风格特征，并详细分析了以情取胜的原因及艺术手法。⑤ 具体作品方面，《七哀诗》《从军诗》的研究是王粲诗歌研究的重点。20世纪80年代之后主要以高树森的《笔意绵密 形象明晰——略谈王粲〈七哀诗〉的艺术特色》⑥ 及樊楚宇、江玉祥的《王粲诗风转变的标志——〈从军诗〉》⑦ 为代表。新世纪以来主要有吕艳的《〈七哀〉、〈三良〉：王粲人生的诗意言说》⑧、任慧的《浅谈王粲的〈从军诗〉》⑨ 等。

钟嵘提出刘桢诗歌"气过其文，雕润恨少"⑩，后世拥护者有之，反对者亦有之。卢佑诚的《由刘桢诗漫话文气》指出刘诗在造句上少对偶，不事雕琢，直抒胸臆，绝少用典，对刘桢诗歌风格特色的把握与钟嵘看法类似。⑪ 王运熙在《刘桢评传》中也持类似看法，他认为刘桢诗歌"不论写即目所见景物，或抒发胸怀，都是非常自然的流露，不事雕琢"⑫，"刘桢的诗富有风骨，但文采

---

① 韩格平：《建安七子综论》，长春：东北师范大学出版社，1998。
② 李文禄：《建安七子评传》，沈阳：沈阳出版社，2001。
③ 胡明清：《王粲诗风浅探》，载《南宁师范高等专科学校学报》2000年第1期，第35页。
④ 郭丽平：《意格高妙 举体华美——论王粲的五言诗》，载《韶关学院学报（社会科学版）》2006年第11期，第15页。
⑤ 张春红：《论王粲诗之以情取胜》，载《宝鸡文理学院学报（社会科学版）》2011年第2期，第38—42页。
⑥ 高树森：《笔意绵密 形象明晰——略谈王粲〈七哀诗〉的艺术特色》，载《苏州大学学报（哲学社会科学版）》1984年第4期，第55—57页。
⑦ 樊楚宇、江玉祥：《王粲诗风转变的标志——〈从军诗〉》，载《四川大学学报（哲学社会科学版）》1985年第3期，第69—73页。
⑧ 吕艳：《〈七哀〉、〈三良〉：王粲人生的诗意言说》，载《齐鲁学刊》2005年第2期，第76—79页。
⑨ 任慧：《浅谈王粲的〈从军诗〉》，载《重庆社会科学》2005年第12期，第40—41页。
⑩ 钟嵘：《诗品集注（增订本）》，第133页。
⑪ 卢佑诚：《由刘桢诗漫话文气》，载《许昌师专学报（社会科学版）》1986年第1期，第10—14页。
⑫ 王运熙：《刘桢评传》，载《汉魏六朝唐代文学论丛》，上海：上海古籍出版社，2014，第317页。

稍嫌不足"①。亦有学者一反成见，积极为刘桢申辩。如韩国学者池世桦的《刘桢诗"气过其文，雕润恨少"之歧见》概括刘诗为咏事、咏怀、咏物三类，并指出若三种表现类型在同一首诗中适当安排，则不乏辞采华美、颇多藻饰之佳句。②林斌在《刘桢诗歌的艺术特征——兼论刘桢王粲的历史地位》中分析了刘诗中蕴含格调高峻、情才丰赡、意境凄清三方面的艺术特征，特别强调了刘诗中"情采"的一面。③还有一些研究者总论刘桢诗歌的风格特色，如李慰祖的《刘桢简论》认为刘桢的诗风具有建安诗人共同的特质，即"具有充实的社会内容，真实感人的思想感情和质朴刚健的语言风格"④，评价甚高。反对此观点的有顾农的《刘桢论》，该文通过细致分析刘桢不同时段的诗歌作品，指出刘诗"思想境界并不甚高，艺术上也有失之于粗放之处"⑤。

在对王粲辞赋的研究中，以对《登楼赋》的讨论最为热烈。或探讨其写作主旨，如陈洪的《故国情思 归用心曲——王粲〈登楼赋〉主旨辨》⑥、曹大中的《〈登楼赋〉——王粲弃刘归曹的信号与准备》⑦、万年松的《歧路彷徨——王粲〈登楼赋〉主旨探讨》⑧等；或分析其艺术特色，如张永鑫的《故国与乡思 千载尚有情——王粲〈登楼赋〉赏析》⑨、宋毅的《王粲〈登楼赋〉抒情艺术的特色》⑩、张君梅的《乡思总关志未酬——王粲〈登楼赋〉赏析》⑪等；或研究其地位影响，如赵松元的《"王粲登楼"与登楼怀乡的传统——〈登楼赋〉

---

① 王运熙：《刘桢评传》，载《汉魏六朝唐代文学论丛》，第319页。
② 池世桦：《刘桢诗"气过其文，雕润恨少"之歧见》，载《齐鲁学刊》2001年第4期，第5—8页。
③ 林斌：《刘桢诗歌的艺术特征——兼论刘桢王粲的历史地位》，载《盐城工学院学报（社会科学版）》2006年第1期，第65—68页。
④ 李慰祖：《刘桢简论》，载《韶关大学韶关师专学报（社会科学版）》1990年第4期，第26页。
⑤ 顾农：《刘桢论》，载《齐鲁学刊》1992年第2期，第21页。
⑥ 陈洪：《故国情思 归用心曲——王粲〈登楼赋〉主旨辨》，载《徐州师范学院学报（哲学社会科学版）》1985年第4期，第60—61页。
⑦ 曹大中：《〈登楼赋〉——王粲弃刘归曹的信号与准备》，载《中州学刊》1987年第3期，第81—82页。
⑧ 万年松：《歧路彷徨——王粲〈登楼赋〉主旨探讨》，载《齐齐哈尔师范高等专科学校学报》2013年第2期，第50—51页。
⑨ 张永鑫：《故国与乡思 千载尚有情——王粲〈登楼赋〉赏析》，载《名作欣赏》1983年第6期，第30—31页。
⑩ 宋毅：《王粲〈登楼赋〉抒情艺术的特色》，载《西北师大学报（社会科学版）》1988年第4期，第36—40页。
⑪ 张君梅：《乡思总关志未酬——王粲〈登楼赋〉赏析》，载《名作欣赏》2008年第13期，第86—89页。

的文学美学价值之新认识》①、余霞的《王粲〈登楼赋〉之经典地位索解》②、王锐的《登高之作的里程碑——谈王粲〈登楼赋〉的文学地位及影响》③ 等。其中，还有特别关注其在域外的传播与影响的，如王进明的《王粲〈登楼赋〉与李安讷〈次王粲《登楼赋》韵〉之比较》④、安生的《行人用赋与外交唱和:〈登楼赋〉在朝鲜朝的拟效与流衍》⑤、刘思文的《朝鲜李朝对〈登楼赋〉的接受与辞赋创作》⑥ 等。综合考察王粲辞赋的论文也有一些，如胡德怀的《论王粲赋》结合具体作品，指出王粲赋作拓宽了赋体文学的内容，且"对赋体文学的表现形式作了许多有益的探索。"⑦ 张亚新的《王粲赋论》以建安十三年（208）王粲归曹为界，将其赋作划分为前后两个阶段，详细阐述了不同阶段体现出的不同特色。⑧ 于浴贤的《王粲赋论》提出："王粲是建安时代辞赋发展转折阶段的第一位赋家，他的赋全面展现了情感在作品中的地位，显示了从汉大赋向抒情小赋发展的崭新风貌。"⑨ 诸如此类，都对王粲赋作给予了充分肯定和高度评价。

因为刘桢现存辞赋仅六篇，又多残缺不全，所以学界对其辞赋的研究相对比较薄弱。王燕的《浅谈刘桢的辞赋创作》一文，是少有的专门研究刘桢辞赋的期刊论文成果。此文通过详细考察刘桢赋作，得出其"大赋创作革除了两汉辞赋中习见的繁冗迂缓、雕琢堆砌、艰深难识的弊病，小赋则在旅途之中、宴席之上信笔而成，用清丽明快的语言叙事状物、抒情言志，显得非常生活化，艺术上较之以往也更加纯熟"⑩ 的结论，可备一说。

---

① 赵松元:《"王粲登楼"与登楼怀乡的传统——〈登楼赋〉的文学美学价值之新认识》，载《中国韵文学刊》1996 年第 1 期，第 82—86 页。
② 余霞:《王粲〈登楼赋〉之经典地位索解》，载《职大学报》2013 年第 2 期，第 76—79 页。
③ 王锐:《登高之作的里程碑——谈王粲〈登楼赋〉的文学地位及影响》，载《济南大学学报（社会科学版）》2007 年第 3 期，第 44—46 页。
④ 王进明:《王粲〈登楼赋〉与李安讷〈次王粲《登楼赋》韵〉之比较》，载《延边教育学院学报》2016 年第 3 期，第 16—22 页。
⑤ 安生:《行人用赋与外交唱和:〈登楼赋〉在朝鲜朝的拟效与流衍》，载《外国文学评论》2018 年第 4 期，第 87—99 页。
⑥ 刘思文:《朝鲜李朝对〈登楼赋〉的接受与辞赋创作》，载《国际汉学》2019 年第 2 期，第 176—182 页。
⑦ 胡德怀:《论王粲赋》，载《中国文学研究》1988 年第 2 期，第 33 页。
⑧ 张亚新:《王粲赋论》，载《贵州社会科学》1988 年第 6 期，第 56—60 页。
⑨ 于浴贤:《王粲赋论》，载《文史哲》1990 年第 5 期，第 64 页。
⑩ 王燕:《浅谈刘桢的辞赋创作》，载《青年作家》2015 年第 12 期，第 41 页。

近年来，王、刘的诗赋研究，亦成为学位论文的热点，不少研究者都提出了自己的意见。吕艳的《王粲的思想及其文学创作》认为王粲创作独以情胜，促进了建安诗赋由"言志"到"缘情"的历史转变。①黄燕平的《王粲研究三题》将王粲文学活动与文学创作分为投曹前与投曹后两个时期，探讨了不同时期不同的艺术风格。②李静的《王粲研究》根据题材内容对王粲诗、赋予以分类叙说，具体分诗歌为公宴、赠答、哀伤、咏史四大类，分辞赋为田猎、军旅纪行、山水、物色、情志、哀伤、咏物、七体及游览九大类。③张文畅的《王粲赋的继承与发展》既论述了王粲辞赋对楚辞的继承和发展，又重点分析了《登楼赋》中使用的典故、怀乡情感模式的构建及对后代的影响。④王金龙的《王粲研究》提出王粲对诗史发展的贡献和成就主要表现在题材的开拓及文采的运用上，而王粲赋的抒情方式含蓄温婉，尤其是《登楼赋》奠定了他在赋史上的地位。⑤陈绘芳的《王粲辞赋散文研究》分为上下两章论述王粲辞赋。上章划分王赋为苑猎纪行、咏物写景、抒情言志及表现政治思想的《七释》四大类，下章探讨了王赋对《诗经》《楚辞》的继承与发展及其艺术特色。⑥

由于刘桢的资料少于王粲，以刘桢为研究对象的学位论文亦不如王粲数量多。吴洁在《刘桢研究》中分刘桢诗歌为赠答、宴饮叙闲、杂诗和失题诗四大类，又将其作品的艺术特色总结为仗气爱奇、情高会采及悲壮之美三个方面。⑦向光金的《刘桢诗歌研究》论述了刘桢诗歌的内容形式及其风格特征，认为刘诗内容兼备，以赠答为最。⑧林丹霞的《刘桢诗歌研究》在类别与艺术特色之外，还重点分析了刘桢诗歌的典范意义。⑨王倩韵的《刘桢诗文研究》分诗、赋、文三种文体分别阐释了刘桢作品的思想内容与艺术特色。⑩

王粲、刘桢诗赋的共性与差异，也引起了一些学者的关注。相关成果在数

---

① 吕艳：《王粲的思想及其文学创作》，硕士学位论文，山东师范大学，2004。
② 黄燕平：《王粲研究三题》，硕士学位论文，浙江大学，2008。
③ 李静：《王粲研究》，硕士学位论文，山东大学，2009。
④ 张文畅：《王粲赋的继承与发展》，硕士学位论文，东北师范大学，2015。
⑤ 王金龙：《王粲研究》，博士学位论文，华中师范大学，2017。
⑥ 陈绘芳：《王粲辞赋散文研究》，硕士学位论文，山东师范大学，2018年。
⑦ 吴洁：《刘桢研究》，硕士学位论文，陕西师范大学，2007年。
⑧ 向光金：《刘桢诗歌研究》，硕士学位论文，广西师范大学，2013年。
⑨ 林丹霞：《刘桢诗歌研究》，硕士学位论文，深圳大学，2017年。
⑩ 王倩韵：《刘桢诗文研究》，硕士学位论文，山东大学，2018年。

量上虽然还不算多，但其中如中国台湾学者江建俊的"刘桢诗与王粲诗之比较"[①]、王鹏廷的"公幹气盛，仲宣情胜"[②]等，都从不同角度展示了王、刘对比的一些思路，取得了可喜的成绩。王鹏廷认为："刘桢创作以'气'、'壮'见长，王粲创作以'才'、'情'著称，但王粲作品并非无'气'，也时露其'壮'；刘桢作品非不用'才'，亦含其'情'"[③]，观点独树一帜，辩证统一。不过，到目前为止，王、刘诗赋的相同点与不同点还缺乏深入、系统的开掘。笔者以为，两人的诗赋研究，不应局限在以上范围，还可以在精读文本的基础上，细分若干具体问题，对两人进行更全面而深入的比较，从而进一步把握两人的特点和风格。

（二）王粲、刘桢接受史研究

20世纪80年代以来出现的一些研究建安文学接受的资料汇编、论文、专著中，多有涉及王粲、刘桢在后代的接受情况者。河北师范学院中文系古典文学教研室的《三曹资料汇编》附录部分辑录了历代学者关于王、刘作品评述和有关他们文学活动的资料，为后来的研究者全面掌握二人作品的历代评论全貌提供了重要的参考资料。[④]

论文方面具有开创性的是张可礼的《建安文学在当时的传播》一文，该文探讨了建安文学在当时的主要传播途径和传播范围，以及传播对当时文学发展的影响，为进一步深入研究提供了不少线索和借鉴。[⑤] 随后陆续出现了裴闯的《论两晋文人对建安诗风的接受》[⑥]，申屠青松的《论建安文学在南朝的接受》[⑦]，易小平、孔艳侠的《品人辨体：南朝对建安文学的接受》[⑧]，易小平的《从典丽

---

① 江建俊：《建安七子述》，台北：文史哲出版社，1982，第185—188页。
② 王鹏廷：《建安七子研究》，北京：北京大学出版社，2004，第243—259页。
③ 同上书，第255页。
④ 河北师范学院中文系古典文学教研组编：《三曹资料汇编》，北京：中华书局，1980，第308—360页。
⑤ 张可礼：《建安文学在当时的传播》，载《文史哲》1984年第5期，第63—67页。
⑥ 裴闯：《论两晋文人对建安诗风的接受》，载《厦门广播电视大学学报》1999年第2期，第52—54页。
⑦ 申屠青松：《论建安文学在南朝的接受》，载《许昌师专学报》2002年第1期，第47—51页。
⑧ 易小平、孔艳侠：《品人辨体：南朝对建安文学的接受》，载《商丘师范学院学报》2003年第4期，第12—14页。

到风骨：初唐对建安文学的接受》①《从风骨到政教：盛唐中唐对建安文学的接受》②，涂波的《"建安风骨"辨思——对建安文学接受史的考察》③ 等成果，对建安文学在某一时期的流传都有专门讨论。此外，王运熙在《谈前人对刘桢诗的评价》中以详实的资料梳理了历代对刘桢诗歌的接受情况，认为："从曹丕、谢灵运、钟嵘一直到明清时代的评论者，一致肯定刘桢诗具有俊逸之气，爽朗刚健，以风骨见长。"④ 张亚新的《"曹王"、"曹刘"辨》⑤、李静的《试论"曹刘"并称》⑥ 两篇论文对历代"曹王""曹刘"并称的情况都有所概述，但材料及梳理的脉络皆较为简略。除此之外，还出现了对王粲、刘桢接受史上的某些特定读者作个案考察的研究成果，如穆克宏的《捷而能密 文多兼善——刘勰论王粲》⑦、周薇的《论钟嵘对刘桢的评价》⑧《王粲位次与魏晋南北朝文论的审美自觉》⑨《钟嵘、刘勰的王粲、刘桢论辨异》⑩ 等。这些成果在论及王、刘二人与刘勰、钟嵘等评论家的关系时，较为详细地考察了这些特定读者对王、刘的接受情况，为对二人接受的进一步研究奠定了良好的基础。

专著方面，王巍的《建安文学概论》及王鹏廷的《建安七子研究》皆有专门章节论述建安文学研究史。前者中"建安文学研究史述略"一章，将整个建安文学研究分为五个阶段，详细阐释了每个阶段的特点⑪；后者在全书最后附"建安七子研究史略述"部分，研究范围聚焦于建安七子，系统梳理了各个时期

---

① 易小平：《从典丽到风骨：初唐对建安文学的接受》，载《贵州社会科学》2003年第3期，第79—82页。
② 易小平：《从风骨到政教：盛唐中唐对建安文学的接受》，载《唐都学刊》2004年第5期，第34—37页。
③ 涂波：《"建安风骨"辨思——对建安文学接受史的考察》，载《浙江学刊》2002年第1期，第88—93页。
④ 王运熙：《谈前人对刘桢诗的评价》，载《古代文学理论研究》第14辑，上海：上海古籍出版社，1989，第168页。
⑤ 张亚新：《"曹王"、"曹刘"辨》，载《贵州大学学报（社会科学版）》1988年第3期，第54—59页。
⑥ 李静：《试论"曹刘"并称》，载《中国韵文学刊》2005年第3期，第17—22页。
⑦ 穆克宏：《捷而能密 文多兼善——刘勰论王粲》，载《福建师范大学学报（哲学社会科学版）》1985年第4期，第68—75页。
⑧ 周薇：《论钟嵘对刘桢的评价》，载《重庆邮电大学学报（社会科学版）》2011年第6期，第39—42页。
⑨ 周薇：《王粲位次与魏晋南北朝文论的审美自觉》，载《贵州社会科学》2002年第2期，第77—81页。
⑩ 周薇：《钟嵘、刘勰的王粲、刘桢论辨异》，载《太原理工大学学报（社会科学版）》2003年第3期，第63—66页。
⑪ 王巍：《建安文学概论》，沈阳：辽宁教育出版，2000，第356—400页。

的史家、文论家对七子创作成败的看法。① 二书在对王、刘进行评述时，都能将其优劣长短介绍清楚，足供参证。专著中尤为突出的是王玫的《建安文学接受史论》。全书分为两大部分，上编将建安文学作为一个整体对象，纵向讨论了自其产生的建安时代一直到宋元时期，不同读者的接受情况。下编进行横向个案研究，重点展示了曹丕、曹植、王粲等人及其作品为后代读者所接受的发展变化过程。这部论著的问世，表明学术界对于建安文学接受史的研究已经进入更为全面和深入的阶段。② 上述诸作虽然涉及到历代对王粲、刘桢的某些评价，但多浅显且零散，无法完整呈现二人相对系统的接受史，尤其在刘桢的接受、王粲与刘桢的历代比较等方面，尚可继续挖掘。这里并无苛责之意，诸作原非旨在专述王、刘接受研究，只是在客观上为本书探讨建安文学中王、刘的个案留下了充足的空间。

还有一些关于中古诗歌在后代传播的论著，如邹云湖的《中国选本批评》③、张智华的《南宋的诗文选本研究》④、杨焄的《明人编选汉魏六朝诗歌总集研究》⑤、陈斌的《明代中古诗歌接受与批评研究》⑥、郑婷尹的《明代中古诗歌批评析论》⑦、马汉钦的《明代诗歌总集与选集研究》⑧ 等，其中对王、刘二人诗歌流传的研究，亦是笔者考察二人作品在历代总集中收录情况的重要参考。不过仍然是由于研究旨趣的限制，学者们的研究或是重在梳理历代选本的整体风貌，或是旨在考察某一朝代对中古诗歌的接受与批评，对本书探讨的问题虽有所涉及，然皆较为简略。故而笔者认为可以进一步从王粲、刘桢诗赋流传和后世接受的角度来论述二人的成就和贡献。

（三）王粲、刘桢年谱

王、刘诗文系年，古已有之，譬如唐代李善便曾对王粲《从军诗》注曰：

---

① 王鹏廷：《建安七子研究》，第304—350页。
② 王玫：《建安文学接受史论》，上海：上海古籍出版社，2005。
③ 邹云湖：《中国选本批评》，上海：上海三联书店，2002。
④ 张智华：《南宋的诗文选本研究》，北京：北京师范大学出版社，2002。
⑤ 杨焄：《明人编选汉魏六朝诗歌总集研究》，西安：陕西人民教育出版社，2009。
⑥ 陈斌：《明代中古诗歌接受与批评研究》，上海：上海三联书店，2009。
⑦ 郑婷尹：《明代中古诗歌批评析论》，台北：文史哲出版社，2013。
⑧ 马汉钦：《明代诗歌总集与选集研究》，哈尔滨：哈尔滨工程大学出版社，2009。

"建安二十一年，粲从征吴，作此四篇。"① 自是以后，历代研究者也曾断断续续地做过一些考证。元代刘履的《选诗补注》②、明代唐汝谔的《古诗解》③、清代钱大昭的《三国志辨疑》④、梁章钜的《三国志旁证》⑤ 等，在二人某些诗文作年推断方面独成一家之言，对今天的研究颇有启发。但是王粲、刘桢个人年谱之产生，则晚至近代。

今所见材料中，谭其觉的《王粲年谱》开王粲年谱的编撰风气之先，然既为新创，故难免粗放，全篇文字简略，考订辨析较少。⑥ 后有缪钺的《王粲行年考》，全谱八千余字，篇幅有所扩展，内涵亦颇有所丰富，但多为串联谱主主要经历，细节不详。如王粲在荆州十余年间的作品，不分年月，混而叙之，文字未免模糊不清。⑦

1980 年，又有俞绍初的《王粲集》面世，书末亦附《王粲年谱》，谱中关于王粲事迹、著作，考订其年代，纠谬正误，取得了前所未有的重大突破。⑧ 此后关于王粲、刘桢年谱的考订资料陆续出现，如徐公持的《建安七子诗文系年考证》⑨、陆侃如的《中古文学系年》⑩、郁贤皓、张采民的《建安七子诗笺注》附录《建安七子年表》⑪、韩格平的《建安七子诗文集校注译析》附录《建安七子年表》⑫ 等。以上著作均将建安七子合并编年，有利于将王粲、刘桢的生平放在建安时代大背景下考证，但又并非王粲、刘桢个人专谱，往往较为简略，且徐《谱》仅限诗文系年，谱主其他事迹多有忽略。吴云、唐绍忠的《王

---

① 萧统编：《文选》，李善注，上海：上海古籍出版社，1986，第 1270 页。
② 萧统编：《选诗补注》，刘履补注，载宋志英、南江涛选编《〈文选〉研究文献辑刊》第 5 册，北京：国家图书馆出版社，2013 年影印本。
③ 唐汝谔选释：《古诗解》，载四库全书存目丛书编纂委员会编《四库全书存目丛书》集部第 370 册，济南：齐鲁书社，1997 年影印本。
④ 钱大昭撰：《三国志辨疑》，载续修四库全书编纂委员会编《续修四库全书》第 274 册，上海：上海古籍出版社，2002 年影印本。
⑤ 梁章钜撰：《三国志旁证》，杨耀坤校订，福州：福建人民出版社，2000。
⑥ 谭其觉：《王粲年谱》，载《北京女子高等师范文艺会刊》1919 年第 4 期，第 22—28 页。
⑦ 缪钺：《王粲行年考》，载《责善半月刊》1942 年第 21 期，第 8—13 页。
⑧ 俞绍初：《王粲年谱》，载《王粲集》，北京：中华书局，1980，第 93—110 页。
⑨ 徐公持：《建安七子诗文系年考证》，载《文学遗产》1982 年第 A14 期，第 125—144 页。
⑩ 陆侃如：《中古文学系年》，北京：人民文学出版社，1985。
⑪ 郁贤皓、张采民：《建安七子年表》，载《建安七子诗笺注》，第 315—347 页。
⑫ 韩格平：《建安七子年表》，载《建安七子诗文集校注译析》，长春：吉林文史出版社，1991，第 508—546 页。

粲集注》附录《王粲年谱》①，张蕾的《王粲集校注》附录《王粲年谱》②，皆为短帙，篇幅有限，重在突出史实，然缺乏必要的分析推断。俞绍初的《建安七子集》亦附《建安七子年谱》，其中王粲部分与作者1980年的《王粲年谱》相较，修订部分失误，谱主事迹更见充实，学术含量甚高。刘桢部分考订史实亦明，增添不少内容，钩沉索隐，颇有发明。但其中仍有不少值得商榷之处，如将王粲《杂诗》（其一）系于建安十六年（211），王粲《从军诗》（其二、其三、其四、其五）系于建安二十一年（216）；又系刘桢《公宴诗》与王粲同作，系刘桢《行女哀辞》《仲雍哀辞》于建安二十年（215）等。③

21世纪后，王金龙的《王粲年谱》在前人研究基础上，对王粲家世背景、主要事迹、所撰作品等进行编年研究，是王粲年谱编写中最为全面详尽者。然由于谱主之言行事迹年代久远，史料缺失，作者在处理某些疑难问题时，稍显牵强，以致在编年等方面亦不免有所失误，且尚有遗漏之处。④

还有单篇论文专门考证王、刘两人的生平、籍贯及诗文系年等。王粲方面，主要有日本学者伊藤正文的《王粲〈七哀诗〉考》⑤，沈玉成的《王粲》⑥，俞明芳的《"曹丕称帝，（王）粲官至侍中"辨》⑦，熊清元的《王粲籍贯辨正》⑧《王粲〈从军诗五首〉后四首系年考辨》⑨，王怀让的《王粲生平、创作中两个问题的考辨》⑩，周勋初的《王粲患麻疯病说》⑪，秦尊文的《拨开仲宣登楼的历

---

① 吴云、唐绍忠：《王粲年谱》，载王粲《王粲集注》，吴云、唐绍忠注，郑州：中州书画社，1984，第153—161页。
② 张蕾：《王粲年谱》，载王粲《王粲集校注》，夏传才主编，张蕾校注，石家庄：河北教育出版社，2013，第182—190页。
③ 俞绍初：《建安七子年谱》，载俞绍初辑校《建安七子集》，北京：中华书局，2017，第280—370页。
④ 王金龙：《王粲年谱》，载《王粲研究》，博士学位论文，华中师范大学，2017，第205—230页。
⑤ 伊藤正文：《王粲〈七哀诗〉考》，载朱东润、李俊民、罗竹风主编《中华文史论丛》第22辑，上海：上海古籍出版社，1982，第113—127页。
⑥ 沈玉成：《王粲》，载吕慧鹃、刘波、卢达编《中国历代著名文学家评传》第一卷，济南：山东教育出版社，1983，第221—235页。
⑦ 俞明芳：《"曹丕称帝，（王）粲官至侍中"辨》，载《上海师范大学学报（哲学社会科学版）》1988年第4期，第154—155页。
⑧ 熊清元：《王粲籍贯辨正》，载《学术研究》1989年第3期，第26页。
⑨ 熊清元：《王粲〈从军诗五首〉后四首系年考辨》，载《黄冈师专学报》1990年第2期，第42—44页。
⑩ 王怀让：《王粲生平、创作中两个问题的考辨》，载《齐鲁学刊》1994年第2期，第20—23页。
⑪ 周勋初：《王粲患麻疯病说》，载周勋初《魏晋南北朝文学论丛》，南京：江苏古籍出版社，1999，第16—20页。

史迷雾——对王粲登楼旧址的考证》①，木斋的《论王粲与五言诗的成熟——兼证〈七哀诗〉、〈杂诗〉的写作时间》②，曹道衡、沈玉成的《王粲至荆州在初平三年》《王粲〈初征赋〉作年》《王粲作〈荆州文学记官志〉》《王粲等〈神女赋〉写巫山神女》《王粲〈咏史〉》③等；刘桢方面，主要有沈玉成、傅璇琮的《刘桢事迹钩沉》④，舟子的《刘桢籍贯考辨》⑤，徐传武的《刘桢为宁阳何处人》⑥，杜贵晨的《刘梁、刘桢故里及世系、行辈试说》⑦，曹道衡、沈玉成的《刘桢〈赠五官中郎将〉诗》《刘桢籍贯、输作及年岁》⑧等。以上考证文章中提及的一些问题，目前学界并未达成共识，尚待更多材料加以检验。

要之，至今缺乏一部全面缕述王粲、刘桢生平及创作编年的详核年谱，故而笔者认为有必要进行"王粲、刘桢年谱汇考"，从而为王粲、刘桢之言行事迹、著作篇目研究抛砖引玉。

二、研究方法与思路

通过上面的简要回顾可以发现，有关王粲、刘桢的研究还有不少待发之覆。针对学术界的研究现状，本书主要从以下两个方面着手研究：

一方面运用文本细读与比较法，对比二人诗赋，系统探讨建安文学同一性下的多样性，并据以确立二人在建安文学中的历史地位。在此基础上，探讨二人的文学作品与后世的文学接受活动。

---

① 秦尊文：《拨开仲宣登楼的历史迷雾——对王粲登楼旧址的考证》，载《荆门职业技术学院学报》2002年第1期，第85—87页。
② 木斋：《论王粲与五言诗的成熟——兼证〈七哀诗〉、〈杂诗〉的写作时间》，载《齐鲁学刊》2005年第2期，第71—75页。
③ 以上五篇见曹道衡、沈玉成：《中古文学史料丛考》，载《曹道衡文集》卷九，郑州：中州古籍出版社，2018，第65—70页。
④ 沈玉成、傅璇琮：《刘桢事迹钩沉》，载余冠英等著，中国社会科学院文学研究所古代文学研究室编《古代文学研究集》，北京：中国文联出版公司，1985，第142—147页。
⑤ 舟子：《刘桢籍贯考辨》，载《文学遗产》1988年第2期，第135页。
⑥ 徐传武：《刘桢为宁阳何处人》，载《文献》1996年第2期，第55页。
⑦ 杜贵晨：《刘梁、刘桢故里及世系、行辈试说》，载《泰安教育学院学报岱宗学刊》2002年第3期，第57页。
⑧ 以上两篇见曹道衡、沈玉成：《中古文学史料丛考》，载《曹道衡文集》卷九，第61—65页。

"王粲、刘桢的创作背景"一章围绕二人对时代环境的反映，揭示他们文学创作活动的成因，这是他们形成各自文风的重要基础。"王粲、刘桢文学比较"一章旨在讨论二人诗赋创作的共性与个性，并就二人的文体选择和创作影响揭示他们在建安七子乃至整个建安时代的地位。"王粲、刘桢接受史"一章从二人文学接受史的情况来论述二人的成就和贡献，主要考察二人的别集与作品在历代的流传情况、后世有关二人作品的诗歌选本研究，以及介绍并评论"王、刘优劣"争论的历史，进一步认识二人诗赋的独特贡献。是为论文上编。

另一方面注重文献考察，做好年谱汇考。文献是文学研究的基础，年谱是作家一生活动的简要档案，亦是文学研究入门的有效途径。要研究作家作品，弄清作家的生平及其生活创作的真相，做好该作家的年谱显得不可或缺。本书将采取文史互证法，进一步开掘王、刘研究的文献资源，通过年谱汇考的方式，理清二人生平，从而推动二人文学研究中"知人论世"方法的精细化，推进对具体作品的解读。在文献收集上，除建安时期的文献外，还尽量收集后世相关文献。是为论文下编。

1954年，程千帆和沈祖棻两位先生汇集他们的单篇论文，编成《古典诗歌论丛》，在《后记》中，沈祖棻先生说："在这些论文中，他（程千帆）尝试着从各种不同的方面提出问题，并且企图用各种不同的方法加以解决，是因为在过去的古代文学史研究工作当中，我们感到，有一个比较普遍和比较重要的缺点。那就是，没有将考证和批评密切地结合起来。……这样，就不免使考据陷入烦琐，批评流为空洞，无疑地，对古代文学史的研究都是不利的。"[①] 基于此，他们"尝试着一种将批评建立在考据基础上的方法"[②]。本书的研究方法，即取之于此，先做微观上的考证，再做宏观上的论述，力求做到有考有论，考论结合。由于王粲、刘桢之言行事迹、生平著述的材料散佚较多，加之笔者入门日浅，所涉未深，本书的论述未必已尽述其意，但"考论结合"与"无征不信"至少是作为一种坚守，而始终贯穿于全文写作之中的。

---

① 程千帆、沈祖棻：《古典诗歌论丛》，上海：上海文艺联合出版社，1954，第263—264页。
② 同上书，第264页。

上编　王粲、刘桢文学研究

第一章 王粲、刘桢的创作背景

王粲、刘桢生活的时代，无疑对他们的创作产生了深刻影响。这里仅粗略地勾勒一个轮廓，为以下章节讨论王、刘的生平及作品提供一个大的时代背景。

一、社会政治

（一）东汉末年的动荡凋敝

王粲、刘桢皆出生于汉灵帝年间，历经灵帝、少帝、献帝三朝。这正是东汉王朝危如累卵，走向衰亡的时期。从汉和帝开始，皇纲废弛，外戚、宦官交替专权，他们之间还不断进行你死我活的斗争。殇帝、安帝、顺帝、冲帝、质帝，皆为幼主，由皇太后临朝称制，外戚势力强盛。极端者如本初元年（146），外戚梁冀鸩杀质帝，另立桓帝。延熹二年（164），桓帝利用宦官势力，逼迫梁冀自杀，宦官单超等五人被封县侯，宦官专权又愈演愈烈。桓帝、灵帝两朝，宦官集团朋比为奸、专权横行，激起了正直士人集团的反抗，士大夫中"清议"之风盛行。于是宦官前后两次兴起党锢事件，大肆迫害党人。而作为最高统治者的桓、灵二帝，根本无心国家大事，桓帝"多内幸，博采宫女至五六千人，及驱役从使，复兼倍于此"①，灵帝"开西邸卖官，自关内侯、虎贲、羽林，入钱各有差。私令左右卖公卿，公千万，卿五百万"②，皆不称其位。统治阶层的搜刮暴敛、骄纵贪婪，加之连年天灾，导致各地起义此起彼伏，其中最为激烈

---

① 范晔撰：《后汉书》，李贤等注，北京：中华书局，1965，第445页。
② 同上书，第342页。

的是爆发于中平元年（184）的黄巾大起义。黄巾军烧毁官府，杀害吏士，节节取胜，各地响应，如火如荼。虽然这次起义最终被镇压下去，但它给腐朽的东汉王朝带来了致命的打击。在镇压黄巾起义的过程中，各地军阀逐渐壮大，纷争不已。中平六年（189），灵帝崩，少帝刘辩即位，外戚何进秉国政。何进召董卓带兵入洛阳诛宦官，不想自己先被宦官杀害。董卓入京，专擅朝政，废少帝，立年仅九岁的献帝刘协。东郡太守桥瑁宣布董卓罪状，号召"企望义兵，解国患难"①，此后群雄并起，拉开了中原长达数十年大混战的序幕。关于这一时期战乱给社会造成的灾难，正如李贤等注的《后汉书·郡国志一》引《帝王世记》所描述的：

> 及灵帝遭黄巾，献帝即位而董卓兴乱，大焚宫庙，劫御西迁，京师萧条，豪杰并争，郭汜、李傕之属，残害又甚，是以兴平、建安之际，海内凶荒，天子奔流，白骨盈野……雄雌未定，割剥庶民，三十馀年。及魏武皇帝克平天下，文帝（授）〔受〕禅，人众之损，万有一存。②

汉末水深火热的社会现实对王粲、刘桢的创作产生了不可忽视的影响。王粲出身于名门望族，其曾祖父王龚，顺帝时官至太尉，位列三公；祖父王畅，灵帝时为司空，名在八俊；其父王谦，曾入尚书省掌机密，又出为泰山郡太守，后任大将军何进长史。王粲作为世家公子，应该说是在优越的条件下长大的。中平六年（189），随着汉灵帝的去世及董卓率兵进京，王粲的生活和处境彻底改变。中平七年（190），在董卓的胁迫下，十四岁的王粲随汉献帝迁都而从洛阳徙居长安。两年以后，司徒王允、吕布等共杀董卓，董卓部将李傕、郭汜等又攻入长安，烧杀掳掠，无恶不作，致"吏民死者万馀人"③。初平四年（193），因为长安扰乱不堪，王粲为势所迫，不得不放弃司徒淳于嘉的辟除及朝廷所征诏的黄门侍郎之职，南下荆州投靠刘表。途中见饿殍遍野，生灵涂炭，便以诗歌的形式，记录下当时的情景和自己的心绪，创作了《七哀诗》（其一）。

---

① 陈寿撰：《三国志》，裴松之注，北京：中华书局，1982，第6页。
② 范晔撰：《后汉书》，第3388页。
③ 同上书，第373页。

到荆州以后，王粲坚持用他悲悯的笔调，描绘了汉末社会的多灾多难，如"天降丧乱，靡国不夷。……宗守荡失，越用遁违"（《赠士孙文始》）①；"悠悠世路，乱离多阻"（《赠蔡子笃》）②；"小子之生，遭世罔宁。……五服荒离，四国分争。祸难斯逼，救死于颈"（《为潘文则思亲诗》）③等。政治的动乱，把王粲从书斋庭院抛向了流离转徙的苦难生活；亲经乱离、目睹哀鸿的经历，为王粲这一时期的创作提供了素材，也让他的作品蒙上了一层天然的忧患底色。

刘桢出生于兖州东平国宁阳县（今山东宁阳县）。仅初平、兴平年间，兖州之地就数易其主，百姓终日挣扎在死亡线上。初平三年（192），青州黄巾军一百万人进入兖州，接连攻下兖州数个郡县，又进一步开进东平，还斩杀了兖州刺史刘岱。为稳定局势，济北相鲍信等到东郡迎曹操为兖州牧。兴平元年（194），曹操东征徐州之际，张邈又带着兖州兵叛变迎接吕布，且兖州各郡县蜂起响应。"是岁谷一斛五十馀万钱，人相食。"④曹操还师，在兖州与吕布、张邈交战，经过激烈厮杀，终于在兴平二年（195）击败吕布，收复兖州。刘桢是汉朝宗室子孙，祖父（一说父亲）刘梁曾官拜尚书郎、野王令，其家世虽不如王粲显赫，但应该也有一定根底。谢灵运的《拟魏太子邺中集诗八首》却说刘桢"贫居晏里闬，少小长东平"⑤，或许就是在这样的连年战乱中，刘桢家道中落了。家乡战乱，刘桢必然过着担惊受怕、朝不保夕的生活，对时代的苦难有亲身体验。面对军阀混战、民不聊生的境况，个体生命时刻面临死亡的威胁。汉末动荡凋敝的社会现实，激起了他对人生苦短的哀叹。其《失题诗》曰："天地无期竟，民生甚局促。为称百年寿，谁能应此录？低昂倏忽去，烱若风中烛。"⑥直接表达了身处乱世之中人如蝼蚁、命如草芥的悲哀。残败不堪的社会现实，以及与之交织的岁月易逝、人生短暂的忧叹，成为王粲、刘桢前期创作的重要背景。

（二）邺下时期的相对稳定

建安元年（196），曹操听从荀彧、程昱的建议，派遣曹洪西迎汉献帝于许

---

① 俞绍初辑校：《建安七子集》，第66页。
② 同上书，第65页。
③ 同上书，第68—69页。
④ 陈寿撰：《三国志》，第12页。
⑤ 谢灵运、鲍照：《谢灵运鲍照集》，丁福林编选，南京：凤凰出版社，2009，第106页。
⑥ 俞绍初辑校：《建安七子集》，第162页。

都,从此成为汉末政权的实际掌控者。建安五年(200),官渡之战,曹操以少胜多,大败北方士族豪强的代表袁绍。此后数年,他又大破袁尚、擒杀高幹,北征三郡乌丸,以其雄才大略逐渐平定了中国北方,促使早先中原大乱时散落四方的文士纷纷来归。

归曹以后,文士们大多担任曹操幕府的属吏,社会地位有所提高。且自迎汉献帝于许都后,曹操独揽朝廷军政大权。许都的朝廷高官仅为摆设,而军国大事的决策都是出自曹操幕府。担任曹操属吏的文士们,有机会参与一些军政大事的讨论与文书起草,因而觉得受到了重视和重用。加之建安十三年(208)赤壁之战以后,天下三分,相对而言,曹操集团军事实力最强,又"挟天子以令诸侯"①,占据优势地位,文士们对曹氏集团的前途充满信心,甚至认为该集团可以很快统一全国或者匡扶汉室。故而邺下诸文士亦满怀政治理想,文学作品中也充满了积极向上、渴望建功立业的昂扬情绪。

王粲流落荆州十余年间,不得刘表重用。建安十三年(208),曹操攻荆州,刘表身亡,"粲劝表子琮,令归太祖"②。曹植的《王仲宣诔》说是:"我公奋钺,耀威南楚。荆人或违,陈戎讲武。君乃义发,算我师旅。高尚霸功,投身帝宇。"③王粲主动规劝刘琮投降曹操,不仅说明他一直在关心社会时局,更表明他倾曹的政治态度。归顺曹操后,他还曾当面颂扬曹操:

> 方今袁绍起河北,仗大众,志兼天下,然好贤而不能用,故奇士去之。刘表雍容荆楚,坐观时变,自以为西伯可规。士之避乱荆州者,皆海内之俊杰也;表不知所任,故国危而无辅。明公定冀州之日,下车即缮其甲卒,收其豪杰而用之,以横行天下;及平江、汉,引其贤俊而置之列位,使海内回心,望风而愿治,文武并用,英雄毕力,此三王之举也。④

王粲以袁绍、刘表作比,称赞曹操知人善任是"三王之举",其中不乏肺

---

① 陈寿撰:《三国志》,第16页。
② 同上书,第598页。
③ 曹植:《曹植集校注》,赵幼文校注,北京:中华书局,2016,第242页。
④ 陈寿撰:《三国志》,第598页。

腑之言。他一直渴望施展自己的抱负,却因相貌丑陋、身体瘦弱而不为刘表器重,当曹操率三十万众大军压境之时,王粲因劝降有功,亦因以文才知名,被辟为丞相掾,受赐关内侯,此时的王粲有如鱼得水之感。建安十四年(209),王粲从曹军征吴,即作《浮淮赋》,铺叙曹操水军的浩大场面,突出曹军的强大军容和势不可挡,颂扬曹操武功。后迁军谋祭酒,多次随军出征。建安十八年(213),王粲以关内侯身份参与了群臣两次劝说曹操接受汉献帝册封魏公的事件。曹操受命后,王粲受封侍中之职,曹植的《王仲宣诔》称其:"我王建国,百司俊乂。君以显举,秉机省闼。戴蝉珥貂,朱衣晧带。入侍帷幄,出拥华盖。荣耀当世,芳风晻蔼"①,可谓荣宠之至。担任侍中的王粲,执掌朝廷奏议。《三国志·王粲传》裴注引《典略》载其事曰:"粲才既高,辩论应机。锺繇、王朗等虽名为魏卿相,至于朝廷奏议,皆阁笔不能措手。"② 这说明王粲对当时的政治军事大事,应该参与较深。他积极用世的另一个表现,是参与了曹魏典章制度和宗庙社稷的创建,《魏志》本传云:"魏国既建,拜侍中。博物多识,问无不对。时旧仪废弛,兴造制度,粲恒典之。"③ 王粲的《太庙颂》三首、《俞儿舞歌》四篇及《登歌》和《安世诗》,都是这一时期的产物。其后曹操禁酒,粲作《酒赋》,主张饮酒有节,批判酗酒之风;曹操议复古肉刑,粲作《难锺荀太平论》,主张治国当重刑术;曹魏始置爵位,粲作《爵论》,主张恢复"爵事"④ 及"侯次有绪"⑤,《酒赋》《难锺荀太平论》与《爵论》等与曹操步调一致的文章,表现出王粲强烈的政治进取心。王粲其他的一些作品,也是在这种强烈的用世精神下完成的。如《七释》所描绘盛世一事,《儒吏论》所言"吏服训雅,儒通文法"⑥ 等都表明,归曹后的王粲着力构建清平世界的政治抱负。《从军诗》五首亦是在渴望建功立业的背景下创作的。

刘桢在建安初年入曹操幕,同样得到曹氏父子的青睐。先是受封司空军谋祭酒,主拟写文书。其《失题诗》三首借物言志,生动表现了自己托身曹氏之初意气风发的心态。随后曹操任丞相,刘又任丞相掾属,并随军征伐刘表。此

---

① 曹植:《曹植集校注》,第 243 页。
② 陈寿撰:《三国志》,第 599 页。
③ 同上书,第 598 页。
④ 俞绍初辑校:《建安七子集》,第 108 页。
⑤ 同上注。
⑥ 同上书,第 109 页。

时刘桢对未来的前途充满了美妙的憧憬,有自己的政治理想马上就可以实现的感觉,故而作于此时的《遂志赋》表达出希望曹操荡平天下,重用贤良,自己急流勇退的愿望。此后刘桢又先后转任五官郎将文学及平原侯庶子,同样赢得了曹氏兄弟的礼遇,他们行止相随,流连诗酒,亲密程度非一般人可比。

曹氏集团的大本营——邺城,曾得袁绍经营多年,经济繁荣,人口众多,为当年北方盛极一时的大都会。加之曹操破邺之后,开始苦心营建各种园林,客观上又为邺下文人休闲娱乐提供了重要的活动场所。繁忙的军务与政务之余,王粲、刘桢还参与到丕、植兄弟组织的各种宴会或文会活动中,创作了不少"怜风月,狎池苑,述恩荣,叙酣宴"① 的作品,从而构成了建安文学的另一个重要内涵。至于曹氏兄弟组织群体性文学活动的情形,具见本章下节"三曹的风气倡导"部分。

二、思想文化

(一)曹操执政的通脱作风

东汉之末,儒学衰微,人们的思想意识发生了巨大变化。《魏志·王朗传》注引《魏略》曰:"从初平之元,至建安之末,天下分崩,人怀苟且,纲纪既衰,儒道尤甚。"② 曹操执政的通脱作风,正是适应这种变化的产物。通脱,也作"通侻",意为不受礼仪约束,没有虚伪掩饰的行为。《晋书·傅玄传》载其上疏:"近者魏武好法术,而天下贵刑名;魏文慕通达,而天下贱守节。"③ 傅玄此说可以理解为互文见义,实际上曹操与曹丕两代统治者都是同时具有"刑名"与"通达"两个特点的。曹操行事不拘泥于礼仪,任性而行,《魏志》本传说他"少机警,有权数,而任侠放荡,不治行业"④。最能显示曹操通脱作风的,是他先后三次下的《求贤令》。曹操为了统治的需要,采取唯才是举的方针

---

① 刘勰:《文心雕龙》,第 32 页。
② 陈寿撰:《三国志》,第 420 页。
③ 房玄龄等撰:《晋书》,北京:中华书局,1974,第 1317—1318 页。
④ 陈寿撰:《三国志》,第 2 页。

是可以理解的,但是布告天下的三道诏令的写法,着实让人吃惊。一是建安十五年(210)的《求贤令》。《魏志·武帝纪》载:

> 自古受命及中兴之君,曷尝不得贤人君子与之共治天下者乎!及其得贤也,曾不出闾巷,岂幸相遇哉?上之人不求之耳。今天下尚未定,此特求贤之急时也。"孟公绰为赵、魏老则优,不可以为滕、薛大夫。"若必廉士而后可用,则齐桓其何以霸世!今天下得无有被褐怀玉而钓于渭滨者乎?又得无盗嫂受金而未遇无知者乎?二三子其佐我明扬仄陋,唯才是举,吾得而用之。①

二是建安十九年(214)的《敕有司取士毋废偏短令》。《魏志·武帝纪》云:

> 夫有行之士未必能进取,进取之士未必能有行也。陈平岂笃行,苏秦岂守信邪?而陈平定汉业,苏秦济弱燕。由此言之,士有偏短,庸可废乎!有司明思此义,则士无遗滞,官无废业矣。②

三是建安二十二年(217)的《举贤勿拘品行令》。《魏志·武帝纪》裴注引《魏书》曰:

> 今天下得无有至德之人放在民间,及果勇不顾,临敌力战;若文俗之吏,高才异质,或堪为将守;负污辱之名,见笑之行,或不仁不孝而有治国用兵之术:其各举所知,勿有所遗。③

得人才者得天下,尤其是在群雄逐鹿的东汉末年。但曹操敢于在昭告天下的公文中明确提出选才不拘道德之论,只要有才,即便"盗嫂受金"或"不仁不孝"都不重要,令取士不废"偏短",足见其通脱。这主要有三方面的原因:

---

① 陈寿撰:《三国志》,第 32 页。
② 同上书,第 44 页。
③ 同上书,第 49—50 页。

一是曹操作为大权在握的政治家，敢言人所不敢言；二是他求贤若渴，选拔人才不在乎品德，只要是有实际用处的人，他都委以重任；三是他自己出身不好，便希望提拔一些寒士，而与世家大族相抗衡。

鲁迅在《魏晋风度及文章与药及酒之关系》中说："在曹操本身，也是一个改造文章的祖师，可惜他的文章传的很少。他胆子很大，文章从通脱得力不少，做文章时又没有顾忌，想写的便写出来。"① 曹操的《让县自明本志令》与第一道《求贤令》作于同年，其中写道："孤非徒对诸君说此也，常以语妻妾，皆令深知此意。孤谓之言：'顾我万年之后，汝曹皆当出嫁，欲令传道我心，使他人皆知之。'"② 这种在公文中公然出现自己与妻妾私房话的事情，古往今来恐怕只有曹操此文。曹操尚通脱，感染了一代文人。刘师培在《中国中古文学史讲义》第三课《论汉魏之际文学变迁》中云："建武以还，士民秉礼，迨及建安，渐尚通侻，侻则侈陈哀乐，通则渐藻玄思。"③ 鲁迅由这种理解出发，进一步认为："总括起来，我们可以说汉末魏初的文章是清峻，通脱。"④ 释通脱曰："通脱即随便之意。此种提倡影响到文坛，便产生多量想说甚么便说甚么的文章。"⑤ 可见，位高权重的曹操执政通脱，导致了文风的改变。

王粲同样个性通脱。《魏志》本传云："表以粲貌寝而体弱通侻，不甚重也。"⑥ 裴注谓："貌寝，谓貌负其实也。通侻者，简易也。"⑦《英雄记》中被王粲称为英雄的人物形象，如公孙瓒、董卓、吕布等，与儒家传统伦理相背离。观其《反金人赞》，实能打破儒家金人三缄其口的思想束缚，竟说："一言之赐，过乎玙璧。末世不敦，义与兹易。面言匪忠，退有其谪"⑧，通达之语，有如曹操。个性通脱的王粲在刘表处才不得用，志不得展，遇到同样尚通脱的曹操，可谓弃暗投明，一拍即合。

---

① 鲁迅《魏晋风度及文章与药及酒之关系》，见鲁迅《而已集》，载《鲁迅全集》第3册，北京：人民文学出版社，2005，第525页。
② 陈寿撰：《三国志》，第33页。
③ 刘师培：《中国中古文学史讲义》，南京：凤凰出版社，2011，第8页。
④ 鲁迅《魏晋风度及文章与药及酒之关系》，见鲁迅《而已集》，载《鲁迅全集》第3册，第525页。
⑤ 同上注。
⑥ 陈寿撰：《三国志》，第598页。
⑦ 同上注。
⑧ 俞绍初辑校：《建安七子集》，第107页。

刘桢为人为文皆胆大气盛。谢灵运说他"卓荦偏人"①，刘勰谓"公幹气褊"②。平视甄氏之举，就是他无所顾忌的一个表现。此事有数种版本的记载，较典型的是以下两则。一则出自《魏志·王粲传》裴注引《典略》：

> 其后太子尝请诸文学，酒酣坐欢，命夫人甄氏出拜。坐中众人咸伏，而桢独平视。太祖闻之，乃收桢，减死输作。③

另一则出自《太平御览》卷四百六十四引《文士传》云：

> （桢）性辩捷，文帝尝请同好为主人，使甄夫人出拜，坐者皆伏，而祯（桢）独平视如故。武帝使人观之，见祯（桢）大怒，命收之。④

两则记载大致相同，即刘桢于曹丕席上，平视曹丕夫人甄氏。至于刘桢平视的原因，既非爱慕甄氏美色，亦非出于儒家思想而不满甄氏二嫁，只能从他生性疏狂，不拘礼法方面得到合理的解释，这正是刘桢通脱的表现。受其通脱气质的影响，刘桢诗歌意气轩昂，气骨高迈，故而《诗品》评曰："仗气爱奇，动多振绝。贞骨凌霜，高风跨俗。"⑤

（二）三曹的风气倡导

曹氏父子都是卓有成就的作家，且均好延揽文士，从而极大提升了文学的地位。曹操一生著述颇丰，"登高必赋"⑥，"雅好诗书文籍，虽在军旅，手不释卷"⑦，《隋书·经籍志》谓梁有其集三十卷，另有逸集十卷，惜后世散佚严重。由于曹操的风气倡导和优待政策，东汉末年散落四方的文士，纷纷聚集到邺下，

---

① 谢灵运、鲍照：《谢灵运鲍照集》，第 106 页。
② 刘勰：《文心雕龙》，第 178 页。
③ 陈寿撰：《三国志》，第 602 页。
④ 李昉等：《太平御览》，北京：中华书局，1960 年影印本，第 2134 页上。
⑤ 锺嵘：《诗品集注（增订本）》，第 133 页。
⑥ 陈寿撰：《三国志》，第 54 页。
⑦ 同上书，第 90 页。

正如曹植所言："昔仲宣独步于汉南，孔璋鹰扬于河朔，伟长擅名于青土，公幹振藻于海隅，德琏发迹于大魏，足下高视于上京。……吾王于是设天网以该之，顿八纮以掩之，今尽集兹国矣！"① 曹操对邺下文人集团的形成作出了不可磨灭的贡献。他还对好的文章推赏备至，《三国志·王粲传》裴注引《典略》曰："（陈）琳作诸书及檄，草成呈太祖。太祖先苦头风，是日疾发，卧读琳所作，翕然而起曰：'此愈我病。'数加厚赐。"②

丕、植兄弟同父亲一样，雅好文学。曹丕"天资文藻，下笔成章"③，《典论·自叙》曰："少诵诗、论，及长而备历五经、四部，《史》、《汉》、诸子百家之言，靡不毕览。所著书、论、诗、赋凡六十篇。"④ 文学创作之外，曹丕亦对文学实践进行理论反思，《典论·论文》高度肯定了文章的价值："盖文章经国之大业，不朽之盛事。年寿有时而尽，荣乐止乎其身，二者必至之常期，未若文章之无穷。是以古之作者，寄身于翰墨，见意于篇籍，不假良史之辞，不托飞驰之势，而声名自传于后。"⑤ 曹丕所谓"文章"，是包括纯文学性质的诗赋在内的各种文体，他论及优秀的作品可以流芳百世，"不假良史之辞，不托飞驰之势"而使生命得以不朽。曹丕对文学价值的充分肯定，必然导致文学地位的提升并刺激作家创作的热情。所可注意的是，此论反应了曹丕对文学的一贯观点，尽管他以文字形式表达出来的时间是在王粲、刘桢卒后。其《与王朗书》同样表达了文学可以让个体生命永恒的观点："生有七尺之形，死唯一棺之土，唯立德扬名，可以不朽，其次莫如著篇籍。疫疠数起，士人凋落，余独何人，能全其寿？"⑥ 曹丕认为，立德之外，"篇籍"也可以使人生不朽，体现了对文学事业的高度重视。

曹植文才富丽，"年十岁馀，诵读《诗》、《论》及辞赋数十万言，善属文"⑦。他酷爱文学，《与杨德祖书》言及"仆少小好为文章，迄至于今二十有五年矣"⑧。即便一直对曹植颇为猜忌的曹睿，也不得不承认植"自少至终，篇

---

① 陈寿撰：《三国志》，第558—559页。
② 同上书，第601页。
③ 同上书，第89页。
④ 曹丕：《曹丕集校注》，第252页。
⑤ 同上书，第238页。
⑥ 同上书，第109页。
⑦ 陈寿撰：《三国志》，第557页。
⑧ 曹植：《曹植集校注》，第226页。

籍不离于手，诚难能也"①。又"撰录植前后所著赋颂诗铭杂论凡百馀篇，副藏内外"②。曹植自己虽曾言"辞赋小道"③，但这并非他的原意，鲁迅先生早已指出"子建大概是违心之论"④。实际上，曹植与父兄类似，也十分重视文学的功用和价值。在《汉二祖优劣论》中，他指出"诗书礼乐，帝尧之所以为治也，而高帝轻之。济济多士，文王之所以获宁也，高帝蔑之不用"⑤，肯定了帝尧重视诗书礼乐和文王重视文人的行为，对汉高祖刘邦"轻之""蔑之"的做法则不敢苟同。在《薤露行》中，他写道："骋我迳寸翰，流藻垂华芬"⑥，也表明他认识到著述立说可以让声名流传后世。"经国之大业"和"不朽之盛事"以外，曹植还注意到了文学的娱乐功能。他第一次见邯郸淳的事例，是一个有力的说明。《魏志·王粲传》裴注引《魏略》曰："时天暑热，植因呼常从取水自澡讫，傅粉。遂科头拍袒，胡舞五椎锻，跳丸击剑，诵俳优小说数千言"⑦，在曹植看来，文学可博对方一笑，在经世致用以外，也是一种乐趣与享受。

由于曹氏父子的特殊地位和积极倡导，当时文坛上形成了文才极盛的局面，即钟嵘《诗品》所谓："降及建安，曹公父子，笃好斯文；平原兄弟，郁为文栋；刘桢、王粲，为其羽翼。次有攀龙托凤，自致于属车者，盖将百计。彬彬之盛，大备于时矣。"⑧刘勰的《文心雕龙·时序》亦云："魏武以相王之尊，雅爱诗章；文帝以副君之重，妙善辞赋；陈思以公子之豪，下笔琳琅：并体貌英逸，故俊才云蒸。"⑨

曹操平日忙于军国大事，无暇参与很多文学活动，曹氏兄弟则以贵公子身份，在随军途中或宴饮聚会中，经常发起群体性的文学活动。关于宴饮聚会的具体情形，可从今存曹丕两篇与吴质的书信中窥见一斑。曹丕的《与吴质书》作于建安二十年（215），其中两次提及文学集会，一次是往日"南皮之游"，

---

① 陈寿撰：《三国志》，第576页。
② 同上注。
③ 同上书，第559页。
④ 鲁迅《魏晋风度及文章与药及酒之关系》，见鲁迅《而已集》，载《鲁迅全集》第3册，第526页。
⑤ 曹植：《曹植集校注》，第153页。
⑥ 同上书，第645页。
⑦ 陈寿撰：《三国志》，第603页。
⑧ 钟嵘：《诗品集注（增订本）》，第20页。
⑨ 刘勰：《文心雕龙》，第252页。

曰："既妙思六经,逍遥百氏,弹棋闲设,终以博弈,高谈娱心,哀筝顺耳。驰骛北场,旅食南馆,浮甘瓜于清泉,沉朱李于寒水。皦日既没,继以朗月,同乘并载,以游后园,舆轮徐动,宾从无声,清风夜起,悲笳微吟,乐往哀来,凄然伤怀。"① 另一次为方今"何曲之游",谓:"方今蕤宾纪辰,景风扇物,天气和暖,众果具繁。时驾而游,北遵河曲,从者鸣笳以启路,文学托乘于后车。"② 曹丕作于建安二十四年(219)的《又与吴质书》亦深情回顾了昔日与诸子游乐、宴饮的情景:"昔日游处,行则接舆,止则接席,何曾须臾相失。每至觞酌流行,丝竹并奏,酒酣耳热,仰而赋诗。"③ 从以上三次建安文士雅集事件中,不难想象当日以曹氏兄弟为核心,众多文士共同参与的彼此唱和的文学氛围,而王粲、刘桢正是这些唱和活动的重要羽翼。

王粲的《公宴诗》为侍曹丕宴而作,其中所写"贤主人"④,即指曹丕。王粲随军西征,途经三良冢时,曾与曹植、阮瑀唱和,作《咏史诗》(其一)。王粲又有《杂诗》二首,云:"从君出西园"⑤,所记乃随曹氏兄弟出西园游玄武陂之事,曹丕亦有《于玄武陂作》,曰:"兄弟共行游,驱车出西城"⑥,当为一时唱和之诗。刘桢亦有《公宴诗》一首,为参与丕、植兄弟夜游西园有感而作(唱和曹丕的《芙蓉池作》与曹植的《公宴诗》)。又有《赠五官中郎将》(其一),也是参与曹丕宴饮后所作。刘桢的《斗鸡诗》,曹植、应玚亦有同题之作,且应玚诗有言:"兄弟游戏场"⑦,可见系侍游唱和所作。诗歌以外,王、刘二人还有不少与丕、植兄弟及其他建安文人的同题赋,也是参与曹氏兄弟所组织的同题共作的产物。如建安十四年(209),王粲随军征吴途中,与曹丕同作《浮淮赋》;同曹氏兄弟邺下宴饮游乐,曹丕首作《戒盈赋》,建安文人纷纷应和,作有曹植的《静思赋》,王粲的《闲邪赋》,刘桢的《清虑赋》,陈琳、阮瑀的《止欲赋》,应玚的《正情赋》,繁钦的《抑检赋》等。阮瑀病故,王粲与曹丕同作《寡妇赋》;观曹操围猎,奉曹丕教,王粲作《羽猎赋》、刘桢作《大阅

---

① 曹丕:《曹丕集校注》,第104页。
② 同上注。
③ 同上书,第110页。
④ 俞绍初辑校:《建安七子集》,第73页。
⑤ 同上书,第70页。
⑥ 曹丕:《曹丕集校注》,第13页。
⑦ 俞绍初辑校:《建安七子集》,第145页。

赋》；王粲与丕、植兄弟及繁钦还有《槐赋》；另外王粲如《柳赋》《大暑赋》《鹦赋》《车渠碗赋》《玛瑙勒赋》《迷迭香赋》，刘桢如《大暑赋》等，皆为陪侍曹氏兄弟时的作品。甚至还有唱和之文，曹植作《七启》，曾命王粲作《七释》、徐幹作《七谕》、杨脩作《七训》。

第二章 王粲、刘桢文学比较

提及建安时期的诗人，三曹以外，后世往往推举王粲、刘桢为代表。然而具体到二人位次，千百年来则争论不休。早在南朝时期，争论便已出现。沈约、刘勰以王粲优，锺嵘以刘桢胜，故而江淹总结曰："公幹仲宣之论，家有曲直"①。直至明清时期，争论仍在继续。例如胡应麟、许学夷特重刘桢，而方东树则认为王优于刘②。笔者以为，就总体成就而言（主要指诗赋），王粲当于刘桢之上。

初看起来，王粲和刘桢颇多共点，比如在精神内容上，都受同样的时代风格浸染，诗文写得慷慨激昂而有气势。刘勰的《文心雕龙·时序》曰："观其时文，雅好慷慨，良由世积乱离，风衰俗怨，并志深而笔长，故梗概而多气也。"③ 指出了两人所属的建安时代共同的文学特征。由此看来，王、刘齐名，并非无因。然而细究下去，便会发现二人文学个性鲜明，所同不胜所异。因诗与赋是不同的文学体裁，兹当分别论之。

一、王粲、刘桢诗的比较

（一）题材

刘桢现存完整诗歌共 13 首，大致可以分为宴游（《公宴诗》《斗鸡诗》《射

---

① 江淹：《江文通集汇注》，胡之骥注，李长路、赵威点校，北京：中华书局，1984，第 136 页。
② 胡应麟：《诗薮》，上海：上海古籍出版社，1979，第 28 页；许学夷：《诗源辩体》，杜维沫校点，北京：人民文学出版社，1987，第 83 页；方东树：《昭昧詹言》，汪绍楹校点，北京：人民文学出版社，1961，第 78 页。
③ 刘勰：《文心雕龙》，第 253 页。

鸢诗》)、赠答(《赠从弟》三首、《赠徐幹》《又赠徐幹》《赠五官中郎将》四首)、杂诗三大类,具有一定的社会内容。但这些作品基本都是围绕个人的际遇抒发诗人内心情性,社会意义不大。王粲的诗歌在感叹身世之外,还把笔触拓展到更为广阔的社会现实。如《七哀诗》(其一)反映汉末动乱的时代风云,《七哀诗》(其三)描写边城的荒寒及战争带给人民的苦难;《从军诗》五首写从军的苦乐,表现建功立业的雄心;《咏史诗》(其一)借三良为秦穆公殉葬之事,抒发思古幽情。故而在题材上,王粲诗歌反映的生活面较刘桢更广。

(二) 体裁

刘桢诗歌多已散佚,其四言诗现仅存两则残句①,故而我们今天无法评论刘桢四言诗的内容及成就,但曹丕与刘桢是同时代人,能看到刘桢诗的全部内容,对其诗歌创作成就应该是较为了解的,在《又与吴质书》中对刘桢五言诗评价甚高,称其为:"至其五言诗之善者,妙绝时人"②,而对其四言诗没有提及;《文选》选录刘桢诗共10首,亦均为五言诗,可见,在诗歌体裁方面,刘桢长于五言。后世评论家亦多称赞其五言诗。独孤及在《唐故左补阙安定皇甫公集序》中言:"五言诗之源,生于《国风》,广于《离骚》,著于李、苏,盛于曹、刘,其所自远矣"③,指出了刘桢在五言诗发展过程中的历史地位。王昌会在《诗话类编》卷一中也提到:"五言古诗,《文选》惟汉、魏为盛,若苏、李之天成,曹、刘之自得,固为一时之冠。……至晋陆士衡兄弟、潘安仁、左太冲辈前后继出,皆不出曹、刘轨辙。"④ 既肯定了刘桢在当时是五言诗居首位的人物之一,且认为刘桢影响了西晋诸家的创作。

与此相应,王粲诗四言、五言均能。其四言诗虽不如曹操自出新裁,但也得到了后代文人的肯定。如挚虞曰:"王粲所与蔡子笃及文叔良、士孙文始、杨

---

① 刘桢现存四言残句为"朝发白马,暮宿韩陵"及"大厦云构"两则,载俞绍初辑校:《建安七子集》,第162页。
② 曹丕:《曹丕集校注》,第110页。
③ 独孤及撰:《毗陵集校注》,刘鹏、李桃校注,蒋寅审订,沈阳:辽海出版社,2006,第290页。
④ 王昌会撰:《诗话类编》,载《四库全书存目丛书》集部第419册,第10页上。

德祖诗，及所为潘文则作思亲诗，其文当而整，皆近乎《雅》矣。"① 指出王粲四言诗上承《小雅》，风格温润。颜延之的《庭诰》云："至于五言流靡则刘桢、张华，四言侧密则张衡、王粲。"② 论汉魏四言诗人只举张衡、王粲两家，可见他对王粲四言诗评价甚高。萧子显在《南齐书·文学传论》中谓："若陈思《代马》群章，王粲《飞鸾》诸制，四言之美，前超后绝。"③ 认为王粲的《赠蔡子笃诗》可与曹植的《朔风》媲美，都是前超后绝的四言诗体。刘克庄的《后村诗话》评曰："四言自曹氏父子、王仲宣、陆士衡后，惟陶公最高。"④ 将曹氏父子、王粲、陆机、陶渊明并举，且以之为魏晋南北朝时期四言诗人之代表。

《文选》不仅录王粲四言3首，亦收其五言10首，可见王粲在四言、五言诗的创作上成就都很突出。刘勰在《文心雕龙·明诗》中曰："若夫四言正体，则雅润为本；五言流调，则清丽居宗：华实异用，唯才所安。故平子得其雅，叔夜含其润，茂先凝其清，景阳振其丽；兼善则子建、仲宣，偏美则太冲、公幹。"⑤ 他指出了刘桢偏长于五言，而王粲则能融汇贯融，兼擅四言与五言的特点。

（三）风格

四言与五言在艺术风格上有所不同，因而此处探讨王粲、刘桢诗歌风格的差异，只自两人五言诗展开，王粲四言概不详及。

1. 章句

（1）字句

刘桢五言诗下笔率意，文词粗疏质朴，一方面表现在字句重复较多：其现存完整诗歌仅13首，另有失题诗14首，共计不足30首。这不足30首诗歌中出现了大量用语重复的现象。名词如"飘飘薄青云"（《射鸢》）⑥与"高义厉青云"（《又赠徐幹》）⑦，"玄云起西山""玄云起高岳"与"玄云为髣髴"（皆

---

① 王厚之辑：《古文苑》，章樵注，卷八《思亲为潘文则作》注引，载《古文苑》第3册，北京：中国书店出版社，2012年影印本。
② 严可均辑：《全上古三代秦汉三国六朝文：全宋文》，北京：中华书局，1958年影印本，第2637页下。
③ 萧子显撰：《南齐书》，北京：中华书局，1972，第907—908页。
④ 刘克庄：《刘克庄集笺校》，辛更儒笺校，北京：中华书局，2011，第6687页。
⑤ 刘勰：《文心雕龙》，第32页。
⑥ 俞绍初辑校：《建安七子集》，第161页。
⑦ 同上书，第159页。

《失题诗》)①,"明镫熺炎光"〔《赠五官中郎将》(其一)〕② 与"明镫曜闺中"〔《赠五官中郎将》(其三)〕③ 等句,皆可为证。不仅名词重复,动词使用也如出一辙。如《赠徐幹》"方塘含清源"④ 之"含"字,即是其例。表现包含关系,诗人通通用"含"字,如:"方塘含白水"(《杂诗》)⑤、"金罍含甘醴"〔《赠五官中郎将》(其一)〕⑥、"嗔目含火光"(《斗鸡》)⑦,还有"初春含寒气"(《失题诗》)⑧。方塘之"含"清源,着一字而情状俱见,但用得多了,反给人语尽词穷之感。又如"与君共翱翔"〔《赠五官中郎将》(其一)〕⑨ 与"相与复翱翔"(《公宴诗》)⑩ 的"翱翔"、"叹悦诚未央"〔《赠五官中郎将》(其一)〕⑪ 与"欢乐犹未央"(《公宴诗》)⑫ 的"未央"、"文雅纵横飞"〔《赠五官中郎将》(其四)〕⑬ 与"砂石纵横飞"(《失题诗》)⑭ 的"横飞"等,这些句子的动词都存在重复。副词的使用亦多此种痕迹:如《公宴诗》"歌之安能详"⑮ 一句运用"安能"构成反问句式,凸显诗人胸臆,此与《赠五官中郎将诗》(其四)"俾俛安能追"⑯ 的手法类似。更极端者如写鸟飞轻疾,说"飞鸟何翩翩"(《赠徐幹》)⑰;写霜雪洁白,语"霜气何皑皑"〔《赠五官中郎将》(其四)〕⑱;写车盖众多,言"素盖何翩翩"(《失题诗》)⑲;写风声强盛、松枝坚劲,曰"风声一何盛,松枝一何劲"〔《赠从弟》(其二)〕⑳;赞曹操射技高超,云"君

---

① 俞绍初辑校:《建安七子集》,第 162 页。
② 同上书,第 158 页。
③ 同上注。
④ 同上书,第 159 页。
⑤ 同上书,第 161 页。
⑥ 同上书,第 158 页。
⑦ 同上书,第 161 页。
⑧ 同上书,第 162 页。
⑨ 同上书,第 158 页。
⑩ 同上书,第 157 页。
⑪ 同上书,第 158 页。
⑫ 同上书,第 157 页。
⑬ 同上书,第 158 页。
⑭ 同上书,第 162 页。
⑮ 同上书,第 157 页。
⑯ 同上书,第 158 页。
⑰ 同上书,第 159 页。
⑱ 同上书,第 158 页。
⑲ 同上书,第 162 页。
⑳ 同上书,第 160 页。

射一何妍"(《射鸢》)①;叹曹丕惠爱淳笃,又说"所亲一何笃"〔《赠五官中郎将》(其二)〕②。此等用词,偶或为之,无伤大雅,但重复如此,反觉构思过于省力而缺乏锤炼。更有甚者,《赠五官中郎将》(其一)"四节相推斥"③与《赠五官中郎将》(其三)"四节相推斥"④整句一模一样。宋长白在《柳亭诗话》中评价其《赠从弟》三首云:"一曰:'岂无园中葵,懿此出深泽',二曰:'岂不罹凝寒,松柏有本性',三曰:'岂不常勤苦,羞与黄雀群'。一时一事,句法重复至此,回视仲宣之《杂诗》《七哀》,有惭德已"⑤,可谓切中肯綮。

另一方面是其诗歌多直抒胸臆、质朴自然之作。如其《赠徐幹》:

谁谓相去远?隔此西掖垣。拘限清切禁,中情无由宣。思子沉心曲,长叹不能言。起坐失次第,一日三四迁。步出北寺门,遥望西苑园。细柳夹道生,方塘含清源。轻叶随风转,飞鸟何翩翩。乖人易感动,涕下与衿连。仰视白日光,皦皦高且悬。兼烛八纮内,物类无颇偏。我独抱深感,不得与比焉。⑥

全诗用朴实的语言,写出对友人的思念之浓及自己受拘束不自由的心境。其中"细柳夹道生,方塘含清源。轻叶随风转,飞鸟何翩翩",写西苑春景不经意于字句的雕琢,简洁自然。陆时雍的《古诗镜》评此诗曰:"披衷如次,不以点缀为工"⑦,颇为平实中允。方东树的《昭昧詹言》卷二也说:"直书胸臆,一往清警,缠绵悱恻,此自是一体。"⑧又说:"大约此体但用叙事,羌无故实,而所下句字,必朴质沉顿,感慨深至,不雕琢字法,所谓至宝不雕琢,而非老生常谈,陈言习熟,偨僚凡近琐冗之比。"⑨方东树所言,与陆时雍评此诗"不

---

① 俞绍初辑校:《建安七子集》,第161页。
② 同上书,第158页。
③ 同上注。
④ 同上注。
⑤ 宋长白撰:《柳亭诗话》,载《四库全书存目丛书》集部第421册,第585页下。
⑥ 俞绍初辑校:《建安七子集》,第159页。
⑦ 陆时雍选评:《诗镜》,任文京、赵东岚点校,保定:河北大学出版社,2010,第53页。
⑧ 方东树:《昭昧詹言》,第78页。
⑨ 同上书,第79页。

以点缀为工"有异曲同工之妙。

又如其《射鸢诗》：

> 鸣鸢弄双翼，飘飘薄青云。我后横怒起，意气陵神仙。发机如惊焱，三发两鸢连。流血洒墙屋，飞毛从风旋。庶士同声赞，君射一何妍！①

此诗字句较古质，写鸣鸢展翅高飞，用词简练，近乎白描。写曹操射鸢的神武，亦无华丽辞藻的修饰，只通过描绘鸣鸢掉落场景，自然地突出曹操的高超技艺。

和刘桢相比，王粲在字句上显出用工的倾向。试看《杂诗》（其三）：

> 列车息众驾，相伴绿水湄。幽兰吐芳烈，芙蓉发红晖。百鸟何缤翻，振翼群相追。投网引潜鲤，强弩下高飞。白日已西迈，欢乐忽忘归。②

此诗与曹丕的《于玄武陂作》是唱和之作，写的是盛夏初秋，与丕、植兄弟出西园，驱车赴玄武池观赏风景的经验感受。王粲笔墨描绘了丰富的物象：绿水红花，交相辉映；幽兰芙蓉，浓淡有致；鸟飞鱼跃，高下相须，形成绚丽的色彩对比和鲜明的立体层次感，显系有心经营之作。他还特别注重动词的锤炼，如"幽兰吐芳烈，芙蓉发红晖"句，"吐""发"赋予"幽兰""芙蓉"以主观能动性，描绘了欣欣向荣的景象；"百鸟何缤翻，振翼群相追"句，"翻""追"传神地写出了鸟儿所蕴含的生命力。诗中形容词的使用也颇见功力，如"投网引潜鲤，强弩下高飞"句，"潜""高"两字，给予读者无限的想象空间。整首诗用语锤炼，可以看出诗人有意追求华丽的语辞效果。

(2) 结构

刘桢诗歌结构较平直。有的属双层次法，如其《杂诗》：

---

① 俞绍初辑校：《建安七子集》，第161页。
② 同上书，第70页。

职事相填委，文墨纷消散。驰翰未暇食，日昃不知晏。沈（沉）迷簿领书，回回自昏乱。释此出西城，登高且游观。方塘含白水，中有凫与雁。安得肃肃羽，从尔浮波澜。①

此诗在结构上分为两层：第一层写公事相烦，不胜其扰。第二层写羡慕和向往自由生活。前后两层互为依托，缺一不可。还有的属建安诗歌中常见的"事—景—情"三段式结构方式②。如《公宴诗》：

永日行游戏，欢乐犹未央。遗思在玄夜，相与复翱翔。辇车飞素盖，从者盈路傍。月出照园中，珍木郁苍苍。清川过石渠，流波为鱼防。芙蓉散其华，菡萏溢金塘。灵鸟宿水裔，仁兽游飞梁。华馆寄流波，豁达来风凉。生平未始闻，歌之安能详？投翰长叹息，绮丽不可忘。③

前六句总述宴会的发生，交代游宴由白日欢乐未央而导入夜晚的背景；中间十句具体描绘夜游西园的景色，见到的是珍木、清川、芙蓉、菡萏等一派生机勃勃的景色；最后四句抒发诗人对宴会的感受。这是典型的三段式结构。

王粲亦有《公宴诗》等采用与刘桢类似的"事—景—情"结构方式组材的诗作，但更多的是打破了这种平直的结构而别具一格。如他讲求诗歌起句的技巧，日本学者伊藤正文说："《七哀诗》其一的'西京乱无象，豺虎方遘患'，其二的'荆蛮非我乡，何为久滞淫'，《咏史诗》的'自古无殉死，达人共所知'，《从军诗》其一的'从军有苦乐，但问所从谁'，其二的'凉风厉秋节，司典告详刑'，《公宴诗》的'昊天降丰泽，百卉挺葳蕤'等，全都是该作品的内容的集中表现，使之从起句开始就喷射出强烈的感情。"④ 这种工于起调的艺术技巧，使王粲的诗歌充满艺术张力，使全诗陡然增色。严羽在《沧浪诗话·诗法》

---

① 俞绍初辑校：《建安七子集》，第 161 页。
② 此三段式结构方式由王鹏廷提出，载其《建安七子研究》，第 217 页。
③ 俞绍初辑校：《建安七子集》，第 157 页。
④ 伊藤正文：《王粲〈七哀诗〉考》，载《中华文史论丛》第 22 辑，第 118 页。

中云:"对句好可得,结句好难得,发句好尤难得。"① 可知王粲在此方面倾注的思力不少。起句以外,其五言诗还重视整体章法的安排,甚至出现了双线结构,如《七哀诗》(其一):

> 西京乱无象,豺虎方遘患。复弃中国去,远身适荆蛮。亲戚对我悲,朋友相追攀。出门无所见,白骨蔽平原。路有饥妇人,抱子弃草间。顾闻号泣声,挥涕独不还。"未知身死处,何能两相完?"驱马弃之去,不忍听此言。南登霸陵岸,回首望长安。悟彼下泉人,喟然伤心肝!②

该诗记叙了作者在战乱中离开长安时的所见所感,从结构上看前六句为第一线索,一二句交代当时的社会政治背景;三四句写诗人不得不离开长安远赴荆州投靠刘表;五六句点出了诗人无法守护生命中珍贵情感的痛苦。以上主要叙写个人命运。后十句为第二线索,"出门"两句,整体勾画出满目疮痍的景象;紧接着"路有"六句,描绘了路途所见饥妇弃子一事,展现的是普通民众最沉重的痛苦——慈母幼子之情无法守护。最后四句抒写自己的感怀,同时又分别与上述两条线索呼应:"南登霸陵岸,回首望长安"回应"西京乱无象,豺虎方遘患";"离京"与"望京","乱世"与"治世"形成鲜明对比,结构上严谨完密。而"悟彼下泉人,喟然伤心肝"则是作为"王公子孙"的诗人找到自己与人民的情感连接点以后,终于懂得了《下泉》诗的作者所代表的普通民众的心声,懂得了人民的想法,从而实现了己之不幸与人民痛苦两种情感的融合。诗人通过双线交叉换笔,使全诗在立意上浑然一体。张玉榖在《古诗赏析》卷九中评此诗云:"末四,南登回首,兜应首段;伤心下泉,缴醒中段。收束完密,全篇振动"③,堪称的评。对篇章结构的精心安排,使得王粲诗歌弥见工巧。

2. 修辞

(1) 对偶

刘桢诗虽也运用修辞,但多浑朴质实,不刻意讲究。其诗中出现了一定数

---

① 严羽:《沧浪诗话校释》,郭绍虞校释,北京:人民文学出版社,1961,第112页。
② 俞绍初辑校:《建安七子集》,第71页。
③ 张玉榖:《古诗赏析》,许逸民点校,北京:中华书局,2017,第233页。

量的对偶句，部分较为工整，如："清川过石渠，流波为鱼防""灵鸟宿水裔，仁兽游飞梁"（《公宴诗》）①；"利爪探玉除，嗔目含火光"（《斗鸡》）②；"旦发邺城东，暮次溟水旁"（《失题诗》）③ 等。同时，也存在大量意对词性不对的现象，如"泛泛东流水，磷磷水中石"〔《赠从弟》（其一）〕④，"泛泛"与"磷磷"相对，但"东流水"与"水中石"则尚不工整。又如"风声一何盛，松枝一何劲"〔《赠从弟》（其二）〕⑤，"一何"在出句和对句的相同位置重复出现，同词相对，并非严格意义上的对偶。再如"步出北寺门，遥望西苑园。细柳夹道生，方塘含清源。轻叶随风转，飞鸟何翻翻"（《赠徐幹诗》）⑥，连续三联分句的上下句均属于意义相对，但词性不相对。可见，刘桢的五言诗在对偶手法的运用方面随意性较强，多自然而发。殷璠的《河岳英灵集》序曰："至如曹、刘诗多直语，少切对"⑦，与刘桢之诗相符。

修辞的精巧，则是王粲诗歌重锤炼的表现之一。其诗较多使用整练的对偶，例如："凉风撤蒸暑，清云却炎晖""嘉肴充圆方，旨酒盈金罍"（《公宴诗》）⑧；"幽兰吐芳烈，芙蓉发红晖""投网引潜鲤，强弩下高飞"〔《杂诗》（其三）〕⑨；"凉风厉秋节，司典告详刑""泛舟盖长川，陈卒被隰坰"〔《从军诗》（其二）〕⑩ 等。王粲诗歌不仅存在每首出现两组不相连的对偶句的现象，甚至还有连续对偶句式的大段使用。如《七哀诗》（其二）：

荆蛮非我乡，何为久滞淫？方舟溯大江，日暮愁我心。山岗有馀暎，岩阿增重阴。狐狸驰赴穴，飞鸟翔故林。流波激清响，猴猿临岸吟。迅风拂裳袂，白露沾衣衿。独夜不能寐，摄衣起抚琴。丝桐感人情，为我发悲音。羁旅无终极，忧思壮难任。⑪

---

① 俞绍初辑校：《建安七子集》，第 157 页。
② 同上书，第 161 页。
③ 同上书，第 162 页。
④ 同上书，第 160 页。
⑤ 同上注。
⑥ 同上书，第 159 页。
⑦ 殷璠：《河岳英灵集注》，王克让注，成都：巴蜀书社，2006，第 1 页。
⑧ 俞绍初辑校：《建安七子集》，第 73 页。
⑨ 同上书，第 70 页。
⑩ 同上书，第 73—74 页。
⑪ 同上书，第 71 页。

"山岗有馀暎"至"白露沾衣衿"八句写景，全用对偶，占全诗的近半篇幅，在建安诗作中尤为少见。连续的对偶构成排偶，可以看出诗人的有意锤炼。

(2) 用典

整体而言，刘桢五言诗较少用典。笔者对刘桢现存完整五言诗 13 首的用典情况进行统计，涉及用典 7 首，详见下表。

表 2-1 刘桢诗歌用典统计

刘桢诗歌题目	诗　　句	用典来源	引用诗句或典故
《赠从弟》（其一）	采之荐宗庙，可以羞嘉客	《左传·隐公三年》	君子曰：……苟有明信，涧溪沼沚之毛，苹蘩蕴藻之菜，……可荐于鬼神，可羞于王公
《赠从弟》（其二）	岂不罹凝寒？松柏有本性	《论语·子罕》	岁寒，然后知松柏之后凋也
《赠从弟》（其三）	凤凰集南岳，徘徊孤竹根	《山海经·南山经》	丹穴之山有鸟焉，其状如鹤，五采而文，名曰凤
	何时当来仪？将须圣明君	《尚书·益稷》	凤凰来仪
《赠五官中郎将》（其一）	过彼丰沛都，与君共翱翔	《史记·高祖本纪》	刘邦生于沛之丰邑
《赠五官中郎将》（其二）	常恐游岱宗，不复见故人	古代神话传说	传说泰岱为人死后魂魄所归之地
	逝者如流水，哀此遂离分	《论语·子罕》	子在川上曰：逝者如斯夫！不舍昼夜
《赠徐幹》	思子沉心曲，长叹不能言	《楚辞·九歌·湘夫人》	思公子兮未敢言
《杂诗》	驰翰未暇食，日昃不知晏	《尚书·无逸》	自朝至于日中昃，不遑暇食

由上表可知，刘桢诗用典不多，即便用典，也都是大家耳熟能详的典故。事典方面，《赠五官中郎将》（其一）："过彼丰沛都，与君共翱翔"[①]，借用汉高

[①] 俞绍初辑校：《建安七子集》，第 158 页。

祖刘邦生于沛郡丰邑之典，指代曹操故乡谯郡；《赠五官中郎将》（其二）："常恐游岱宗，不复见故人"①，引用了泰岱为人死后魂魄所归之地的神话传说，意指自己死亡。此二典在当时都属于常识，即便不知出处，亦不妨碍读者理解诗歌的意义。语典情况与之相似，如《赠从弟》三首，其"苹藻""松柏""凤凰"之比分别出自《左传》《论语》及《山海经》，这些典故的使用皆自然平实，读来亦无晦涩难懂之感。日僧遍照金刚在《文镜秘府论·论文意》中谓："汉魏有曹植、刘桢，皆气高出于天纵，不傍经史，卓然为文"②，颇近乎刘桢诗歌用典的实际。

王粲诗歌隶事较多，且方法灵活。与刘桢类似，笔者统计王粲现存的全部完整五言诗的具体用典情况，如表2-2所示。

表2-2 王粲诗歌用典统计

王粲诗歌题目	诗　句	用典来源	引用诗句或典故
《七哀诗》（其一）	南登霸陵岸，回首望长安	《汉书·文帝纪》	汉文帝葬霸陵之典
《七哀诗》（其一）	悟彼下泉人，喟然伤心肝	《诗·曹风·下泉》	毛序：《下泉》，思治也
《七哀诗》（其二）	狐狸驰赴穴，飞鸟翔故林	《楚辞·九章·哀郢》	鸟飞反故乡兮，狐死必首丘
《七哀诗》（其三）	登城望亭隧，翩翩飞戍旗	刘歆《遂初赋》	望亭隧之瞰瞰兮，飞旗帜之翩翩
《七哀诗》（其三）	蓼虫不知辛，去来勿与谘	《楚辞·七谏》	蓼虫不徙乎葵藿
《公宴诗》	常闻诗人语，不醉且无归	《诗·小雅·湛露》	厌厌夜饮，不醉无归
《公宴诗》	今日不极欢，含情欲待谁	《古乐府歌》	今日尚不乐，当复待何时
《公宴诗》	古人有遗言，君子福所绥	《诗·周南·樛木》	乐只君子，福履绥之
《公宴诗》	克符周公业，奕世不可追	古代历史人物	周公辅佐成王之典

---

① 俞绍初辑校：《建安七子集》，第158页。
② 遍照金刚撰：《文镜秘府论汇校汇考》，卢盛江校考，北京：中华书局，2006，第1283页。

续表

王粲诗歌题目	诗　　句	用典来源	引用诗句或典故
《咏史诗》（其一）	秦穆杀三良，惜哉空尔为	《左传·文公六年》	秦伯任好卒，以子车氏之三子奄息、仲行、针虎为殉，皆秦之良也
	临穴呼苍天，涕下如绠縻	《诗·秦风·黄鸟》	临其穴，惴惴其栗。彼苍者天，歼我良人
	黄鸟作悲诗，至今声不亏	《诗·秦风·黄鸟》	《诗·秦风·黄鸟》篇名
《从军诗》（其一）	陈赏越丘山，酒肉踰川坻	《左传·昭公十二年》	有酒如淮，有肉如坻
	禽兽惮为牺，良苗实已挥	《左传·昭公二十二年》	宾孟适郊，见雄鸡自断其尾，问之，侍者曰："自惮其牺也。"
		《国语·晋语四》	子馀曰："重耳之仰君也，若黍苗之仰阴雨也。若君实庇荫膏泽之，使能成嘉谷，荐在宗庙，君之力也。"
《从军诗》（其一）	窃慕负鼎翁，愿厉朽钝姿	《韩诗外传》卷七	伊尹故有莘氏僮也，负鼎操俎调五味，而立为相
	不能效沮溺，相随把锄犁	《论语·微子》	长沮、桀溺劝孔子隐居避世之典
	孰览夫子诗，信知所言非	《孔丛子·记问》	孔子欲从所好而隐居之典
《从军诗》（其二）	凉风厉秋节，司典告详刑	《尚书·吕刑》	司政典狱/告尔详刑
	我君顺时发，桓桓东南征	《诗·鲁颂·泮水》	桓桓于征，狄彼东南
	哀彼东山人，喟然感鹳鸣	《诗·豳风·东山》	鹳鸣于垤
	日月不安处，人谁获常宁	《国语·鲁语四》	日月不处，人谁获安？
	昔人从公旦，一徂辄三龄	《诗·豳风·东山》	周公东征，三年不归
	惧无一夫用，报我素餐诚	《诗·魏风·伐檀》	彼君子兮，不素餐兮

续　表

王粲诗歌题目	诗　句	用典来源	引用诗句或典故
《从军诗》（其二）	将秉先登羽，岂敢听金声	《东观汉记·贾复传》	于是被羽先登，所向皆靡，诸将皆服其勇
		《汉书·李广传》	闻鼓声而纵，闻金声而止
《从军诗》（其四）	许历为完士，一言犹败秦	《史记·廉颇蔺相如列传》	许历为赵奢谋划而败秦之典
	我有素餐责，诚愧伐檀人	《诗·魏风·伐檀》	彼君子兮，不素餐兮
《从军诗》（其五）	诗人美乐土，虽客犹愿留	《诗·魏风·硕鼠》	乐土乐土，爰得我所
《杂诗》（其一）	人欲天不违，何惧不合并	《尚书·泰誓上》	民之所欲，天必从之
《杂诗》（其三）	投网引潜鲤，强弩下高飞	张衡《归田赋》	落云间之逸禽，悬清渊之鰺鰡
	白日已西迈，欢乐忽忘归	张衡《归田赋》	极般游之至乐，虽日夕而忘劬

就数量而言：其现存完整五言诗 15 首，用典五言诗 11 首，占比 73.33%。其用典总次数共计 32 次，占所统计诗歌总数的 213%。他的某些单首诗歌用典次数也颇高，如《公宴诗》引用典故 4 则；《从军诗》（其一）引用典故 6 则；《从军诗》（其二）引用典故 8 则。从用典的范围来看，王粲用典除《诗经》《楚辞》《尚书》《论语》《史记》《汉书》等常见典籍外，亦有较为生僻的出处。如"窃慕负鼎翁，愿厉朽钝姿"〔《从军诗》（其一）〕①，出自《韩诗外传》所言伊尹负鼎入殷之典；"孰览夫子诗，信知所言非"〔《从军诗》（其一）〕②，出自《孔丛子·记问》记载的孔子欲从所好而隐居之事。王粲诗歌典故的使用形式也是灵活多样的，有时直接借用《诗经》中的篇目组成诗句，如"悟彼下泉人，喟然伤心肝"〔《七哀诗》（其一）〕③，语出《诗·曹风·下泉》；"黄鸟作悲诗，至今声不亏"〔《咏史诗》（其一）〕④，语出《诗·秦风·黄鸟》；"哀彼东山人，

---

① 俞绍初辑校：《建安七子集》，第 73 页。
② 同上注。
③ 同上书，第 71 页。
④ 同上书，第 72 页。

喟然感鹳鸣"〔《从军诗》（其二）〕①，语出《诗·豳风·东山》；"我有素餐责，诚愧伐檀人"〔《从军诗》（其四）〕②，语出《诗·魏风·伐檀》。有时变化前人的文句入诗，如《七哀诗》（其二）："狐狸驰赴穴，飞鸟翔故林"③，出自《楚辞·九章·哀郢》："鸟飞反故乡兮，狐死必首丘"④；《公宴诗》："常闻诗人语，不醉且无归"⑤，来自《诗·小雅·湛露》："厌厌夜饮，不醉无归"⑥。有将典故原文完全化为自己的语言，如《杂诗》（其三）："投网引潜鲤，强弩下高飞"⑦，化用张衡《归田赋》："落云间之逸禽，悬渊沉之鲨鳢"⑧；"白日已西迈，欢乐忽忘归"⑨，化用《归田赋》："极般游之至乐，虽日夕而忘劬"⑩。还有杂用典故组成上下句，一句一典。如《从军诗》（其一）："禽兽惮为牺，良苗实已挥"⑪，上句源自《左传》中宾孟见雄鸡自断其尾之事，下句化用了《国语》中秦伯享重耳以国君之礼的事件。《从军诗》（其二）："将秉先登羽，岂敢听金声"⑫，上句出自《东观汉记》"（贾复）被羽先登"之典⑬，下句语出《汉书·李广传》李陵军令"闻鼓声而纵，闻金声而止"⑭。王粲诗歌中典故的运用，不但流露出作者的学识，也展现了其反复锤炼的匠心。

（3）多种修辞混用

对偶与用典以外，王粲诗中亦善使用不同修辞手法。如《咏史诗》（其一）中描绘三良赴死的情景："妻子当门泣，兄弟哭路垂。临穴呼苍天，涕下如绠縻"⑮，许学夷在《诗源辩体》卷四中谓："仲宣'自古无殉死'……始见作用

---

① 俞绍初辑校：《建安七子集》，第 74 页。
② 同上注。
③ 同上书，第 71 页。
④ 屈原、宋玉等：《楚辞补注》，刘向辑，洪兴祖撰，北京：中华书局，1983，第 136 页。
⑤ 俞绍初辑校：《建安七子集》，第 73 页。
⑥ 程俊英、蒋见元：《诗经注析》，北京：中华书局，1991，第 490 页。
⑦ 俞绍初辑校：《建安七子集》，第 70 页。
⑧ 张衡：《张衡诗文集校注》，张震泽校注，上海：上海古籍出版社，2009，第 244 页。
⑨ 俞绍初辑校：《建安七子集》，第 70 页。
⑩ 张衡：《张衡诗文集校注》，第 245 页。
⑪ 俞绍初辑校：《建安七子集》，第 73 页。
⑫ 同上书，第 74 页。
⑬ 刘珍等撰：《东观汉记校注》，吴树平校注，北京：中华书局，2008，第 330 页。
⑭ 班固撰：《汉书》，颜师古注，北京：中华书局，1962，第 2452 页。
⑮ 俞绍初辑校：《建安七子集》，第 72 页。

之迹。"① 作用之迹包含了运用比喻铺陈三良之妻儿兄弟泪流不止的样貌。又如《从军诗》（其一）中，渲染缴获物资之多与军队凯旋之急速："陈赏越丘山，酒肉逾川坻。军中多饫饶，人马皆溢肥。徒行兼乘还，空出有馀资。拓地三千里，往返速若飞。"② 诗句有对偶有用典有夸张，陈祚明的《采菽堂古诗选》卷七评本诗曰："写掳获之多，曲意描摹"③，所论甚是。再如《从军诗》（其二）运用今昔对比的方法，突出曹操用兵神速："昔人从公旦，一徂辄三龄。今我神武师，暂往必速平"④；《从军诗》（其五）中前后亦作了截然相反的对比，表现从军途中荒凉凄冷云："四望无烟火，但见林与丘。城郭生榛棘，蹊径无所由。雚蒲竟广泽，葭苇夹长流。日夕凉风发，翩翩漂吾舟。寒蝉在树鸣，鹳鹄摩天游。"⑤ 描写谯郡安定祥和曰："鸡鸣达四境，黍稷盈原畴。馆宅充廛里，士女满庄馗。"⑥ 这段诗句中"雚蒲竟广泽，葭苇夹长流"为工整的对偶，故而也具有对比与对偶组合使用的特点。许学夷的《诗源辩体》卷四谓："仲宣'从军有苦乐'、'凉风厉秋节'、'悠悠涉荒路'，体皆敷叙，而语皆构结，益见作用之迹矣。"⑦ 敷叙与构结之处即表现在灵活运用多种修辞手法来增强诗歌的艺术感染力，而这显然是诗人精心构思和安排的结果。相比之下，刘桢诗歌则偏于自然天成，几乎不见多种修辞的混用。

3. 意象

最后，就以所涉意象而言，刘桢诗歌多通过创造意象托物言志，但其寓意较为明显。如《赠从弟》三首：

> 泛泛东流水，磷磷水中石。苹藻生其涯，华叶纷扰溺。采之荐宗庙，可以羞嘉客。岂无园中葵，懿此出深泽。

> 亭亭山上松，瑟瑟谷中风。风声一何盛，松枝一何劲。冰霜正惨凄，终岁常端正。岂不罹凝寒，松柏有本性。

---

① 许学夷：《诗源辩体》，第 72 页。
② 俞绍初辑校：《建安七子集》，第 73 页。
③ 陈祚明评选：《采菽堂古诗选》，李金松点校，上海：上海古籍出版社，2008，第 193 页。
④ 俞绍初辑校：《建安七子集》，第 74 页。
⑤ 同上注。
⑥ 同上注。
⑦ 许学夷：《诗源辩体》，第 72 页。

凤凰集南岳，徘徊孤竹根。于心有不厌，奋翅凌紫氛。岂不常勤苦，羞与黄雀群。何时当来仪，将须圣明君。①

这组诗借苹藻、松柏、凤凰三个核心意象，赞美从弟的美好品德，并以此自勉。前人解读此诗，向无异说。如元代刘履的《选诗补注》卷二评曰："（其一）比也。……公幹之从弟盖能守志励操，不苟进取，故赠是诗以嘉勉焉。此篇言石在水中磷磷可见，以喻人之藏修于世，不容自隐；苹藻溺于水石之间，采之可以荐宗庙、羞嘉客，以比从弟之贤才困厄于时，有能荐诸朝廷，可以匡辅明君矣。且才美可用，如园葵者亦岂无之，殆不若得此潜韫待价之士，如苹藻之生于深泽者，尤为可贵也。（其二）比也。……此以喻从弟遭时多艰，虽处困穷，而特立不挠，盖其本性然也。（其三）比也。……此亦以比从弟之动止不苟，羞与当世群小同处，故宁不辞勤苦而高举远遁，且又必其待时而后出也。"②清吴淇在《六朝选诗定论》中也曾说："首章'苹藻'，喻其品之洁。……次章'松柏'，喻其守之正。……末章'凤凰'，喻其志之高。"③清陈祚明的《采菽堂古诗选》卷七所言亦与此相仿："（其一）此首言其洁清。……（其二）此首言其正直。……（其三）此首言其高远。三章皆比，言简意尽。"④诸家对此组诗题旨的阐发极为相似，且与诗人的实际寓意基本是吻合的。可见，刘桢借苹藻、松柏及凤凰的意象勉励从弟能坚贞自守，内涵质实，寓意十分明显。

刘桢另有通篇借意象以抒情的《失题诗》三首，仍属寓意晓畅的：

昔君错畦时，东土有素木。条柯不盈寻，一尺再三曲。隐生置翳林，侄偬自迫束。得托芳兰苑，列植高山足。

青青女萝草，上依高松枝。幸蒙庇养恩，分惠不可赀。风雨虽急疾，根株不倾移。

翩翩野青雀，栖窜茨棘蕃。朝拾平田粒，夕饮曲池泉。猥出蓬蒿

---

① 俞绍初辑校：《建安七子集》，第160页。
② 萧统编：《选诗补注》，载宋志英、南江涛选编《〈文选〉研究文献辑刊》第5册，第164—167页。
③ 吴淇：《六朝选诗定论》，汪俊、黄进德点校，扬州：广陵书社，2009，第141页。
④ 陈祚明评选：《采菽堂古诗选》，第205页。

中，乃至丹丘边。①

诗歌分别借素木得托芳兰苑、女萝上依高松枝及野青雀乃至丹丘边三组意象，喻自己得依曹操的欣慰之情及欲报知遇之恩的愿望，意思亦属明白晓畅的，留给读者的联想空间不大。

王粲诗中同样有全章以意象寓情趣的作品，但其寓意则颇为恍惚。其现存诗歌中有三首皆以"鸟"为主体意象，用意曲折，趣旨幽深，颇显"作用"之功。《杂诗》（其一）云：

> 日暮游西园，冀写忧思情。曲池扬素波，列树敷丹荣。上有特栖鸟，怀春向我鸣。褰衽欲从之，路险不得征。徘徊不能去，伫立望尔形。风飚扬尘起，白日忽已冥。回身入空房，托梦通精诚。人欲天不违，何惧不合并？②

诗歌创造了"特栖鸟"的意象，喻写自己抑郁寡欢的心态，但所寓究竟何事，则众说纷纭。有主王粲受曹植之邀而决心归魏之说者，如刘履的《选诗补注》评此诗曰："赋而比也。……此盖仲宣在荆州，昔因曹子建寄赠而以是答之。故其词意终篇相合。所谓'特鸟'，喻子建也。'向我鸣'者，谓其赠诗以相劝也。风扬尘而白日冥，亦以喻天道之变革。至于托梦通诚，此可见其羁旅忧思之际，感子建之情念，而归魏之心已决然矣。"③ 有人认为是王粲因政治抱负不得施展而感伤，如赵幼文在《曹植集校注》中云："王粲初归曹操，未任显职，对当时政治待遇抱着悒郁不满之悲思，欲见曹植申诉而无机会，故写诗藉以倾诉自己的愿望。"④ 还有人认为是王粲因深怕卷入丕、植夺太子的斗争漩涡，思念曹植又不敢公开与之交往。⑤ 据笔者考证（参见本书下编《王粲、刘桢年谱》），此诗当作于王粲归曹后，故而刘履之说可以排除。赵幼文的解释不

---

① 俞绍初辑校：《建安七子集》，第162页。
② 同上书，第69页。
③ 萧统编：《选诗补注》，载宋志英、南江涛选编《〈文选〉研究文献辑刊》第5册，第162页。
④ 曹植：《曹植集校注》，第46页。
⑤ 周启成、崔富章、朱宏达等注译：《新译昭明文选》，刘正浩、陈满铭、沈秋雄等校阅，台北：三民书局，2008，第1367页。

无道理，但也不能作为定论。结合丕、植立太子之争的史实，似又可对本诗作另一番诠读。总之，王粲此诗寓托之意婉曲，难以详测。

再如以下两首：

> 联翩飞鸾鸟，独游无所因。毛羽照野草，哀鸣入青云。我尚假羽翼，飞睹尔形身。愿乃春阳会，交颈邈殷勤。

> 鸷鸟化为鸠，远窜江汉边。遭遇风云会，托身鸾凤间。天姿既否戾，受性又不闲。邂逅见逼迫，俯仰不得言。①

其三借"鸾鸟"意象，似写作者对友人的思念。清陈祚明的《采菽堂古诗选》卷七评曰："怀士孙之流"②，可备一说。然有无其他寄托，千载之下难以情猜。其四以化为小鸠的"鸷鸟"自喻，寄情同样迷离，似含难言之隐。一说作于避难荆州时，抒写诗人怀才不遇的苦闷③；一说作于初见曹操之际，表达感激惶恐之情④；一说反映了王粲归曹后不自由的状态⑤。以上三说，并缈焉难征，殊难臆断。可见，王粲诗歌中意象的寓意复杂性超过刘桢，留给读者的想象空间较大，而更富有意韵。

综上，无论在诗作的章句、修辞还是意象方面，王粲均胜刘桢一筹。

二、王粲赋的艺术分析
——兼与刘桢比较

王粲不仅诗歌成就高于刘桢，辞赋亦然。早在六朝时期，王粲辞赋就先后

---

① 俞绍初辑校：《建安七子集》，第 70 页。
② 陈祚明评选：《采菽堂古诗选》，第 196 页。
③ 郁贤皓、张采民："从诗中'远窜江汉边'句可知，此诗当作于避难荆州时。诗中抒写怀才不遇、有志难伸的苦闷心情。"载《建安七子诗笺注》，第 118 页。
④ 徐公持《建安七子诗文系年考证》谓："此皆作者自喻之词也。前二句谓已避乱荆州，与《初征赋》'违世难以回折兮，超遥集乎蛮楚'意同；后二句谓幸逢曹操大军南征，乃得托身于明主幕中，与《初征赋》'赖皇华之茂功……行中国之旧壤，实吾愿之所依'意同。诗又曰'邂逅见逼迫，俯仰不得言'，盖谓初见操等，感激惶愧不已，非言语所能表达于万一也。故诗当作于曹操始定荆州时"，载《文学遗产》1982 年第 A14 期，第 135 页。
⑤ 韩格平："作者自比作变为小鸠的鸷鸟，尽管进身鸾凤之间，却仍'见逼迫'、'不得言'。这四首诗反映了王粲归曹后的几个不同的生活侧面和精神感受。"载《建安七子诗文集校注译析》，第 259 页。

得到过曹丕、挚虞、陆云、刘勰等人的肯定和称赞①。相比之下，现存刘桢赋数量较少（仅6篇），又多为残篇，且历代对刘桢赋的评价数量远远不及王粲受到的关注多，因此本节主要讨论王粲赋作的艺术特点，附带与刘桢赋作一比较。

（一）意境创造

借助景物的刻画和气氛的渲染，创造出情景交融的意境是王粲抒情小赋的一个突出特色。王赋的意境创造手法，大致可以分为"即景生情"和"以情观景"两种。所谓"即景生情"，是指景物直接呈现在作者感官前的样子，作者对景物的描写相对客观。而"以情观景"则是指景物不是直接呈现在作者感官前的样子，而是作者在头脑中对景物进行了选择和改造，甚至对景物有夸张、放大或者缩小的成分，导致景物描写有较强的主观色彩。

1. 即景生情

即景生情即作者见到客观景物，自然生发出某些思想感情。《登楼赋》三处描绘景物，前两次都属于即景生情。第一节云：

> 挟清漳之通浦兮，倚曲沮之长洲。背坟衍之广陆兮，临皋隰之沃流。北弥陶牧，西接昭丘。华实蔽野，黍稷盈畴。②

王粲为消忧而登楼，故而当阳麦城在其笔下是一片富美之景：举目四望，但见前方漳水与沮水交汇，背后是高低起伏的宽广陆地，自然风光秀美。随后作者进一步极目远眺，遥见范蠡和楚昭王这两位历史人物的坟墓分别位于北方和西面，人文景观也非常丰富。目光继续移动，王粲眼前呈现出一派丰收的景象，遍地都是繁花硕果和各种庄稼。无论自然、人文，还是物产，王粲笔下之景都是本来呈现在作者感官前的较为原始的样子，没有经过太多的主观改造。眼前的异乡美景，却引发了作者内心的无限愁思，因而情绪突降，长叹"虽信

---

① 各家对王粲辞赋的评论，详见下章第三节"王刘优劣论"部分。
② 俞绍初辑校：《建安七子集》，第85页。

美而非吾土兮,曾何足以少留!"① 这是典型的即景生情,由所见之景引出强烈的思乡怀土之情。

在《登楼赋》第二节中,王粲回想起自己遭遇社会动乱而流亡荆州已经超过十二年,其去国怀乡之感愈深,于是"凭轩槛以遥望"②,见到"平原远而极目兮,蔽荆山之高岑。路逶迤而修迥兮,川既漾而济深"③的景象。荆山的高岭挡住了作者眺望的视线,归家的陆路弯曲而迥远,水路又漫长且弘深。这些对北归造成阻碍的景象,使王粲不禁"悲旧乡之壅隔兮,涕横坠而弗禁"④。此种由思念故土而极目远眺,见到"壅隔"之景又加深其穷达不易的思乡之情,实际上正是"情—景—情"的水乳交融、互相配合。此处所写之景乃王粲"凭轩槛以遥望"可以见到的自然景象,仍是较为客观的。

2. 以情观景

以情观景不仅指作者用某种感情看待某一场景,更为重要的是,作者对景物有主观的选择和改造,从而使景物或场景染上作者某种感情色彩。如《登楼赋》第三节,王粲所写的一切景物都染上他的忧郁色彩:

> 步栖迟以徙倚兮,白日忽其将匿。风萧瑟而并兴兮,天惨惨而无色。兽狂顾以求群兮,鸟相鸣而举翼。原野阒其无人兮,征夫行而未息。⑤

作者在楼上徘徊,无意中看到太阳快要落山。此时四处传来萧瑟的风声,天色昏暗,惨淡无光。野兽慌张四顾以寻觅同伴,飞鸟相互呼鸣而振翅飞离。寂静的原野空无一人,只有"征夫"还在赶路。王粲这里所写之景有强烈的象征色彩,天昏地暗中,野兽和飞禽都有自己的伙伴,唯独"征夫"孤独地行进。需要注意的是,此"征夫"不一定是写实,很可能是作者的创造。即便原野上有人,但相距甚远,王粲如何能够确定此人的身份就是"征夫"?而王粲主观上

---

① 俞绍初辑校:《建安七子集》,第85页。
② 同上注。
③ 同上注。
④ 同上注。
⑤ 同上注。

把他认定为"征夫",实则是把自己的处境投射到对方身上。虽然王粲在荆州已经超过十二年,但他在这里找不到归属感,因此眼中看到的是一个同样漂泊在外的游子形象。这种漂泊的形象正对应着王粲的心理状态,孤独的"征夫"可以说是王粲内心感受的外化。宋长白的《柳亭诗话》卷七评此段曰:"摹写长途景况,令人肌骨凛冽。"① 作者以情观景,借助一系列萧瑟凄凉的黄昏景象,特别是"征夫"意象,烘托自己怀才不遇的政治忧思,情景交融,意境全出。最后两句"夜参半而不寐兮,怅盘桓以反侧"②,写下楼后情感仍旧余波荡漾,更显作者激愤之情难平。此处抒情写景,融合无间,创造了主客一体的艺术境界。

这种以情观景的意境构造手法,在王粲其他赋作中也有相同的表现。如《思友赋》写作者登高远眺,睹物思人:

> 身既没而不见,馀迹存而未丧。沧浪浩兮回流波,水石激兮扬素精。夏木兮结茎,春鸟兮愁鸣。平原兮泱莽,绿草兮罗生。超长路兮逶迤,实旧人兮所经。身既逝兮幽翳,魂眇眇兮藏形。③

王粲采用环境描写,传达自己对友人的绵绵思念。流波回转、水石相激、夏木结茎、春鸟愁鸣、平原苍莽、绿草凄凄、长路逶迤,作者对朋友的思念越深,他所写的景色就愈发凄凉。但夏木、春鸟显非同季,因此这段所写亦不是王粲眼前的实景。不同季节的意象并置,说明这是经过作者头脑改造的景象。赋中情景相生,使人感到一种浓烈的思念和哀伤之情。

(二) 形象刻画

王粲抒情小赋对人物、动植物及器物的形象刻画颇具匠心,赋家或以外貌描写、动作描绘烘托个性风格;或以心理描摹、质量刻画凸显人物形象。根据不同写作目的,笔者拟从外在描写和内在刻画两方面对王赋的形象刻画加以讨论,由于分类的标准是写作目的,而非写作对象,因此某些外貌、行为、声音等外在特

---

① 宋长白撰:《柳亭诗话》,载《四库全书存目丛书》集部第 421 册,第 396 页上。
② 俞绍初辑校:《建安七子集》,第 85 页。
③ 同上书,第 83 页。

征的刻画，若实是为了凸显内在的情感、质量、修养等，也归入内在刻画之列。

1. 外在描写

王粲赋十分注重对人物外在的刻画，塑造了一个个栩栩如生的艺术形象。如其《闲邪赋》开篇就高度概括了女子相貌的美好，以致在空间和时间两个维度上都无可匹敌："夫何英媛之丽女，貌洵美而艳逸。横四海而无仇，超遐世而秀出。"① 再如其《神女赋》通过生动丰富的想象，对神女进行细致的外貌描写，给读者呈现出一位雍容华贵的汉水女神形象：

> 禀自然以绝俗，超希世而无群。体纤约而方足，肤柔曼以丰盈。发似玄鉴，鬓类刻成。〔质素纯皓，粉黛不加。朱颜熙曜，晔若春华。口譬含丹，目若澜波。美姿巧笑，靥辅奇牙。〕戴金羽之首饰，珥照夜之珠当。袭罗绮之黼衣，曳缛绣之华裳。错缤纷以杂佩，袿熠爚而煜煌。②

作者对神女的体态、肌肤、发型、嘴唇、双目、酒窝、首饰、服装等予以淋漓尽致的理想化描绘，使这一形象绝世独立。此处作者十分注意色彩词的使用，程章灿先生早已指出："作者极力铺写神女的体貌形态以及服饰等方面的美丽，用词讲究，'玄'、'素'、'皓'、'丹'、'金'诸颜色字杂然纷陈，产生一种错彩镂金眩人眼目的美感。这正是作者所刻意追求的艺术效果。"③ 同时，作者还充分运用了比喻的修辞手法，以玄鉴喻黑发，以雕刻喻双鬓，以春华喻朱颜，以含丹喻嘴唇，以流波喻双目，让读者可以切实感受到神女的外在美。再次作者对神女的行为举止予以形象勾勒："退变容而改服，冀致态以相移。〔登筵对兮倚床垂，〕税衣裳兮免簪笄，施华的兮结羽仪。扬娥微眄，悬藐流离。婉约绮媚，举动多宜。"④ 对于神女外在形象的刻画，王粲没有仅作静态的描摹，而是由静及动，动静结合，通过一系列动作的描绘，突出了神女的仪态万千。

王粲长于外在刻画的功力，不仅表现在人物塑造上，咏物小赋中对动物、

---

① 俞绍初辑校：《建安七子集》，第82页。
② 同上书，第88页。
③ 程章灿：《魏晋南北朝赋史》，南京：江苏古籍出版社，2001，第54—55页。
④ 俞绍初辑校：《建安七子集》，第88页。

植物及器物的勾勒也是惟妙惟肖。《莺赋》刻画了一只遭受囚禁的黄莺形象。"览堂隅之笼鸟，独高悬而背时""就隅角而敛翼，倦独宿而宛颈"①等句，集中了莺的各个特写镜头，如独自高悬、踡居角落、收敛双翅、疲倦独宿、弯曲脖颈等，将黄莺受困笼中的形象刻画得活灵活现。《槐赋》现存段落写槐树的"淑姿"："形祎祎以畅条，色采采而鲜明。丰茂叶之幽蔼，履中夏而敷荣。既立本于殿省，植根柢其弘深。"②三十余字分别就其枝、叶、花、根层层铺叙，语言明净清丽，槐树的形象栩栩如生。《车渠椀赋》有云：

  侍君子之宴坐，览车渠之妙珍。挺英才于山岳，含阴阳之淑真。飞轻缥与浮白，若惊风之飘云。光清朗以内曜，泽温润而外津。体贞刚而不挠，理修达而有文。〔杂玄黄以为质，似乾坤之未分。〕兼五德之上美，超众宝而绝伦。③

王粲使用"挺""含""飞""若""杂""似"等一系列动词来反复勾勒静物，带给读者飞扬灵动的审美体验。此赋在刻画物象时还特别长于色彩的传神描摹。"飞轻缥与浮白，若惊风之飘云""杂玄黄以为质，似乾坤之未分"等句，以精致细腻的笔法写出了车渠椀纹理绚丽多彩的特征，极具艺术感染力。

2. 内在刻画

在描绘外在形象的同时，王粲赋作在描写对象内在元素上亦有不少精彩之处。

首先表现在人物的心理和情感方面：其《闲邪赋》细腻勾勒了一位风姿绰约女子的情感变化轨迹："恨年岁之方暮，哀独立而无依。情纷挐以交横，意惨凄而增悲。"④盛年未嫁，孤独无依的她，思绪纷繁扰乱，心意惨切凄苦。感慨年华易逝，这尚属封建社会大多数女性普遍具有的哀怨。接下来，女子转而控诉奇薄的命运，曰："何性命之奇薄，爱两绝而俱违"⑤，情感比之前更加强烈。

---

① 俞绍初辑校：《建安七子集》，第94—95页。
② 同上书，第92页。
③ 同上书，第91页。
④ 同上书，第82页。
⑤ 同上注。

在愈发强烈的情感驱使下，她已经不能忍受白日独处的悲伤，所以幻想自己能在夜晚入梦而与爱人互通心灵。她满怀希望，"排空房而就衽"①，没想到结果却是"目炯炯而不寐"②，不能如愿以偿与爱人相会，最后只剩下"心忉怛而惕惊"③。从哀怨到控诉到不能忍受，转而寻找安慰，最后到希望落空，王粲通过描绘美女内心波澜起伏的情绪推进过程，使有血有肉的人物形象生动呈现在读者眼前。

《寡妇赋》是王粲代阮瑀之妻抒发她丧夫的悲苦之情而作，惟妙惟肖地再现了寡妇丧夫后由伤心到麻木的心理变化："阖门兮却扫，幽处兮高堂。提孤孩兮出户，与之步兮东厢。顾左右兮相怜，意凄怆兮摧伤。"④赋作首先通过一系列动作描绘，将寡妇的孤苦凄凉和精神空虚表现得淋漓尽致。紧接着运用对比手法，强调寡妇的寂寞伤心："观草木兮敷荣，感倾叶兮落时。人皆怀兮欢豫，我独感兮不怡。"⑤草木在春天开花，她想到的是秋天萎叶枯落；众人为春景而欢欣，她却独自伤感。"以乐景写哀，以哀景写乐，一倍增其哀乐。"⑥这虽然是王夫之对《采薇》的评价，但用作此处的评论，也是适宜的。接下来是景物的渲染："日掩暧兮不昏，朗月皎兮扬晖"⑦，日暮黄昏的景象进一步烘托出寡妇的孤寂。再写她暗室独处，躺在床下泪如雨下："坐幽室兮无为，登空床兮下帷。涕流连兮交颈，心慴结兮增悲。"⑧这里尤其值得注意的是"涕流连兮交颈"一句，写泪水从眼眶一直流到脖颈，寡妇都没有擦拭。这个细节的描绘，反映出寡妇心如死灰的麻木。因为麻木，此时她对悲伤的感受已经不如之前敏锐，而这种麻木本身正是更深一层的深悲剧痛。王粲将行为描写、对比手法、气氛渲染及细节刻画等融合在一起，成功塑造了生动饱满的寡妇形象。

其次，王粲不仅对人物心理和情感有细腻的描摹，其咏物赋中对动物心理、情感、质量等方面的刻画，同样悱恻感人。其《鹦鹉赋》现已残缺，今存

---

① 俞绍初辑校：《建安七子集》，第82页。
② 同上注。
③ 同上注。
④ 同上书，第83—84页。
⑤ 同上书，第84页。
⑥ 王夫之撰：《姜斋诗话》，载船山全书编辑委员会编《船山全书》第15册，长沙：岳麓书社，2011，第809页。
⑦ 俞绍初辑校：《建安七子集》，第84页。
⑧ 同上注。

部分对鹦鹉的动作、声音、心理作了入木三分的描绘，刻画了一只身陷樊笼而苦闷忧伤的鹦鹉形象。"步笼阿以踯躅，叩众目之希稠。登衡干以上干，噭哀鸣而舒忧"①，鹦鹉徘徊笼中，时而驻足，而后又登上横杆，长呼哀鸣不已。寥寥几笔，便将鹦鹉穷困悲伤的情绪表现得形象传神。"声嘤嘤以高厉，又憭憭而不休"②，作者捕捉到了鹦鹉叫声"高厉""憭憭"的特点，生动勾画了鹦鹉困苦忧愁的内心。"听乔木之悲风，羡鸣友之相求"③是王粲采用拟人化的艺术手法，对鹦鹉心理的描写。听到大树的悲风，羡慕笼外同伴欢声相求，更引起了鹦鹉对自身处境的无限伤感。王粲通过细腻的动作刻画、传神的声音描写及拟人化的修辞手法，使情凄意切的鹦鹉形象生动逼真。

《鹖赋》与《白鹤赋》展现的却是有别于《鹦鹉赋》的形象。《鹖赋》以"惟兹鹖之为鸟，信才勇而劲武"④起句，突出鹖鸟雄壮勇猛的特征。接下去开始集中笔墨对鹖鸟的精神风貌予以描绘："服乾刚之正气，被淳駓之质羽。憨晨风以群鸣，震声发乎外宇。厉廉风与猛节，超群类而莫与。惟膏薰之焚销，固自古之所咨。"⑤它们具备乾阳刚健之气，努力磨练自己的风度和气节，卓尔不群，即便是捐躯殒身，也在所不辞。王粲笔下的鹖鸟强劲威武，让人肃然起敬。《白鹤赋》塑造的是高洁灵异的白鹤形象："白翎禀灵龟之修寿，资仪凤之纯精"⑥，将白鹤与灵龟及仪凤作比，凸显其长寿和精纯。"接王乔于汤谷，驾赤松于扶桑。餐灵岳之琼蕊，吸云表之露浆"⑦，连用两组对句，极言其超凡脱俗的天性。惜此赋佚缺严重，今已无法窥见更加完整的白鹤形象。

（三）结构安排

除长于意境创造和形象刻画以外，王粲赋作在结构安排方面亦是相当出彩。不同于汉大赋的空洞无物，王赋结构致密，几乎每句话都有质实的内容。

---

① 俞绍初辑校：《建安七子集》，第94页。
② 同上注。
③ 同上注。
④ 同上注。
⑤ 同上注。
⑥ 同上书，第93页。
⑦ 同上注。

致密容易导致文章板滞，然而王粲文中自有一股浑厚之气流贯全篇，确保了文章血脉的通畅。

1. 紧凑致密

王赋内容密度大，结构紧凑而致密。且看其《大暑赋》：

> 征夫瘼于原野，处者困于门堂。患衽席之焚灼，譬洪燎之在床。起屏营而东西，欲避之而无方。仰庭槐而啸风，风既至而如汤。〔气呼吸以祛和，汗雨下而沾裳。就清泉以自沃，犹洪涊而不凉。体烦茹以于悒，心愤闷而窘惶。〕①

在概写征夫与处者两类人在盛暑之下的境况之后，王粲不惜笔墨，集中铺叙"处者"的各种动作细节：从躺在席上，到起身彷徨，然后仰望庭槐，再解开衣襟，继而取水自浇，一连串动作细节的支撑，生动形象地展现出"处者"闷热之下的烦躁不安，让读者对暑热也感同身受。又如《初征赋》：

> 违世难以迴折兮，超遥集乎蛮楚。逢屯否而底滞兮，忽长幼以羁旅。赖皇华之茂功，清四海之疆宇。超南荆之北境，践周豫之末畿。②

开头四句以简洁的笔触交代了作者避难荆州的经历，次四句叙述了曹操收服荆州后，自己北归中土的行程。仅用八句，作者前后十余年所历之事的前因后果及感情抒发便合盘托出，可谓言简意赅。

再试取《出妇赋》为证。该赋纯用代言体，细致勾勒了出妇一波三折的心路历程："既侥幸兮非望，逢君子兮弘仁。"③ 婚前，女主人公有一丝意想不到的惊喜——可能在她的心目中，男子在某些方面是高不可攀的，所以她认为自己"侥幸"，与男子成婚是"非望"。但男子还是选择了她，女子不由得喜出望

---

① 俞绍初辑校：《建安七子集》，第 78 页。
② 同上书，第 84 页。
③ 同上书，第 82 页。

外。"更盛衰兮成败，思弥固兮日新。"① 这两句点出了女子婚后开始有患得患失的心态，担心年老色衰而导致婚姻失败；同时也对爱情寄寓了美好愿望，希望随着时间的迁移两人的感情可以日日增新。想到此，她"竦余身兮敬事，理中馈兮恪勤"②。因为高攀，所以有压力，于是女子吃苦耐劳，始终谨慎地侍奉一家老小，勤恳地照料全家饮食，承担了当时社会认为女性在家庭生活中应该承担的全部责任。"君不笃兮终始，乐枯荑兮一时。心摇荡兮变易，忘旧姻兮弃之。"③ 女子在没有任何过错，而且还努力自修、任劳任怨的情况下，男子仅因喜新厌旧，便要将她无情休弃，这就愈发衬托出女子的委屈感。"马已驾兮在门，身当去兮不疑。揽衣带兮出户，顾堂室兮长辞。"④ 即便女主人公在婚姻生活中是付出较多的一方，甚至可以说倾注了自己全部的心血，但是面对已经变心的丈夫，她没有一味地苦苦哀求，而是表现出自己的人格和气骨，毫不迟疑，毅然长辞，坚定果敢。王粲这篇抒情小赋紧扣女主人公的心态变化，完整描绘了她从婚前到成婚之初，到日常婚姻生活，再到得知男方变心，最后决绝离去的全过程，情节完整，结构紧凑，读来真切感人。刚烈的出妇形象，提升了全赋的品格，也从一个侧面诠释了"建安风骨"的丰富内涵。

2. 潜气内转

同时，与致密相辅相成，王粲赋作的结构灵活多样，不同层次之间的转折与衔接自然流畅、富于变化。《登楼赋》"人情同于怀土兮，岂穷达而异心"⑤，下接"惟日月之逾迈兮，俟河清其未极。冀王道之一平兮，假高衢而骋力。惧匏瓜之徒悬兮，畏井渫之莫食"⑥。"人情"句及以上，作者所表达的都是乡关之思，且强调这种乡关之思是不因穷困或者显达而改变的。他曾言"虽信美而非吾土兮，曾何足以少留"⑦，即便异乡富庶美丽，作者却片刻也不愿意停留。又言"庄舄显而越吟"⑧，庄舄在楚国身居高位，病中仍然用越国乡音说话。自

---

① 俞绍初辑校：《建安七子集》，第78页。
② 同上书，第82页。
③ 同上注。
④ 同上注。
⑤ 同上书，第85页。
⑥ 同上注。
⑦ 同上注。
⑧ 同上注。

"惟日月之逾迈兮"①开始，王粲担心岁月流逝，功业未成，转而倾诉怀才不遇之情和渴望施展抱负的愿望，前后意思迥然有别，甚至矛盾，行文中却没有任何明显的转换标志。若不仔细推敲，很难发现赋作辞气已转。另一方面，"惟日月"句以上作者抒发的"乡愁"，乃是其在荆州不得志之时的一种极端的情感，虽异常强烈且极具迷惑性，但实乃一种假象，并非王粲内心最真实的想法。建功立业才是王粲一直以来的夙愿，他所真正担心的是"匏瓜之徒悬"，"井渫之莫食"②，此由"惟日月"以下六句可证。不难推测的是，如果他在荆州为刘表重用，能够实现自己的理想和抱负，荆州就是他大展宏图之地，自然也就不会让他产生如此强烈的思乡之情。全文情感较为复杂，作者真实的想法具有隐蔽性。随着情感的推进，文章不同层次之间出现转折，而前后又能贯通一气，自然融合，则是因为文字之下有贯通全篇的文气作基础，即"潜气"。清代批评家谭献、朱一新等所谓六朝文"潜气内转"者，便是如此。瞿蜕园的《汉魏六朝赋选》本篇解题曰："开端表示为了消忧而登楼，结尾表示为登楼反而更引起愁闷。前后照应，一丝不乱。文气从容，不露筋骨"③，这正是《登楼赋》结构上的可贵之处。

与"潜气"斡旋全篇相联系，王粲赋作在结构上又见层次参差，错落有致之美。现再以《大暑赋》与《初征赋》为例，略加分析。《大暑赋》先总写六月盛暑时的气候特点："惟林锺之季月，重阳积而上升。熏润土之溽暑，扇温风而至兴。〔或赫爔以瘅炎，或郁术而燠蒸。〕"④继而交代盛暑之下动植物的感受，所谓："兽狼望以倚喘，鸟垂翼而弗翔。〔根生苑而焦炙，岂含血而能当？〕"⑤以下笔锋一转，又回到气候特点，云："远昆吾之中景，天地翕其同光。"⑥接下来再集中笔墨，聚焦于人类的各种反应。气候特点和生物感受的两次交错安排，使赋作在结构上趋于灵动多样。《初征赋》则首先对北归一路所见景色展开描绘："野萧条而骋望，路周达而平夷。春风穆其和畅兮，庶卉焕以敷蕤。"⑦

---

① 俞绍初辑校：《建安七子集》，第85页。
② 同上注。
③ 瞿蜕园选注：《汉魏六朝赋选》，上海：上海古籍出版社，1979，第58页。
④ 俞绍初辑校：《建安七子集》，第78页。
⑤ 同上注。
⑥ 同上注。
⑦ 同上书，第84页。

接着抒发作者的内心情感："行中国之旧壤，实吾愿之所依"①，真切表达了王粲得以随军北还中原的愉悦心情。然后又进行景物描写："当短景之炎阳，犯隆暑之赫曦。薰风温温以增热，体烨烨其若焚。"② 这种"写景—抒情—写景"模式，使文气不板结，从而呈现出参差错落的美感。

（四）与刘桢赋的比较

1. 相同点：景与情的多样关系

刘桢赋与王粲赋的艺术手法有同有异。相同点如在处理情景关系时，王粲善于借景抒情，创造出情景交融的意境；刘桢赋也有"即景生情"和"以情观景"两种情况，情景关系较为多样化。刘桢《遂志赋》自叙随军讨伐刘表过程中，一路所见所感。随着自己行踪的变化，情景亦随之变化。全赋如下：

> 幸遇明后，因志东倾。披此丰草，乃命小生。生之小矣，何兹云当？牧马于路，役车低昂。怆恨恻切，我独西行。去峻溪之鸿洞，观日月于朝阳。释丛棘之馀刺，践樆林之柔芳。瞰玉粲以曜目，荣日华以舒光。信此山之多灵，何神分之煌煌！聊且游观，周历高岑。仰攀高枝，侧身遗阴。磷磷礴礴，以广其心。伊天皇之树叶，必结根于仁方。梢吴夷于东隅，掣叛臣乎南荆。戢干戈于内库，我马繁而不行。扬洪恩于无涯，听颂声之洋洋。四寓莫以无为，玄道穆以普将。翼俊乂于上列，退仄陋于下场。袭初服之芜蕆，托蓬庐以游翔。岂放言而云尔？乃旦夕之可忘。③

作品从投身曹营写到随军出征，征途间隙，作者怀着"怆恨恻切"的心情，独自一人爬上西方的山坡。在作者"去峻溪之鸿洞""释丛棘之馀刺，践樆林之柔芳""周历高岑""仰攀高枝，侧身遗阴"等一系列动作下，红日生辉、神气煌煌的美丽景象一步步展现出来，作者的心境也随之变得光明起来，进而开始抒发渴望天下统一，功成身退的志向。赋中的景物描写与人物的行为糅合

---

① 俞绍初辑校：《建安七子集》，第84页。
② 同上注。
③ 同上书，第168—169页。

在一起，充当了作者情绪从低落到激昂的中转站，同时也是该赋在结构上的一个必然环节，起到了承上启下的作用。此属即景生情。

刘桢的《黎阳山赋》作于建安十九年（214）曹操南征孙权之际，该赋也是通过对沿途风光的描绘，抒发曹操内心的情感："御轻驾而西徂，过旧坞之高区。尔乃踰峻岭，超连冈，一登九息，遂臻其阳"①，是作者悬想曹操翻山越岭，最终登上黎阳山顶峰的过程。"南荫黄河，左覆金城，青坛承祀，高碑颂灵。珍木骈罗，奋华扬荣"②，描绘了曹操登上山顶后所见之秀美景色。随后作者转而写曹操南望故乡，心中泛起阵阵伤感，而这种伤感首先是借助景物描写的转变来表现的，曰："云兴风起，萧瑟清泠。"③ 在对萧瑟秋景的描绘中，自然融注了一股凄凉之情，有力地表达了曹操悲哀的感情。最后，为表达对此次出征必胜的信念，作者笔触又转向一派欣欣向荣的景象，曹操心情也随之变得愉快："河源汩其东游，阳乌飘而南翔。睹众物之集华，退欣欣而乐康。"④ 全赋感情较为复杂，与之相对应的景色转变也颇为繁复，使得意境情调多变。赋中景随情变，作者以情观景，对景物主观设计的痕迹亦较为明显。

2. 不同点：神话、铺陈与结构

刘桢赋也表现出不同于王粲的艺术手法。首先，意境创造方面。刘桢喜用神话意象来建构超自然的意境，如《大暑赋》"羲和总驾发扶木，太阳为舆达炎烛，灵威参乘步朱毂"⑤ 中的"羲和""灵威"；《清虑赋》"结东阿之扶桑，接西雷乎烛龙"⑥ 中的"扶桑""烛龙"；《鲁都赋》"昔大廷氏肇建厥居，少昊受命，亦都兹焉"⑦ 中的"大廷氏""少昊"等神话人物，而王粲笔下少神话传说，多用现实物象，因而意境创造更具写实性。

其次，刘桢部分继承了汉代"京都"大赋的写作传统，作有描绘其家乡鲁国都城盛景的《鲁都赋》，而从现存资料看，王粲没有写过大赋，他更坚定地选

---

① 俞绍初辑校：《建安七子集》，第 164 页。
② 同上注。
③ 同上注。
④ 同上注。
⑤ 同上书，第 163 页。
⑥ 同上书，第 169 页。
⑦ 同上书，第 164 页。

择了赋的抒情性。因为刘桢选了王粲不写的大赋，所以其《鲁都赋》的形象塑造就表现出迥异于王粲赋一般形象塑造的特点。

先谈谈《鲁都赋》中所描绘的人物形象：

〔众媛侍侧，鳞附盈房。〕蛾眉清眸，颜若雪霜。〔含丹吮素，巧笑妍详。〕〔玄发曜粉，芳泽不□。〕插曜日之珍笄，珥明月之珠当。〔袿裾纷裶，振珮鸣璜。〕舞人就列，整饰容华。〔妖服初工，刻画绮纱。〕和颜扬眸，晞风长歌。飘乎焱发，身如转波。寻虚骋迹，顾与节和。纵修袖以终曲，若奔星之赴河。①

作者对美女的容貌、穿戴予以细致勾勒，使其外在形象光彩照人。又对众女子的身影风姿进行形象生动的描绘：她们面容和悦，美目流盼；她们放声长歌，舞姿飞扬，身体轻盈有如水面的流波；她们舞步灵动，顾盼回眸亦与节拍相和……在此，作者不仅有静态的描摹，也有动态的刻画，使美女形象生动展现在读者眼前。但是以上皆属于外部涂抹，没有人物内心世界的展示。此外，刘桢所写众女子的形象，只是粗线条的"集类"铺陈，不若王粲注重人物个性特征的刻画。

《鲁都赋》中也有不少物象描写，如写树曰："其木则赤楩青松，文茎蕙棠，洪干百围，高径穹皇"②；写竹云："竹则填彼山陔，根弥阪域，夏箊攒包，劲条并殖，〔蒙雪含霜，不渝其色，〕翠实离离，凤皇攸食"③；写水产谓："水产众夥，各有彝伦：颁首莘尾，丰颅重斳，戴兵挟刃，盘甲曲鳞。"④ 此属概括写法，没有王粲的《莺赋》那种惟妙惟肖的细致刻画，亦缺乏个性特征。不惟大赋这样写，刘桢的抒情小赋中的形象塑造也表现出概写的特点。他与王粲同题的《大暑赋》似为残篇，其中写到兽、鸟、农夫、织女在炎暑中的煎熬云："兽喘气于玄景，鸟戢翼于高危。农畯捉镈而去畴，织女释杼而下机。"⑤ 赋中对每种物象的描写都只有一句话，缺少具体细节的展开和描摹，因此就不如王

---

① 俞绍初辑校：《建安七子集》，第164—165页。
② 同上书，第164页。
③ 同上注。
④ 同上注。
⑤ 同上书，第163页。

粲赋更能打动人心。且刘赋又都停留在外部描写，与王粲通过拟人化的艺术手法来勾勒物象的内心情感和思想相较，亦逊一筹。

再次，从结构安排来看，刘桢赋作较为疏朗，其《大暑赋》没有实质性内容的形容词较多，如"赫赫炎炎""烈烈晖晖"[①] 等，而王赋结构紧凑，更显致密。且刘赋层次划分清晰而整齐，如《大暑赋》先写了暑热的整体环境，再写兽、鸟、农夫、织女等在此环境下的各种表现，即暑热的环境与各种生物的反应完全分成了两层，段落划分较为分明。再从《鲁都赋》现存部分看，文章依次写鲁国的山川、物产、美女、祓禊、宫室、园囿、羽猎等，层次清晰，脉络分明，而如前所述，王粲同题赋则更为错落有致、生动活泼，故而在艺术上更为成熟。

综上三点，王粲赋在形象的刻画与结构的多变上，都更为出色，充分发挥了赋的抒情性。刘桢主要延续大赋写法，这种写法本不免于堆砌，但他多用神话意象，赋予作品想象色彩，对此有所扭转。要之，王粲以深度取胜，刘桢则以瑰丽见长。

王粲、刘桢两人在诗赋方面的差异是什么原因造成的？笔者以为主要有以下几点：

第一，就家世背景而言，据《后汉书·王龚传》，在王粲曾祖父王龚之前，山阳王氏已"世为豪族"[②]，家学渊源深厚。王粲的曾祖父王龚，"敦乐艺文"[③]。祖父王畅，"齐七政，训五典"[④]。再观刘桢，《后汉书·刘梁传》记载："梁宗室子孙，而少孤贫，卖书于市以自资。"[⑤] 刘桢虽然是汉朝宗室，但至其祖父（一说父亲）刘梁时，家道已经败落。后来刘梁通过举孝廉，先后被朝廷任命为北新城长、尚书郎等职，官阶都不高，属于普通士人阶层。王粲家学根基远超刘桢。

第二，就个人经历而言，王粲十四岁时，被迫随董卓由洛阳迁居长安。三年之后，遭李傕、郭汜之乱，再离开长安，南下荆州。东奔西走的经历客观上开阔了王粲的眼界，亦为其诗赋创作提供了多方面的素材。东汉末年，避难荆州的文士较多，王粲在荆州与刘表、宋忠、士孙萌、蔡睦、文颖、潘文则、裴潜、司马芝、潘濬、繁钦、杜夔等均有交游，转益多师，左右逢源，这对王粲

---

① 俞绍初辑校：《建安七子集》，第163页。
② 范晔撰：《后汉书》，第1819页。
③ 同上书，第1820页。
④ 同上书，第2163页。
⑤ 同上书，第2635页。

创作技巧的提升不无裨益。刘桢则不然，他三十岁左右离开田园至许都，直接入曹操幕，人生经历相对来说比较简单。

第三，就知识素养而言，王粲年少时就打下了坚实的学问基础，让当时已经名满天下的蔡邕都钦佩不已，蔡邕曾赞王粲道："有异才，吾不如也"①，王粲还获得了蔡邕近万卷的赠书。这批书籍又成为增加其学识的重要典籍。且王粲博学洽闻，《魏志》所谓："博物多识，问无不对"②，正因如此，曾为曹操选任侍中，以备顾问。曹植在《王仲宣诔》中对王粲各方面的知识、技艺钦佩不已："既有令德，材技广宣。强记洽闻，幽赞微言。文若春华，思若涌泉。发言可咏，下笔成篇。何道不洽，何艺不闲。棋局逞巧，博弈惟贤。"③ 广博的文史知识有助于王粲在文学创作中信手拈来、肆意发挥。至于刘桢，已有学者论及经学素养对其诗歌创作的影响④，讨论的主要是以《毛诗》为代表的儒家经典，从刘桢的创作来看，其所使用的典故亦麋集于《论语》《毛诗》《尚书》等著作中。王粲的知识谱系当胜过刘桢。

第四，就创作心态而言，王粲一直有着强烈的政治进取心，《登楼赋》中有言："冀王道之一平兮，假高衢而骋力"⑤，《咏史诗》（其一）中则云："生为百夫雄，死为壮士规"⑥，《从军诗》中亦高喊："窃慕负鼎翁，愿厉朽钝姿"（其一）⑦、"惧无一夫用，报我素餐诚"（其二）⑧、"我有素餐责，诚愧伐檀人"（其四）⑨。王粲用世心态越强烈，越希望通过诗赋创作迎合曹氏父子的爱好，引起其重视，从而获取相应的政治地位。而刘桢淡泊名利，本无意于仕途，行文较洒脱无忌。《杂诗》"职事相填委，文墨纷消散。驰翰未暇食，日昃不知晏。沈迷簿领书，回回自昏乱"⑩，流露出对文吏生活的烦闷和不满；《遂志赋》"翼俊乂于上列，退仄陋于下场。袭初服之芜蔵，托蓬庐以游翔。岂放言而云尔？

---

① 陈寿撰：《三国志》，第597页。
② 同上书，第598页。
③ 曹植：《曹植集校注》，第242页。
④ 袁亚铮：《经学素养对刘桢生平及诗歌创作的影响》，载《新疆大学学报（哲学·人文社会科学版）》2015年第6期，第116—120页。
⑤ 俞绍初辑校：《建安七子集》，第85页。
⑥ 同上书，第72页。
⑦ 同上书，第73页。
⑧ 同上书，第74页。
⑨ 同上注。
⑩ 同上书，第161页。

乃旦夕之可忘"①，表达了希望辞职归乡，隐居不仕的志愿。

第五，就性格特征而言，王粲"性躁竞"②，且有多愁善感的一面，在急于进取而受挫后，不免更为敏感。钟嵘在《诗品》中评曰："其源出于李陵。发愀怆之词，文秀而质羸。"③ 这就指出了王粲作品文辞华美而气骨羸弱的特点。刘桢则性格傲岸，狂放不羁，谢灵运评曰："卓荦偏人，而文最有气。"④ 其诗赋中自然流露出不同流俗的一面。性格特征在很大程度上也影响着两人的创作倾向和审美追求。

三、王粲、刘桢的文学地位

建安代表作家除三曹外，便是七子。"建安七子"之称，始于曹丕《典论·论文》：

> 今之文人，鲁国孔融文举、广陵陈琳孔璋、山阳王粲仲宣、北海徐幹伟长、陈留阮瑀元瑜、汝南应玚德琏、东平刘桢公幹，斯七子者，于学无所遗，于辞无所假，咸以自骋骥騄于千里，仰齐足而并驰。⑤

按曹丕的提法，七子指孔融、陈琳、王粲、徐幹、阮瑀、应玚、刘桢七人。但孔融与其他人不类，列入七子，颇为隔膜。第一，孔融与曹操同辈，年辈比六子高。其《与曹公论盛孝章书》曰："五十之年，忽焉已至，公为始满，融又过二"⑥，知他比曹操还大两岁。灵帝时，融即举高第，为侍御史。后辟司空掾，拜中军候，迁虎贲中郎将。献帝初平元年（190）融三十八岁时，任北海相，迎击黄巾军。而当年王粲只有十四岁，刘桢约二十二，皆未出仕。第二，孔融不属于曹氏集团，也未与六子共同参加文学活动。孔融不是曹氏幕僚，且

---

① 俞绍初辑校：《建安七子集》，第 169 页。
② 陈寿撰：《三国志》，第 666 页。
③ 钟嵘：《诗品集注（增订本）》，第 142 页。
④ 谢灵运、鲍照：《谢灵运鲍照集》，第 106 页。
⑤ 曹丕：《曹丕集校注》，第 234 页。
⑥ 俞绍初辑校：《建安七子集》，第 18 页。

在建安十三年（208）为曹操所杀。之后曹操南征荆州，伴随着王粲归曹，建安文士在这一年才刚刚完成集聚。也就是说孔融从未参加过建安文士雅集，与曹丕、曹植及六子都没有赠答、唱和之作。第三，孔融不能代表建安文学风格。王瑶在《曹氏父子与建安七子》中说："从作风说，孔融文多范蔡邕，不作五言诗，仍是东汉以来的传统风格，所以《文选》只录其书表。"① 除孔融以外的六子，皆是曹氏父子的僚属，在曹氏昆仲的领导下从事群体性的文学活动，可以相提并论。故而下文的讨论范围将缩小到孔融之外的建安六子。

六子中，王粲、刘桢文学成就远远超过其他四人，影响深远。后世或"王刘"并称，或以之与曹植并列而称"曹王""曹刘"。"王刘"并称者，早在六朝已不乏其人。如刘勰的《文心雕龙·明诗》云："兼善则子建、仲宣，偏美则太冲、公幹。"② 说明了二人分别擅长的诗歌体裁。钟嵘在《诗品》中言及六子中的四人，置王、刘于上品，且指出了二人同为曹氏辅佐的地位："降及建安，曹公父子，笃好斯文；平原兄弟，郁为文栋；刘桢、王粲，为其羽翼。"③ 又说："故知陈思为建安之杰，公幹、仲宣为辅。"④ 他还将王粲和刘桢的作品一齐称道："仲宣《七哀》，公幹思友……斯皆五言之警策者也。所谓篇章之珠泽，文彩之邓林。"⑤ 萧统的《昭明文选》录六子的诗歌共计24首，其中王粲占13首，刘桢占10首，分量相当。清代宋长白总结说："建安七子，子建之外，独数王、刘。"⑥ 称"曹王""曹刘"者，历代也是举不胜举，关于具体看法及原因分析，下文"王刘优劣论"部分将一探究竟，详见下章。那么为何王、刘的文学地位能在建安六子中遥遥领先？笔者试作如下辨析。

（一）文体选择

之所以认为王、刘二人的文学成就超过其他四子，首先在于体裁上他们选择了更接近纯文学性质的诗赋。诗歌方面，王粲的《七哀诗》三首内容深刻、

---

① 王瑶《曹氏父子与建安七子》，载王瑶《中古文学史论》，北京：商务印书馆，2011，第241页。
② 刘勰：《文心雕龙》，第32页。
③ 钟嵘：《诗品集注（增订本）》，第20页。
④ 同上书，第34页。
⑤ 同上书，第459页。
⑥ 宋长白撰：《柳亭诗话》，载《四库全书存目丛书》集部第421册，第585页下。

意境阔大，"诚为冠古独步"①；《从军诗》五首感情充沛、振奋人心，"紧健处，杜公时效之"②。王粲又善于辞赋，曹丕以为《初征》《登楼》《槐赋》《征思》等篇，可以媲美张衡、蔡邕，尤其《登楼赋》堪称建安抒情小赋的代表作，历来与曹植的《洛神赋》并称双璧。《文选》于六子之赋，独挑《登楼》一篇。朱熹引归来子之语评曰："《登楼》之作，去楚辞远，又不及汉，然犹过曹植、潘岳、陆机愁咏、闲居、怀旧众作，盖魏之赋极此矣。"③ 刘桢亦以诗歌见长，其五言诗，曹丕云："妙绝时人"④；钟嵘亦曰："自陈思已下，桢称独步。"⑤《赠从弟》三首刚健遒劲，可谓掷地作金石声；《赠五官中郎将》四首，情真意切，慷慨磊落；《赠徐幹》《公宴诗》诸作，别有轻妙，格调不凡。

相较于王、刘的选择诗赋，陈琳、阮瑀的主要精力则放在军国文书的创作上。他们的章表书记颇负盛名，曹丕在《典论·论文》中称："琳、瑀之章表书记，今之隽也。"⑥《又与吴质书》又谓："孔璋章表殊健，微为繁富。……元瑜书记翩翩，致足乐也。"⑦ 二人又擅符命檄文，《文心雕龙·才略》曰："琳、瑀以符檄擅声。"⑧ 无论章表书记还是符命檄文，都是实用性文体，这类用于军国大事的公文，表达重在明辨事理，语言往往偏于质朴。曹操曾要求章表文辞不应浮华，论事力求实在："曹公称为表不必三让，又勿得浮华。所以魏初表章，指事造实；求其靡丽，则未足美矣。"⑨ 曹丕的《典论·论文》把建安时代的文体分为四科八类，提出："奏议宜雅，书论宜理，铭诔尚实，诗赋欲丽。"⑩ 故而即便陈琳的《为袁绍檄豫州》气势雄壮、善于铺张，阮瑀的《为曹公作书与孙权》辞采斐然、风度翩翩，但由于受到文体的限制，其文学性毕竟不像诗赋那么高。若论及想象力、抒情性，则更不如诗赋。相较而言，陈、阮在诗赋上用力不多，无论数量还是质量，都不突出。由于投入的精力有限，二人名作仅

---

① 方东树：《昭昧詹言》，第36页。
② 同上书，第78页。
③ 屈原、宋玉等：《楚辞后语》，刘向辑，朱熹集注，载永瑢、纪昀等纂修《文渊阁四库全书》第1062册，台北：台湾商务印书馆，1983年影印本，第432页下。
④ 曹丕：《曹丕集校注》，第110页。
⑤ 钟嵘：《诗品集注（增订本）》，第133页。
⑥ 曹丕：《曹丕集校注》，第235页。
⑦ 同上书，第110页。
⑧ 刘勰：《文心雕龙》，第269页。
⑨ 同上书，第143页。
⑩ 曹丕：《曹丕集校注》，第237页。

有陈琳的《饮马长城窟行》及阮瑀的《驾出北郭门行》等一两篇，在数量上无法与王、刘相提并论。不仅数量有限，客观上二人成就也不高。如钟嵘在《诗品》中曾置阮瑀于下品，仅评曰："平典不失古体。"①

徐幹、应玚二人的志向似乎皆在著书立说。徐幹"废诗赋颂铭赞之文，著《中论》之书二十二篇。"②《中论》为一部政论性子书，旨在"阐发义理，原本经训，而归之于圣贤之道"③，因而其发挥文采的空间比较有限，文学价值难与诗赋并论。徐幹诗歌成就不高，钟嵘在《诗品》中把他列为下品，说其与刘桢的往来赠诗，如"以莛叩钟"④，不能相称。值得注意的是，他的辞赋曾经得到曹丕与刘勰的高度肯定，曹丕举出《玄猨》《漏卮》《圆扇》《橘赋》等佳作，将其与王粲媲美；刘勰在论述"魏晋之赋首"时，于建安亦只提及王粲与徐幹两人，曰："及仲宣靡密，发篇必遒；伟长博通，时逢壮采。"⑤ 然而由于徐幹以著书为务，创作的辞赋篇目本就不多，加之遗佚严重（曹丕所举悉数不存），千余年后的今日，我们已经无法领略其"博通"与"壮采"了。至于应玚，曹丕称其："常斐然有述作之意，其才学足以著书。美志不遂，良可痛惜。"⑥ 可以推测，"有述作意"的应玚，在诗赋创作上也用力较少，虽现存其一定数量的诗赋，然能与王粲的《七哀诗》《登楼赋》及刘桢的《赠从弟》比肩者，寥寥无几。综上，六子各有千秋，但若论文学成就，王粲、刘桢所选择和擅长的文体相较于陈、阮、徐、应四人，占有一定的先天优势。

（二）创作影响

基于王、刘二人文体的选择，他们各自树立了更鲜明的文学风格，并产生深远影响。刘熙载的《艺概·诗概》曰："公幹气盛，仲宣情胜……后世诗率不越此两宗"⑦，对二人风格特点及影响后世创作实践的概括是颇为精当的。王粲

---

① 钟嵘：《诗品集注（增订本）》，第 489 页。
② 严可均辑：《全上古三代秦汉三国六朝文：全三国文》，第 1360 页下。
③ 纪昀、陆锡熊、孙士毅等：《钦定四库全书总目（整理本）》，四库全书研究所整理，北京：中华书局，1997，第 1200 页。
④ 钟嵘：《诗品集注（增订本）》，第 485 页。
⑤ 刘勰：《文心雕龙》，第 50 页。
⑥ 曹丕：《曹丕集校注》，第 110 页。
⑦ 刘熙载撰：《艺概注稿》，袁津琥校注，北京：中华书局，2009，第 246 页。

才情并茂，苍凉悲慨，曹植的《王仲宣诔》称："文若春华，思若涌泉。发言可咏，下笔成篇。"① 钟嵘的《诗品》评曰："发愀怆之词，文秀而质羸。在曹、刘间别构一体。"② 刘桢才情不及王粲，但他的诗歌挺拔奇绝，风骨苍然，曹丕云："公幹有逸气"③，刘勰的《文心雕龙·体性》言："公幹气褊，故言壮而情骇"④。总之，王粲以才情闻名，刘桢以气骨著称，正代表了"建安风骨"的两种重要内涵，对其后的文学创作产生的影响也是巨大的。这是同时代的其他四子望尘莫及的。

1. 王粲的影响

晋代的多位诗人都被认为与王粲有传承关系，钟嵘在《诗品》中评"晋黄门郎潘岳诗"云："其源出于仲宣。"⑤ 评"晋黄门郎张协诗"云："其源出于王粲。"⑥ 评"晋司空张华诗"云："其源出于王粲。"⑦ 评"晋太尉刘琨、晋中郎卢谌诗"云："其源出于王粲。"⑧ 在钟嵘看来，潘岳之"烂若舒锦"⑨，张协之"词彩葱蒨"⑩，张华之"其体华艳"⑪，都源出于王粲的"文秀"。尽管钟嵘源流说的提法较为简单片面，遭到不少学者的质疑，如《四库提要》论之曰："惟其论某人源出某人，若一一亲见其师承者，则不免附会耳。"⑫ 然钟嵘之说至少从宏观上使人看出，王粲作品的基本倾向和体制风格对后世创作的影响不小。粲之《登楼赋》《七哀诗》《从军诗》等都是对后代影响深远的文本，以下将分别论之。在此需要说明的是，也有一些拟作受到了王粲多个作品的综合影响，如谢灵运的《拟魏太子邺中集诗八首·王粲》及江淹的《杂体诗三十首·王侍中怀德》。谢灵运诗模拟王粲口吻，前半写粲颠沛流离之苦，后半写粲投曹后受到

---

① 曹植：《曹植集校注》，第 242 页。
② 钟嵘：《诗品集注（增订本）》，第 142 页。
③ 曹丕：《曹丕集校注》，第 110 页。
④ 刘勰：《文心雕龙》，第 178 页。
⑤ 钟嵘：《诗品集注（增订本）》，第 174 页。
⑥ 同上书，第 185 页。
⑦ 同上书，第 275 页。
⑧ 同上书，第 310 页。
⑨ 同上书，第 174 页。
⑩ 同上书，第 185 页。
⑪ 同上书，第 275 页。
⑫ 纪昀、陆锡熊、孙士毅等：《钦定四库全书总目（整理本）》，第 2738 页。

的恩遇与宴游之乐。"函崤没无象"①句，明显受到王粲的《七哀诗》(其一)"西京乱无象"②的影响；"沮漳自可美，客心非外奖"③，则是源自《登楼赋》"挟清漳之通浦兮，倚曲沮之长洲""虽信美而非吾土兮，曾何足以少留"④等句；"并载游邺京，方舟泛河广。绸缪清宴娱，寂寥梁栋响。既作长夜饮，岂顾乘日养"⑤，又袭用了王粲的《公宴诗》之意。江淹诗也是同时融合了王粲的《七哀诗》与《公宴诗》，写汉末之乱及曹操知遇之恩。开头"伊昔值世乱，秣马辞帝京。既伤蔓草别，方知杕杜情。崤函复丘墟，冀阙缅纵横"⑥数句，即隐括王粲《七哀诗》中所云避难荆州时的状况；结尾"君子笃惠义，柯叶终不倾。福履既所绥，千载垂令名"⑦四句，意同粲之《公宴诗》中怀德颂美之辞，兹不详述。现即探讨王粲最为著名的几篇作品对后世创作的影响。

(1)《登楼赋》的影响

第一，产生了直接模拟之作。如西晋枣据亦有《登楼赋》，虽未标明是效王粲之作，但对王赋甚多传承：其中"登兹楼而逍遥，聊因高以遐望"⑧句，即是王粲"登兹楼以四望兮，聊暇日以销忧"⑨之语；"挹呼沱之浊河，怀通川之清漳"⑩句，化用了王粲的《登楼赋》"挟清漳之通浦兮，倚曲沮之长洲"⑪；"原隰开辟，荡臻夷薮，桑麻被野，黍稷盈亩"⑫句，融合了粲赋中"背坟衍之广陆兮，临皋隰之沃流"与"华实蔽野，黍稷盈畴"⑬两句；"锺仪惨而南音，庄舄感而越声"⑭，与王粲"锺仪幽而楚奏兮，庄舄显而越吟"⑮的用典更是完

---

① 谢灵运、鲍照：《谢灵运鲍照集》，第100页。
② 俞绍初辑校：《建安七子集》，第71页。
③ 谢灵运、鲍照：《谢灵运鲍照集》，第100页。
④ 俞绍初辑校：《建安七子集》，第85页。
⑤ 谢灵运、鲍照：《谢灵运鲍照集》，第100页。
⑥ 江淹：《江文通集汇注》，第142页。
⑦ 同上注。
⑧ 严可均辑：《全上古三代秦汉三国六朝文：全晋文》，第1845页上。
⑨ 俞绍初辑校：《建安七子集》，第85页。
⑩ 严可均辑：《全上古三代秦汉三国六朝文：全晋文》，第1845页上。
⑪ 俞绍初辑校：《建安七子集》，第85页。
⑫ 严可均辑：《全上古三代秦汉三国六朝文：全晋文》，第1845页上。
⑬ 俞绍初辑校：《建安七子集》，第85页。
⑭ 严可均辑：《全上古三代秦汉三国六朝文：全晋文》，第1845页上。
⑮ 俞绍初辑校：《建安七子集》，第85页。

全相同。对比两赋，可以发现无论立意、用语还是章法，都有很多相似之处。正如清代浦铣在《复小斋赋话》中所言："王仲宣《登楼赋》，情真语至，使人读之堪为泪下。文之能动人如此。晋枣据亦有此赋，皆脱胎于粲。"[①] 枣据该赋激愤悲壮，不失建安风骨。

第二，除拟作外，后世以王粲楼为直接吟咏对象的作品也不少，"王粲登楼"已然成为一个文学"意象"。唐代张九龄的《候使石头驿楼》云："自守陈蕃榻，尝登王粲楼"[②]，借王粲楼言自己如当年避难荆州的王粲一般潦倒；杜甫的《将赴荆南寄别李剑州》谓："戎马相逢更何日？春风回首仲宣楼"[③]，以王粲登楼抒写自身的飘零之感与离别之恨。宋代周弼的《仲宣楼》借王粲登楼写去国怀乡之情[④]；陈策的《摸鱼儿·仲宣楼赋》追念王粲经历，抒发自己壮志未酬的感慨[⑤]；陈人杰的《沁园春·次韵林南金赋愁》曰："长安道，且身如王粲，时复登楼"[⑥]，以王粲登楼之典说一己"修名不立，此身易老"[⑦] 之愁。金朝李俊民的《襄阳咏史·兹楼》言："当年汉主龙兴地，尽在登楼四望中"[⑧]，系念宗邦，幽愤难平；元好问的《木兰花慢·流年春梦过》称："只问寒沙过雁，几番王粲登楼"[⑨]，表达生不逢时的悲怆。明代顾璘的《仲宣楼》感时伤世，寄怀深远。[⑩] 清代赵宏恩登临当年王粲所登之楼，忆及粲之平生，极目远眺，不禁感慨万千："仲宣赋在人何处，独步城东慨此丘。故国有家翻寄楚，霸才无主竟依刘。山眠白雪千峰梦，江醉红枫几叶秋。今日绣衣重筑起，夕阳回首一登楼。"[⑪] 这类作品或咏其事，或咏其原址，寓有深沉的历史感。元代戏曲家郑光祖还将《登楼赋》与王粲其他史料糅合起来，创作了杂剧《醉思乡王粲登楼》，在民间产生了广泛影响。

---

① 浦铣撰：《复小斋赋话》，载踪凡、郭英德主编《历代赋学文献辑刊》第 188 册，北京：国家图书馆出版社，2017 年影印本，第 56 页。
② 张九龄撰：《张九龄集校注》，熊飞校注，北京：中华书局，2008，第 131 页。
③ 杜甫：《杜诗详注》，仇兆鳌注，北京：中华书局，1979，第 1097 页。
④ 周弼撰：《端平诗隽》，李龏编，载《文渊阁四库全书》第 1185 册，第 533 页上。
⑤ 唐圭璋编：《全宋词》，北京：中华书局，1965，第 2866 页。
⑥ 同上书，第 3083 页。
⑦ 同上注。
⑧ 李俊民：《庄靖集》，吴广隆编审，马甫平点校，太原：山西古籍出版社，2006，第 337 页。
⑨ 唐圭璋编：《全金元词》，北京：中华书局，1979，第 76 页。
⑩ 顾璘撰：《顾华玉集·凭几集续编》，载《文渊阁四库全书》第 1263 册，第 324 页上。
⑪ 迈柱等修：《湖广通志》，夏力恕等编纂，载《文渊阁四库全书》第 534 册，第 330 页下。

第三，《登楼赋》借登楼四望以抒发情怀的构思传统，常为后世文人所效仿。李商隐因不得志，远游岳父王茂元幕中，寄人篱下，处境与王粲有几分相似，因此他有意仿效王粲的《登楼赋》而作《安定城楼》。其开篇即写登临高楼："迢递高城百尺楼"①，再推出"绿杨枝外尽汀洲"② 的壮阔画面，这与《登楼赋》登楼四望的描写有相近之处。接下来"贾生年少虚垂涕，王粲春来更远游"③ 两句，以贾谊、王粲自比，借王粲登楼，契合己之登楼，表达怀才不遇、孤寂郁闷的悲愤心情。又秦观的《黄楼赋》亦明显受到《登楼赋》之流风，两者章法结构接近：《登楼赋》结构上分为三段，首叙登楼所见，次及怀乡之情，末抒身世之惧；《黄楼赋》亦分为三部分，先写黄楼地势险要，再写水患形势危急，最后转入赞美苏轼治水的功绩。胡应麟评曰："此赋颇得仲宣步骤，宋人殊不多见。"④《黄楼赋》不仅篇章布局上承王粲的《登楼赋》之传统，而且直接化用《登楼赋》中的典故。《黄楼赋》写登楼观览之"傥登临之信美兮，又何必乎故丘"⑤ 句，即反用《登楼赋》之"虽信美而非吾土兮，曾何足以少留"⑥ 的句意。王粲远赴荆州，登楼四望而眷念故乡，苏轼一生亦宦途坎坷、颠沛流离。秦观在接受王粲文本的同时，却反其意而用之，写出了苏轼面对人生挫折时豁达超脱的精神境界。这些后世知名的登高之作，在艺术构思方面都曾受到《登楼赋》的启发。

（2）《七哀诗》的影响

首先，诗中"南登霸陵岸，回首望长安"成为千古传诵的名句，在创作实践与艺术评价两方面影响后世文学作品。创作实践方面，如李白的《灞陵行送别》即吸收了王粲《七哀诗》的题旨和意向："我向秦人问路歧，云是王粲南登之古道。古道连绵走西京，紫阙落日浮云生。"⑦ 李白在灞陵送友人远行时写到王粲当年登临的古道，隐含《七哀诗》"南登霸陵岸，回首望长安"之事，暗示

---

① 李商隐：《李商隐诗歌集解》，刘学锴、余恕诚著，北京：中华书局，2004，第289页。
② 同上注。
③ 同上注。
④ 胡应麟：《诗薮》，第211页。
⑤ 曾枣庄、刘琳主编：《全宋文》第119册，上海：上海辞书出版社，2006，第288页。
⑥ 俞绍初辑校：《建安七子集》，第85页。
⑦ 彭定求等编：《全唐诗》，北京：中华书局，1960，第1796页。

友人离开长安，也像王粲那样念念不舍回望帝都。他又感叹浮云蔽日，隐喻奸佞操纵朝政，亦与王粲一样，饱含对时局的忧虑以及对治世的向往。再如刘禹锡的《武陵书怀五十韵》也明显受到了《七哀诗》意象的濡染："就日秦京远，临风楚奏烦。南登无灞岸，且夕上高原。"①刘禹锡因"永贞革新"失败而屡遭贬谪，在诗中以"南登霸陵岸，回首望长安"的意象表明自己对返回长安的渴望，而朗州无处可望长安，但屡上高原而已。由李白与刘禹锡之诗，可以看到《七哀诗》对后人创作的影响。创作实践以外，后世文学评论以《七哀诗》为比者亦不时可见。杨慎的《升菴诗话》曰："刘文房诗：'已是洞庭人，犹看灞陵月。'孟东野诗：'长安日下影，又落江湖中。'语意相似，皆寓恋阙之意，然总不若王仲宣云：'南登灞陵岸，回首望长安。'涵蓄蕴籍，自然不可及也。"②杨慎将刘文房、孟东野之诗与王粲之《七哀诗》形成作比，反映了他对《七哀诗》的接受意识，这本身就是受《七哀诗》影响的结果。沈德潜在《说诗晬语》中云："古今流传名句，如'思君如流水'，如'池塘生春草'，如'澄江净如练'，如'红药当阶翻'，如'月映清淮流'，如'芙蓉露下落'，如'空梁落燕泥'，情景俱佳，足资吟咏；然不如'南登灞陵岸，回首望长安'忠厚悱恻，得'迟迟我行'之意。"③沈德潜对王粲"南登灞陵岸，回首望长安"之句评价甚高，认为徐幹的《室思》、谢灵运的《登池上楼》、谢朓的《晚登三山还望京邑》《直中书省诗》、何逊的《与胡兴安夜别》、萧悫的《秋思》、薛道衡的《昔昔盐》等作品中的名句虽然"情景俱佳"，但皆不如王粲诗句"忠厚悱恻"。且不论沈氏所言是否准确，但至少说明他意识深处对《七哀诗》的高度认同，这种认同渗透在其文学评价之中。综上，从创作实践到艺术评价，《七哀诗》的影响是显而易见的。

其次，《七哀诗》将人物语言运用在文人乐府写作中以反映民生疾苦的手法，对后来杜甫的《三吏》《三别》等作品以至白居易新乐府的表现艺术，都有示范作用。杜甫的《三吏》《三别》承袭了王粲《七哀诗》的艺术手法而又有所发展："《三吏》夹带问答叙事，《三别》纯托送者行者之词"④，即杜甫综合运用对话与独白的方式，反映兵役加给人民的痛苦。后代许多人也多从这一角度

---

① 彭定求等编：《全唐诗》，第4088页。
② 杨慎撰：《升庵诗话新笺证》，王大厚笺证，北京：中华书局，2008，第79页。
③ 沈德潜：《说诗晬语笺注》，王宏林笺注，北京：人民文学出版社，2013，第153页。
④ 浦起龙撰：《读杜心解》，北京：中华书局，1961，第55页。

肯定此诗：王夫之的《古诗评选》评王粲的《七哀诗》曰："落笔刻，登音促，入手紧。后来杜陵有作，全以此为禘祖。'未知身死处，何能两相完'，居然杜句矣。"① 指出了王粲写人物独白的方式对杜甫的影响。何焯的《义门读书记》也曾评说："'路有饥妇人'六句。杜诗宗祖。"② 抓住了王粲的《七哀诗》讲究叙事性的创作手法，并点明杜甫由此所受之启发。后来的施补华在《岘佣说诗》中所言亦与王、何相仿："王粲《七哀》'路逢饥妇人'一首……已开少陵宗派。"③ 认为粲之《七哀》开杜甫的《三吏》《三别》之先声。从诸人对王粲之《七哀诗》的评语来看，其对杜甫的影响是有目共睹的。另一位唐代诗人白居易的新乐府诸作也同样受到王粲《七哀诗》的沾溉，其《新丰折臂翁》《缚戎人》《西凉伎》等作俱是运用人物对话作为主要叙述方式以达到针砭时弊的目的。《新丰折臂翁》写诗人与一位自残以避免兵役的幸存者的对话，反映战争带给广大人民的无穷苦难。④《御选唐宋诗醇》评曰："借老翁口中说出，便不伤于直遂，促促刺刺，如闻其声，而穷兵黩武之祸，不待言矣。"⑤《缚戎人》"其中一房语诸房：尔苦非多我苦多。同伴行人因借问，欲说喉中气愤愤"⑥ 四句，通过"凉原戎人"与众"戎人"的对话，引出"凉原戎人"的追叙，讲述了自身流落吐蕃、逃出番邦、发配江南的悲惨遭遇。《西凉伎》通过假面人与征夫串起复杂的历史事件，"有一征夫年七十，见弄凉州低面泣。泣罢敛手白将军"⑦，诗人假七十老人之口，表达对战争中无辜百姓的同情以及对统治者软弱无能的抨击。这些诗歌所采用的表现形式，其实在王粲的《七哀诗》中已见端倪。

(3)《从军诗》的影响

首先，从后世不少作品的诗题中就可看出与此诗的渊源。郭茂倩的《乐府诗集》卷三十二录王粲的《从军行》五首，前有题解谓："《古今乐录》曰：'《从军行》，王僧虔云，荀录所载左延年《苦哉》一篇今不传。'《乐府解题》曰：'《从军

---

① 王夫之：《古诗评选》，李中华、李利民校点，上海：上海古籍出版社，2011，第152页。
② 何焯：《义门读书记》，崔高维点校，北京：中华书局，1987，第903页。
③ 施补华撰：《岘佣说诗》，转引自河北师范学院中文系古典文学教研组编《三曹资料汇编》，第335页。
④ 白居易撰：《白居易集》，顾学颉校点，北京：中华书局，1979，第61—62页。
⑤ 乾隆敕编：《御选唐宋诗醇》，载《文渊阁四库全书》第1448册，第421页上。
⑥ 白居易撰：《白居易集》，顾学颉校点，北京：中华书局，1979，第72页。
⑦ 同上书，第75—76页。

行》皆军旅苦辛之辞.'《广题》曰:'左延年辞云:"苦哉边地人,一岁三从军。三子到敦煌,二子诣陇西。五子远斗去,五妇皆怀身。"'"① 盖《从军行》在乐府古题中尽为咏叹从军的劳苦艰辛之辞,而王粲的《从军行》在描述军旅生活的艰苦之外,还重在抒发作者渴望建功立业的豪情壮志。《乐府诗集》卷三十三载唐代李益的《从军有苦乐行》,题解云:"魏王粲《从军行》曰:'从军有苦乐,但问所从谁。'因以为题也。"② 由此看来,李益该乐府诗的题目来自于王粲的《从军行》中的诗句。此外,唐代姚合有《从军乐》二首,宋代刘过亦有《从军乐》一首,此类题目都可以说是吸收了王粲"从军有苦乐"诗意的成分。

其次,不仅题目,王粲的《从军诗》在遣词造句和主题情境等方面也影响着后世文学。李益的《从军有苦乐行》中"从军有苦乐,此曲乐未央"③;明代朱有燉的《拟古出塞》"从军有苦乐,只异饥与饱"④;明代赵釴的《从军行》"从军有苦乐,从军良不恶"⑤ 等,直接袭用王粲的成句。此外,鲍照的《从临海王上荆初发新渚》"客行有苦乐,但问客何行"⑥,元好问的《江月晃重山·初到嵩山时作》"从军乐,莫问所从谁"⑦ 等句式亦皆仿自王粲。不少作品还直接将王粲写入诗中,像"陈琳书记好,王粲从军乐"(刘长卿《奉和李大夫同吕评事太行苦热行,兼寄院中诸》)⑧,"仲宣一作从军咏,回顾儒衣自不平"(徐铉《和元帅书记萧郎中观习水师》)⑨,前者突出王粲意气风发、积极昂扬的心态,后者则流露出一介书生内心愤懑不平之情,两诗分别体现了受王粲影响的不同侧面。

再者,王粲的《从军行》在后世已经成为从军诗的代称:如唐高适的《送浑将军出塞》"远别无轻绕朝策,平戎早寄仲宣诗"⑩,用"仲宣诗"喻捷报诗,盼望浑将军早奏凯歌;唐李商隐的《偶成转韵七十二句赠四同舍》"且吟王粲从军乐,不赋渊明《归去来》"⑪,借"从军乐"表明自己从军入幕、效力国家的

---

① 郭茂倩编:《乐府诗集》,北京:中华书局,1979,第475页。
② 同上书,第491页。
③ 同上注。
④ 朱有燉:《诚斋录》,赵晓红整理,载《朱有燉集》,济南:齐鲁书社,2014,第595页。
⑤ 朱彝尊选编:《明诗综》,北京:中华书局,2007,第2120页。
⑥ 鲍照:《鲍照集校注》,丁福林、丛玲玲校注,北京:中华书局,2016,第587页。
⑦ 唐圭璋编:《全金元词》,第92页。
⑧ 刘长卿:《刘长卿诗编年笺注》,储仲君笺注,北京:中华书局,1996,第175页。
⑨ 徐铉:《徐铉集校注》,李振中校注,北京:中华书局,2016,第58页。
⑩ 高适:《高适诗集编年笺注》,刘开扬笺注,北京:中华书局,1981,第258页。
⑪ 李商隐:《李商隐诗歌集解》,第1079页。

决心；宋柳永的《满江红》"归去来、一曲仲宣吟，从军乐"①，以"仲宣吟"抒发对漂泊生活所产生的厌倦情绪；清顾炎武的《京口即事》"从军无限乐，早赋仲宣诗"②，则是取"仲宣诗"中从军之乐以激励军心。

2. 刘桢的影响

关于刘桢对后世的影响，钟嵘曾在《诗品》中指出："晋记室左思诗，其源出于公幹。"③ 左思的《咏史》八首，托古讽今，借咏史以咏怀，深得刘桢之风骨。何谓风骨？刘勰的《文心雕龙·风骨》云："怊怅述情，必始乎风；沉吟铺辞，莫先于骨。故辞之待骨，如体之树骸；情之含风，犹形之包气。结言端直，则文骨成焉；意气骏爽，则文风清焉。"④ 周勋初释之曰："'风'与'情'有关，'骨'与'辞'有关；……惟'结言端直'者可称有'骨'；……惟'意气骏爽'者可称有'风'⑤。"左思正是在"风"与"骨"两方面都多受刘桢影响。情感上，他与刘桢一样，有着建功立事的人生理想，《咏史》（其一、其三）抒写自己的理想是："铅刀贵一割，梦想骋良图"⑥，"当世贵不羁，遭难能解纷"⑦，希望为国赴难、为人解忧。他又不贪念富贵，"功成不受爵，长揖归田庐"⑧，"功成耻受赏，高节卓不群"⑨，向往建立功业以后的归隐。这一点也与刘桢的《遂志赋》所言"翼俊乂于上列，退仄陋于下场。袭初服之芜蔵，托蓬庐以游翔"⑩ 相一致。面对晋代"上品无寒门，下品无势族"⑪ 的社会现实，左思在《咏史》（其四、其五、其六）中蔑视权贵，在对权贵的蔑视中肯定寒士的价值，说："贵者虽自贵，视之若埃尘。贱者虽自贱，重之若千钧。"⑫ 他还在组诗（其二、其七、其八）中强烈抨击门阀制度的不合理，为寒士鸣不平，大

---

① 柳永：《乐章集校注》，薛瑞生校注，北京：中华书局，2012，第171页。
② 顾炎武：《顾亭林诗笺释》，王冀民笺释，北京：中华书局，1998，第23页。
③ 钟嵘：《诗品集注（增订本）》，第193页。
④ 刘勰：《文心雕龙》，第181页。
⑤ 周勋初：《文心雕龙解析》，南京：凤凰出版社，2015，第491页。
⑥ 逯钦立辑校：《先秦汉魏晋南北朝诗》，北京：中华书局，2017，第732页。
⑦ 同上书，第733页。
⑧ 同上书，第732页。
⑨ 同上书，第733页。
⑩ 俞绍初辑校：《建安七子集》，第169页。
⑪ 房玄龄等撰：《晋书》，第1274页。
⑫ 逯钦立辑校：《先秦汉魏晋南北朝诗》，第733页。

声疾呼"世胄蹑高位，英俊沉下僚。"① 整组诗以强烈的情感形成了鲜明的风格，慷慨激昂；而意气豪迈、情感昂扬正是以《赠从弟》三首为代表的刘桢诗歌所展现的重要特色，两者何其相似！文辞方面，刘桢诗"贞骨凌霜，高风跨俗。但气过其文，雕润恨少"②，而左思诗亦质朴自然，直抒胸臆，绝少雕镂的痕迹。钟嵘谓："浅于陆机"③，指出左思文采不如陆机。王世贞的《艺苑卮言》评曰："太冲莽苍，《咏史》《招隐》，绰有兼人之语，但太不雕琢。"④ 可谓中肯恰切。综合情感和文辞两个方面，钟嵘说左思"其源出于公幹"是有其道理的。

　　刘琨身处晋末乱世，辞情慷慨，刘勰在《文心雕龙·才略》中谓其"雅壮而多风"⑤；《诗品序》称其"仗清刚之气"⑥，卷中"晋太尉刘琨、晋中郎卢谌诗"条下又云："自有清拔之气。"⑦ 元好问的《论诗绝句》曰："曹刘坐啸虎生风，四海无人角两雄。可惜并州刘越石，不教横槊建安中"⑧，认为刘琨诗歌风力强盛，足以比肩曹、刘。《扶风歌》正是刘琨富于风力的代表作，抒写了作者离开洛阳赴任并州刺史途中的艰辛及自己慷慨悲凉的情思。其时中国北方多地已在异族统治之下，故而刘琨此行是边战边进，备尝艰辛。"朝发广莫门，暮宿丹水山"⑨，不仅表现出诗人日行千里的迅急，也隐隐透露出勇赴国难的决心。"左手弯繁弱，右手挥龙渊"⑩，诗人一身戎装，既可见征途的凶险，又体现出勇往直前的军人气概。此时他回望都城宫阙，不禁"据鞍长叹息，泪下如流泉"⑪，以致最后"哽咽不能言"⑫，读来满是慷慨悲壮之感。征途中，诗人登高山、迎悲风、涉涧水，与麋鹿、猿猴为伍，直到资粮匮乏的地步，仍然"揽辔命徒侣，吟啸绝岩中"⑬，豪迈雄浑，充满英雄气。最后诗人引李陵之事，希望晋王朝的统治者

---

① 逯钦立辑校：《先秦汉魏晋南北朝诗》，第733页。
② 钟嵘：《诗品集注（增订本）》，第133页。
③ 同上书，第193页。
④ 王世贞撰：《艺苑卮言》，载丁福保辑《历代诗话续编》，北京：中华书局，2006，第990页。
⑤ 刘勰：《文心雕龙》，第270页。
⑥ 钟嵘：《诗品集注（增订本）》，第34页。
⑦ 同上书，第310页。
⑧ 胡传志校注：《金代诗论辑存校注》，北京：人民文学出版社，2017，第410页。
⑨ 逯钦立辑校：《先秦汉魏晋南北朝诗》，第849页。
⑩ 同上注。
⑪ 同上注。
⑫ 同上注。
⑬ 同上注。

能明白他的赤胆忠心。由此可知，刘琨并非不知自己面临的两难处境，而是在历史的紧要关头作出了大义凛然的选择，展现出百折不挠以期扭转乾坤的决心。《扶风歌》气势磅礴、风骨峻拔，与刘桢之"逸气"①"文最有气"② 颇为相似。然和刘桢气骨相较，刘琨又多了一股忧患悲情，如《重赠卢谌》结尾"功业未及建，夕阳忽西流。时哉不我与，去乎若云浮。朱实陨劲风，繁英落素秋。狭路倾华盖，骇驷摧双辀。何意百炼刚，化为绕指柔"③ 等句，展现的就是他壮志未酬、时不我与的悲伤情绪，英雄末路，无限凄凉！故而钟嵘说刘琨"其源出于王粲。善为凄戾之词"④，"善叙丧乱，多感恨之词"⑤。要之，刘琨诗歌满怀壮志，又壮中含悲，恰如刘熙载在《艺概·诗概》中所言："刘公幹、左太冲诗壮而不悲，王仲宣、潘安仁悲而不壮，兼悲壮者，其惟刘越石乎？"⑥

六朝诗人模拟刘桢之作更是多有所见，代表人物有谢灵运、鲍照、江淹等。谢灵运将刘桢经历及作品内容结合起来铺衍成篇，在其总题《拟魏太子邺中集八首》之下吟咏刘桢。诗前小序言简意赅："卓荦偏人，而文最有气，所得颇经奇"⑦，强调的是刘桢的性格特征和创作风格。开篇四句"贫居晏里闬，少小长东平。河兖当冲要，沦飘薄许京"⑧，概括了刘桢少时的经历和归曹的原因，其中"晏"字点明了刘桢安贫乐道的素心，只是由于其家乡战乱，他才被迫漂泊到许都。"广川无逆流，招纳厕群英。北渡黎阳津，南登纪郢城。既览古今事，颇识治乱情。欢友相解达，敷奏究平生"⑨ 八句，写他投曹后，随曹军南征北战，亲眼目睹了古今兴衰的变化及天下治乱的实情，从而渴望能够更好地施展自己的才华。接下来"朝荷明哲顾，知深觉命轻。朝游牛羊下，暮坐括楛鸣。终岁非一日，传卮弄新声。辰事既难谐，欢愿如今并"⑩ 八句，指的是刘桢终日参与曹丕组织的邺下贵游宴饮之事，与之前"敷奏究平生"的理想形

---

① 曹丕：《曹丕集校注》，第 110 页。
② 谢灵运、鲍照：《谢灵运鲍照集》，第 106 页。
③ 逯钦立辑校：《先秦汉魏晋南北朝诗》，第 852—853 页。
④ 钟嵘：《诗品集注（增订本）》，第 310 页。
⑤ 同上注。
⑥ 刘熙载撰：《艺概注稿》，第 252 页。
⑦ 谢灵运、鲍照：《谢灵运鲍照集》，第 106 页。
⑧ 同上注。
⑨ 同上书，第 106—107 页。
⑩ 同上书，第 107 页。

成强烈对比。结尾"唯羡肃肃翰,缤纷戾高冥"① 两句,吸收糅合了刘桢的《杂诗》"安得肃肃羽,从尔浮波澜"② 与《赠从弟》(其三)"凤凰集南岳,徘徊孤竹根。于心有不厌,奋翅凌紫氛"③ 的诗意,表达出希望摆脱俗务,奋翅凌云的高洁志向,也透露出对现实的不满和无奈。实际上,谢灵运正是借拟刘桢诗及其诗前小序,来抒发个人的主观感情。"灵运为性褊激,多愆礼度,朝廷唯以文义处之,不以应实相许"④,则他在个性和处境两方面都与刘桢高度相似。因此谢灵运在拟代刘桢的过程中渗透着自己怀才不遇、壮志难酬的悲愤。

鲍照的《学刘公干体五首》明言"学",则刘桢诗歌对他的影响显而易见。鲍照学刘桢诗歌形神兼备,尤其第三首:

> 胡风吹朔雪,千里度龙山。集君瑶台上,飞舞两楹前。兹晨自为美,当避艳阳天。艳阳桃李节,皎洁不成妍。⑤

黄节以为此诗从取喻到结体都拟自《赠从弟》(其三)。⑥ 全诗以北国皎洁的冬雪自喻。前四句叙述朔雪伴北风而来,度过龙山,汇集在君王琼瑶台上,飞舞于殿堂楹柱之间。朔雪不远千里从塞北大漠到帝王的殿堂之上,实际上正寄寓着作者的身世之感。鲍照家世贫寒,"飞舞两楹前"表达了他想要在上层社会找到一席之地,建功立业的愿望。然而这只是作者的一己之愿,后四句即笔锋一转,假想冬去春来,艳阳之下桃李竞放,冬雪就不得不回避躲让。桃李是奸佞小人的象征,桃李竞放喻小人当道,故而鲍照这样"才秀人微"⑦ 的寒士再无出头之日。诗歌通篇用比,与刘桢手法相似,陈祚明曰:"比体,一意回薄,固近公干。"⑧ 鲍照又与刘桢有着相似的性情,鲍诗"行之以逸气"⑨,与曹丕"公干有逸气"⑩ 之说并无二致。全诗沿袭了刘桢的构思,但又具有鲍照自

---

① 谢灵运、鲍照:《谢灵运鲍照集》,第 107 页。
② 俞绍初辑校:《建安七子集》,第 161 页。
③ 同上书,第 160 页。
④ 沈约撰:《宋书》,北京:中华书局,1974,第 1753 页。
⑤ 鲍照:《鲍照集校注》,第 335 页。
⑥ 《鲍参军集注》黄节补注:"公干《赠从弟诗》……明远此篇取喻及其结体,盖学之。"转引自《鲍照集校注》,第 337 页。
⑦ 钟嵘:《诗品集注(增订本)》,第 381 页。
⑧ 陈祚明评选:《采菽堂古诗选》,第 596 页。
⑨ 方东树:《昭昧詹言》,第 164 页。
⑩ 曹丕:《曹丕集校注》,第 110 页。

身的特征。清代王夫之将鲍诗与刘诗相比:"光响殊不似刘!刘俊,鲍本自俊,故鲍喜学之。然起二语思路远,遣句有神韵,固已敻绝。"① 张玉穀说:"起得突然,结得悠然。窃恐公幹诗,反未能佳妙若此。"② 方东树认为:"梁锺记室评公幹云:'仗气爱奇,动多振绝,但气过于辞,雕润恨少。'明远在锺前,而诗体仗气,极似公幹,特雕润过公幹矣。"③ 鲍照在接受与认同刘桢诗歌的同时,有继承更有创新,充满卓然异于流俗的风貌。

另一位南朝诗人江淹也有刘桢拟作,其《刘文学感遇》是《杂体诗三十首》中的一篇,明显受到刘桢诗歌内容风格的影响。前四句"苍苍山中桂,团团霜露色。霜露一何紧,桂枝生自直"④,对应的是刘桢之《赠从弟》(其二)"亭亭山上松,瑟瑟谷中风。风声一何盛,松枝一何劲。冰霜正惨凄,终岁常端正。岂不罹凝寒,松柏有本性"⑤。刘诗松柏意象取自《论语》"岁寒,然后知松柏之后凋也"⑥ 的典故,是坚强挺拔的象征,而江诗使用的桂树意象则与楚辞文学渊源深厚,内涵较为繁杂,在表现耐寒不凋方面不如松柏意象鲜明。刘诗两个"一何"连用,冲突激烈,再由松柏的刚劲发展到终岁的"端正",层层深入,而江诗虽然也写桂枝自直,但笔力难与刘桢媲美。随后江诗又转以南国的橘柚作比:"橘柚在南国,因君为羽翼。谬蒙圣主私,托身文墨职。丹彩既已过,敢不自雕饰"⑦,暗示自己全靠曹氏父子的提拔任用而得以立身,突出"感遇"主题。其中"敢不自雕饰"之语,过于质直。最后四句"华月照芳池,列坐金殿侧。微臣固受赐,鸿恩良未测"⑧,其思路源自刘桢的《公宴诗》。对读之后,不难发现江淹不及刘桢含蓄。刘桢的《公宴诗》重点放在园林美景上,没有一句对主人的奉承之语,而江淹诗中的感戴之情溢于言表,显得太过直露。

从多人拟作中,可见刘桢诗作为一种创作典范,在六朝已然树立起来。左思和刘琨的诗歌写作整体与他趋同,则体现出刘桢人格与诗艺的持久影响。

---

① 王夫之:《古诗评选》,第 221 页。
② 张玉穀:《古诗赏析》,第 411 页。
③ 方东树:《昭昧詹言》,第 185 页。
④ 江淹:《江文通集汇注》,第 141 页。
⑤ 俞绍初辑校:《建安七子集》,第 160 页。
⑥ 程树德撰:《论语集释》,程俊英、蒋见元点校,北京:中华书局,1990,第 623 页。
⑦ 江淹:《江文通集汇注》,第 141 页。
⑧ 同上注。

第三章 王粲、刘桢接受史

王粲与刘桢在建安七子中的核心地位是在后世逐步形成的，亦是本书立论的依据，故而从接受史的角度探讨二人的成就和贡献尤为必要。历代文人对二人的评价不一。对二人的接受，首先有赖于作品的流传，因此别集和作品的流传是本章首先考察的内容。再就诗歌而言，二人在建安七子中堪称翘楚，王、刘诗歌的接受过程，在历代汉魏诗歌选本中有不同的体现。王刘优劣论更是建安文学史上一大公案，历代文人争论不休。本章主要就以上几个方面，加以推阐。

一、别集、作品流传

王、刘著作繁多，《隋书·经籍志》不仅在集部中著录了二人别集，经部亦有王粲的《尚书释问》四卷及刘桢的《毛诗义问》十卷、史部和子部分别有王粲的《汉末英雄记》八卷、《去伐论集》三卷。由于这些著作多非文学类文章，与本书主要讨论王粲及刘桢文学作品流传情况的主旨相违，故下文将反映文学创作的别集作为代表，其他著作暂付阙如。

（一）魏晋至元代：流传与散佚

在二人归曹前，其作品已在传播，如曹植在《与杨德祖书》中称："昔仲宣独步于汉南……公幹振藻于海隅"[1]，杨脩在《答临菑侯笺》中亦谓："若仲宣之擅汉表……徐、刘之显青、豫"[2]。归曹后，二人同属邺下文人集团，从王

---

[1] 曹植：《曹植集校注》，第226页。
[2] 严可均辑：《全上古三代秦汉三国六朝文：全后汉文》，第757页下。

粲与曹植、刘桢与徐幹赠答诗〔(王粲的《杂诗》(其一)与曹植的《赠王粲》；刘桢的《赠徐幹诗》《又赠徐幹诗》与徐幹的《答刘桢诗》为赠答诗作)〕及诸多同题之作来看，二人作品亦为当时文人所接受。建安二十四年(219)，曹丕曾为包括王粲、刘桢在内的"诸子"编订文集："顷撰其遗文，都为一集"①。文集的编撰对二人作品的传播具有重要意义。

《魏志·王粲传》称粲"著诗、赋、论、议垂六十篇"②、桢"著文赋数十篇"③。《隋书·经籍志》"集部"著录："《王粲集》十一卷"④，"《刘桢集》四卷"，下注："《录》一卷"⑤，可知二人作品在六朝保存情况。六朝时期，二人作品流传较广。萧绎在《金楼子·捷对篇》中云："宋武帝登霸陵，乃眺西京，使傅亮等各咏古诗名句，亮诵王仲宣诗曰：'南登霸陵岸，回首望长安。'"⑥此谓傅亮登霸陵而诵王粲诗，与史传记载不甚相符。《晋书·文苑·郭澄之传》曰："郭澄之字仲静……从裕北伐，既克长安，裕意更欲西伐，集僚属议之，多不同。次问澄之，澄之不答，西向诵王粲诗曰：'南登霸陵岸，回首望长安。'裕便意定，谓澄之曰：'当与卿共登霸陵岸耳。'因还。"⑦又《南史·谢晦传》也有类似记载："武帝闻咸阳沦没，欲复北伐，晦谏以士马疲怠，乃止。于是登城北望，慨然不悦，乃命群僚诵诗，晦咏王粲诗曰：'南登霸陵岸，悟彼下泉人，喟然伤心肝。'帝流涕不自胜。"⑧在宋武帝刘裕面前吟咏王粲的《七哀诗》之人究竟是傅亮，还是郭澄之，抑或是谢晦，以上三段史料所记互有出入，难以定论。但这恰好说明王粲诗在六朝流传颇广。不仅诗歌，王粲赋作在当时亦为人所熟知，《宋书·王华传》称："华每闲居讽咏，常诵王粲《登楼赋》曰：'冀王道之一平，假高衢而骋力。'出入逢羡之等，每切齿愤咤，叹曰：'当见太平时不？'"⑨《宋书·礼志》为阐明临水祓禊的时节除春日外，抑或在秋季，尝引刘桢的《鲁都赋》曰："素秋二七，天汉指隅，人胥被除，国

---

① 曹丕：《曹丕集校注》，第110页。
② 陈寿撰：《三国志》，第599页。
③ 同上书，第601页。
④ 魏征等撰：《隋书》，北京：中华书局，1973，第1059页。
⑤ 同上书，第1058页。
⑥ 萧绎：《金楼子校笺》，许逸民校笺，北京：中华书局，2011，第1115页。
⑦ 房玄龄等撰：《晋书》，第2406页。
⑧ 李延寿撰：《南史》，北京：中华书局，1975，第522页。
⑨ 沈约撰：《宋书》，第1677页。

子水嬉。"①

六朝时期，二人名声及作品不仅在南地广为流传，甚至远播北土。郦道元在《水经注》卷十六"榖水"一节"又东过河南县北，东南入于洛"注文中提到"刘桢磨石处"，并引《文士传》载"刘桢平视甄氏"故事，特别凸显了桢之文才："太祖曰：'此非刘桢也，石如何性？'桢曰：'石出荆山玄岩之下，外炳五色之章，内秉坚贞之志，雕之不增文，磨之不加莹，禀气贞正，禀性自然。'太祖曰：'名岂虚哉？'复为文学。"② 同书卷十九"渭水"一节"又东过霸陵县北，霸水从县西北流注之"注文引用王粲的《七哀诗》："南登霸陵岸，回首望长安"。③ 又《颜氏家训·勉学篇》云："吾初入邺，与博陵崔文彦交游，尝说《王粲集》中难郑玄《尚书》事。崔转为诸儒道之，始将发口，悬见排蹙，云：'文集只有诗赋铭诔，岂当论经书事乎？且先儒之中，未闻有王粲也。'崔笑而退，竟不以《粲集》示之。"④ 尽管崔文彦终究未以《王粲集》示众，然可见其曾在北朝流传。

《旧唐书·经籍志》与《新唐书·艺文志》皆著录《王粲集》十卷，《刘桢集》二卷。《王粲集》较《隋志》少一卷，俞绍初先生认为原因在于"《北堂书钞》一〇四引《王粲集序》云：'粲善属文，举笔便成。'是隋本《粲集》尚有序一篇，盖序与目合一卷，至唐时亡去，故由十一卷而为十卷。"⑤ 俞说有理。《刘桢集》比《隋志》亦少二卷，盖因唐代亡佚之故。南宋《通志·艺文略》载："侍中《王粲集》，十一卷"⑥、"太子文学《刘桢集》，四卷"⑦，然《通志》既记现存的著作，亦记历代散佚之作，非作者亲见是集，故不足为据。南宋初，晁公武的《郡斋读书志》于此二人之作仅著录《王粲集》，其曰："后汉王粲仲宣也……今集有八十一首。按《唐艺文志》粲集十卷，今亡两卷，其诗文返多于史所纪二十馀篇。"⑧ 对此，俞绍初以为："北朝本及唐本《粲集》皆载有《尚书问》二卷，至宋代始从本集中析出，《粲集》由唐之十卷本而成八卷本，

---

① 沈约撰：《宋书》，第386页。
② 郦道元：《水经注校证》，陈桥驿校证，北京：中华书局，2013，第377页。
③ 同上书，第437页。
④ 颜之推：《颜氏家训集解》，王利器撰，北京：中华书局，2014，第173—174页。
⑤ 俞绍初辑校：《建安七子集》，第273页。
⑥ 郑樵撰：《通志二十略》，王树民点校，北京：中华书局，1995，第1738页。
⑦ 同上注。
⑧ 晁公武撰：《郡斋读书志校证》，孙猛校证，上海：上海古籍出版社，2011，第812页。

故晁氏有'今亡两卷'云。又其馀八卷，疑亦非隋、唐之旧。……王粲诗文在唐、宋间已多散佚，宋本八卷当是捃摭残滕辑而为集。"① 这八卷本少于《两唐书》所录卷数，而篇目却增多二十余，若无伪作，当是宋初人从《北堂书钞》《艺文类聚》《初学记》等唐代类书及当时其他文学文献中辑佚整理而来，可见粲集在流传过程中的影响力。

稍后，南宋四大诗人之一的尤袤编有《遂初堂书目》，其中亦著录《王粲集》与《刘公幹集》，惜皆未云卷数。至南宋晚期，陈振孙的《直斋书录解题》卷十六著录《陈孔璋集》十卷，并按曰："今诸家诗文散见于《文选》及诸类书。其以集传者，仲宣、子建、孔璋三人而已。余家亦未有《仲宣集》。"② 陈氏既云王粲诗文在当时仍"以集传"，则宋本粲集至南宋末应尚存；而桢集却不见载，大约为南宋中后期散佚。粲集之佚，疑在宋末元初。其时大规模战乱与兵燹的破坏，可能造成了粲集的散佚。元代马端临在《文献通考·经籍考》中仍载《王粲集》八卷，然此抄录晁氏的《郡斋读书志》，不足信。虽然别集先后亡佚，但王粲、刘桢二人作品的流传并未中断，明以后辑者众多。

（二）明清：辑佚与重编

明代张燮辑《王侍中集》三卷，附录一卷，收入《七十二家集》③。卷首有张燮的《王侍中集引》，结合王粲生平与所处时代，发表自己对于王粲其人其文的三点看法。首论王粲在仕途上深为曹操所重："仲宣早见重于中郎，其家书籍尽以与之。厥后受知时宰，殆其衣钵之遗焉。建安诸子都以文采见收，不当事任，独仲宣参预谋议，朝夕左右，以备质疑，当涂大典制皆出其手，此岂应、刘、陈、阮所可比肩哉！"④ 次言王粲善于处理与曹氏父子之关系："魏武多猜，而仲宣婉变神姿，永消嫌贰。当五官将及临菑时，诸贤多构异同，乃仲宣耦俱缔好，意无私戴，彼盖精于弈者，当局商榷，制胜随缘，白黑主人各各尽欢而

---

① 俞绍初辑校：《建安七子集》，第273—274页。
② 陈振孙撰：《直斋书录解题》，徐小蛮、顾美华点校，上海：上海古籍出版社，2015，第462页。
③ 张燮辑：《七十二家集·王侍中集》，载翟金明主编《集部辑佚文献汇编》第16册，北京：国家图书馆出版社，2018年影印本。
④ 同上书，第119—120页。

散。迨其没也，子建为构诔，而子桓令送葬皆作驴鸣，此善处人骨肉间者之效也。"① 再及王粲作足"独步汉南"，突出其文学成就："仲宣文凡十卷，今存仅如许，故足'独步汉南'。"②

《集引》之后录《王侍中集目录》，再次为正文。正文首卷卷端自右向左分两行依次竖题："魏山阳王粲仲宣著""明闽漳张燮绍和纂"③。文体排列顺序上，是集首列赋，次列诗，后列文。诗与文下又分细目，共辑有王粲"赋"二十二篇、"乐府"一篇四首、"诗"十一篇十九首、"书"二篇、"檄"一篇、"七"一篇、"记"一篇、"论"五篇、"连珠"一篇四首、"颂"二篇四首、"赞"二篇、"铭"四篇、"祭文"一篇，共五十三篇七十首。其中《灵寿杖颂》仅存目，实五十二篇六十九首。篇内多附前人注解。附录载于篇后，所辑王粲资料有裴注《魏志·王粲传》一则、曹植的《王仲宣诔》《赠王粲》《又赠丁仪王粲》三篇、明代王志远的《仲宣楼》一首，旨在介绍王粲其人；《遗事》六则，分别录自《魏志·杜袭传》《异苑》《世说新语》《博物记》《颜氏家训》《一统志》，旨在介绍王粲其事；《集评》十三则，录自曹丕、萧绎、沈约、挚虞、锺嵘、刘勰、皎然、罗大经、杨慎等，反映历代评论家对王粲作品的评价。收辑颇为全面。

张燮的《王侍中集》从群书中广泛搜集王粲各种著作，汇为一编，在明清两代辑佚重编王粲作品方面有首创之功。《王侍中集》为张燮编入所辑"魏"七家之一（七家：曹操、曹丕、曹植、王粲、陈琳、阮籍、嵇康），在福建刊刻面世。张燮在《寄张梦泽》中称："《七十二家集》，在吴刻北朝及陈、隋；在闽刻周、汉、魏。"④《中国古籍善本书目》著录为"明天启崇祯间刻本"⑤，国家图书馆有藏，《续修四库全书》"集部总集类"据以影印。然张燮所辑"魏"之七家未及刘桢，且此集传播不广，影响有限。

与张燮约略同时，明杨德周辑《汇刻建安七子集》，其中收入《王仲宣集》四卷、《刘公幹集》二卷⑥。上海图书馆所藏善本前有《汇刻建安七子集序》，

---

① 张燮辑：《七十二家集：王侍中集》，载《集部辑佚文献汇编》第16册，第120—121页。
② 同上书，第121—122页。
③ 同上书，第133页。
④ 张燮撰：《群玉楼集》，北京：中华书局，2015，第1192页。
⑤ 中国古籍善本书目编辑委员会编：《中国古籍善本书目：集部》，上海：上海古籍出版社，1998，第1350页。
⑥ 本书引杨德周辑：《汇刻建安七子集：王仲宣集》及《汇刻建安七子集：刘公幹集》，据明崇祯十一年刻本。

落款题："崇祯戊寅仲夏四明苇菴居士陈朝辅燮五父撰"。"崇祯戊寅"为崇祯十一年（1638）。该本当刻于崇祯十一年（1638）或之后，《中国古籍善本书目》著录为："明崇祯十一年陈朝辅刻本"①，较为准确。《王仲宣集》正文首卷卷端上题："山阳王粲仲宣著"，下题"四明"之后分两行，依次竖题："杨德周齐庄辑定""陈朝辅燮五增订"。是集首录赋，次录诗，再次为文。诗与文下亦分细目，收赋二十二首、诗二十二首、歌四首、颂二首、赞二首、铭二首、记一首、论六首、书一首、论文二首，共六十四首。诗中有两首重出：《从军诗》之五（"悠悠涉荒路"）重出为《清河诗》之一，《杂诗》之二（"列车息众驾"）重出为《清河诗》之二。又南朝江淹《杂体诗·王侍中粲怀德》亦录此书之中，以为王粲所作，不免失当。故是集收粲诗实有十九首。《刘公幹集》正文首卷卷端上题："东平刘桢公幹著"，下题"四明"之后亦分两行，依次竖题："杨德周齐庄辑定""陈朝辅燮五增订"。其文体编排同《王仲宣集》，收刘桢赋五首、诗十四首、碑一首。诗中《感遇》乃为江淹之《杂体诗·刘文学桢感怀》，故实收桢诗共十三首。《续修四库全书总目·丛书部》"类丛类"评论此书云："明人辑佚之业，率骋己见，但恐搜辑未广，抉择未精耳"②，其说颇中肯綮。

稍后张溥以张燮的《七十二家集》为根柢而加以删补，汇成《汉魏六朝百三名家集》，其中录有《王侍中集》与《刘公幹集》③。《汉魏六朝百三名家集》为《四库全书》所本，《四库全书总目》云："自冯惟讷辑《诗纪》，而汉魏六朝之诗汇于一编；自梅鼎祚辑《文纪》，而汉魏六朝之文汇于一编；自张燮辑《七十二家集》，而汉魏六朝之遗集汇于一编。溥以张氏书为根柢，而取冯氏、梅氏书中其人著作稍多者，排比而附益之，以成是集。"④

《王侍中集》与《刘公幹集》皆首录张溥题辞，次及目录，再次为正文，卷末附录《本传》。《王侍中集》卷首题辞云：

> 袁显思兄弟争国，王仲宣为刘荆州遗书苦谏，今读其文，非独词章纵横，其言诚仁人也。昔颍考叔一言能感郑庄，使母子如初。仲宣二

---

① 中国古籍善本书目编辑委员会编：《中国古籍善本书目：集部》，第1360页。
② 吴格、睢数整理：《续修四库全书总目：丛书部》，北京：国家图书馆出版社，2010，第134页。
③ 张溥辑：《汉魏六朝百三名家集：王侍中集》及《汉魏六朝百三名家集：刘公幹集》，南京：江苏古籍出版社，2002年影印本。
④ 纪昀、陆锡熊、孙士毅等：《钦定四库全书总目（整理本）》，第2654页。

书，疾呼泣血，无救阋墙。袁氏将丧，顽子执兵，即苏、张复生何益哉。子桓、子建交怨若仇，仲宣婉娈其间，耦俱无猜。身没之后，太子临丧，陈思作诔，素旗表德，颂言不忘。彼固善处人骨肉，亦繇其天性宿深，长于感激，不但和光宴咏，为两公子楼护也。孟德阴贼，喜杀贤士，仲宣《咏史》，托讽黄鸟，披文下涕，几秦风矣。高平上胄，世为汉公，遭时流离，依徙荆许。以七哀之悲，为显庙之颂，择木而穷，雅诽见志。世谓其诗出李陵，今观书命，亦相近也。①

由此可知：其一，张溥知人论世，指出王粲同为丕、植兄弟信任重用，不仅是因善处人骨肉，更是"天性宿深，长于感激"，即德行深厚所致。这与张燮将王粲在丕、植兄弟的权利斗争中"耦俱缔好"仅归因于"精于弈"有所不同；其二，他指出王粲"高平上胄，世为汉公"的家世，然而面对时事变迁，不得不"依徙荆许"，字里行间寄予了自己深深的同情；其三，张溥认为王粲归顺曹操实属"择木而穷"的无奈之举，其《咏史诗》（其一）是讽刺指责曹操之作，这也与张燮"受知时宰""永消嫌贰"的判断不尽相同；其四，张溥指出王粲诗、文同源，皆出李陵"凄怆"之风。

张溥的《刘公幹集》卷首论刘桢生平与创作：

> 鲁国孔文举、广陵陈孔璋、山阳王仲宣、北海徐伟长、陈留阮元瑜、汝南应德琏、东平刘公幹，魏文帝所称文人七子也。文帝云：'刘桢章表书记，壮而不密。'又称：'其五言诗，妙绝当时。'今公幹书记，传者甚少，知其物化以后，遗失多矣。集诗大悉五言，《诗品》亦云：'其诗出古诗，思王而下，桢称独步。'岂缘本魏文为之申誉乎？近日诗选，痛贬建安，亦度已迹削他人足耳。未若南皮觞酌，公宴赠答，当时得失，相知者深也。刘公幹《赠五官中郎将》诗，有云：'昔我从元后，整驾至南乡。过彼丰沛都，与君共翱翔。'王仲宣《从军诗》亦云：'筹策运帷幄，一由我圣君。'严沧浪黜之，谓元后圣君并指曹操，心敢无汉，大义批引，二子固当叩头伏罪。然诗颂铺张，词每过实，文人之

---

① 张溥辑：《王侍中集》，载《汉魏六朝百三名家集》第2册，第117页。

言,岂必尽由中情哉。公幹平视甄夫人,操收治罪,文帝独不见怒。死后致思,悲伤绝弦,中心好之,弗闻其过也。其知公幹,诚犹锺期伯牙云。①

他首先指出曹丕列刘桢为"七子"之一;再说其诗文在后代评价颇高,源自"相知者"曹丕率先"为之申誉";又为刘桢的《赠五官中郎将》中"元后"之称辩护,比曹丕与刘桢为"锺期伯牙"。

张溥的《王侍中集》正文首卷卷端上题:"王侍中集卷全"②,下题分两行,依次为:"魏山阳王粲仲宣著""明太仓张溥天如阅"③。在编撰体例上,张溥因袭张燮而又有所调整,首赋,次文,次诗。"文"中"颂"类不再单列,将《太庙颂》三首归入"乐府",去掉了《灵寿杖颂》。又增加论三篇(《安身论》《务本论略》《儒吏论略》)、铭一篇(《钟簴铭》),所收共计五十六篇七十三首。其无《灵寿杖颂》,盖因张燮本仅有存目而无正文,故张溥径直删去。又《务本论略》《儒吏论略》分别为《务本论》与《儒吏论》之佚文,当合计之。《安身论》与《钟簴铭》作者存疑,今且从张溥。则《王侍中集》实收粲作五十四篇七十一首,比张燮本及杨德周本皆有所增益。张溥的《刘公幹集》正文首卷卷端上题:"魏刘公幹集卷全"④,下题分两行:"魏东平刘桢著""明太仓张溥阅"⑤。收赋五篇,书四篇,碑一篇,诗十四首,较之杨德周的《刘公幹集》亦更为全面。

两集各附作家《本传》一篇,资料价值不甚丰富。尤其张燮本《王侍中集》原附王粲遗事、集评等,便于后世读者集中阅读。而张溥本则未收录大部分相关材料,使读者无迹可寻。但张溥本的影响力却远超张燮本,这一点从《百三家集》在后世的刊刻情况中即可看出。《百三家集》版本较多,有明娄东张氏刻本,清光绪三年(1877)滇南唐氏寿考堂刻本,清光绪五年(1879)彭懋谦信述堂刻本,清光绪十八年(1892)善化章经济堂刻本、长沙谢氏翰墨山

---

① 张溥辑:《刘公幹集》,载《汉魏六朝百三名家集》第2册,第155页。
② 张溥辑:《王侍中集》,同上书,第120页。
③ 同上注。
④ 张溥辑:《刘公幹集》,载《汉魏六朝百三名家集》第2册,第157页。
⑤ 同上注。

房刻本，清抄本等①。对此，傅增湘推测了其中原因："自天如（张溥）之本盛行，而绍和（张燮）所辑乃无人称道之，收藏家至有不能举其名者。意其僻处海滨，声闻阒寂，缙版虽行，传播未广，不若天如之领袖文坛、广通声气，其著述可不胫而走也。"②

又有明叶绍泰辑《增定汉魏六朝别解》六十二卷，卷五十二收《王侍中集》③，与《陈记室集》《阮元瑜集》《应休琏集》合订（首为《陈集》、次为《王集》、再次为《阮集》、末为《应集》）。据《中国古籍总目·丛书部》，有明崇祯间采隐山居刻本，藏中科院、中山大学④。叶绍泰选录王粲的《为刘荆州与袁谭书》《为刘荆州与袁尚书》《儒吏论》《三辅论》共四篇作品，并逐一进行圈点及评论。吴格、眭骏在《续修四库全书总目·丛书部》中评曰，"是书采辑未如《汉魏六朝百三家集》之精审，其旨又非辑存古书如《汉魏丛书》之流，盖评选古文，为蒙拾帖括之用"⑤，指出了此书的编选目的。至于刘桢，是书未录。

清杨逢辰辑《建安七子集》七卷，卷三为《王仲宣集》，卷七为《刘公干集》，有清光绪十六年（1890）长沙杨氏坦园刻本⑥。是书效仿张溥的《百三名家集》体例，于《王仲宣集》正文首卷卷端上题："汉山阳王粲著"，下题"长沙杨逢辰辑"。文体分类及篇目内容与张溥本大致相同，不同之处有两点：一是比张溥本多出"句"类，辑残句若干；二是多收江淹的《怀德诗》。《刘公干集》正文首卷卷端上题："汉东平刘桢著"，下题"长沙杨逢辰辑"。所收内容与张溥本没有较大差异，亦增加了"句"类，录刘桢残句；又《感遇诗》乃为江淹所作，题为刘桢。《建安七子集》所收两人别集在内容上超出了张溥本，惜其编录未为精核。

近人丁福保辑《汉魏六朝名家集初刻》收《王仲宣集》三卷、《刘公干集》

---

① 中国古籍总目编纂委员会编：《中国古籍总目：集部》，北京：中华书局，2012，第2780页。
② 傅增湘：《双鉴楼藏书续记》，台北：广文书局，第1969页。
③ 叶绍泰：《增定汉魏六朝别解：王仲宣集》，载翟金明主编《集部辑佚文献汇编》第16册。
④ 中国古籍总目编纂委员会编：《中国古籍总目：丛书部》，北京、上海：中华书局、上海古籍出版社联合发行，2009，第231页。
⑤ 吴格、眭骏整理：《续修四库全书总目：丛书部》，第219页。
⑥ 本书引杨逢辰辑《建安七子集：王仲宣集》及《建安七子集：刘公干集》，据清光绪十六年长沙杨氏坦园刻本。

一卷,有清宣统三年(1911)上海文明书局铅印本,藏国家图书馆、上海图书馆①。《王仲宣集》录赋二十五篇、文二十一篇、诗二十六首;《刘公幹集》收赋六篇,文四篇,诗十四首(目录十三首,漏编《赠徐幹诗》)。其所收《王仲宣集》及《刘公幹集》赋与文的篇目、次序、内容及出处均与严可均的《全后汉文》辑录相同:《王仲宣集》卷一与《全后汉文》卷九十、卷二与《全后汉文》卷九十一所辑王粲赋与文完全相同;《刘公幹集》赋、文与《全后汉文》卷六十五"刘桢"完全相同。而二人别集中的诗歌则与张溥的《汉魏六朝百三名家集》本大体相同,且均不注出处。不同之处仅在于张溥本《王仲宣集》将《太庙颂》三首及《俞儿舞歌》四首单列为"乐府"类并排在"诗"类前,而丁福保将其归入"诗"类,且列在其他诗歌之后。可见,丁福保的《王仲宣集》与《刘公幹集》实乃汇集严可均的《全后汉文》与张溥的《汉魏六朝百三名家集》而成。

明清两代复古之风兴盛,不少人将目光移至汉魏六朝。王粲、刘桢作为建安七子的代表,便受到相应的重视。加之明清两代出版业发达,《艺文类聚》《初学记》《太平御览》《文苑英华》等类书的刊行,为二人别集的重新整理编撰带来了很大的便利。明、清人重新编订的《王侍中集》(《王仲宣集》)、《刘公幹集》的传播和流通,扩大了二人作品在普通读者间的影响力;而粲集与桢集在明清两代散而又聚,又可见二人作品本身的魅力。

二、历代文学选本收录

除了研究王粲、刘桢别集的流传以外,考察二人作品在历代总集中的收录情况,也不失为一种认识二人接受史的可靠方式。就编辑方法而言,总集可以分为全集与选集两类。《四库全书总目》卷一百八十六《集部·总集类一》曰:"文集日兴,散无统纪,于是总集作焉。一则网罗放佚,使零章残什并有所归;一则删汰繁芜,使菁秕咸除,菁华毕出。是固文章之衡鉴,著作之渊薮矣。"②

---

① 丁福保辑:《汉魏六朝名家集初刻:王仲宣集》及《汉魏六朝名家集初刻:刘公幹集》,载翟金明主编《集部辑佚文献汇编》第16、17册。
② 纪昀、陆锡熊、孙士毅等:《钦定四库全书总目(整理本)》,第2598页。

四库馆臣分文学总集为两类：一类是"网罗放佚"，即重在辑录求全，搜集网罗不遗余力，不以某种特定的文学标准作为收录的依据。郭茂倩的《乐府诗集》、冯惟讷的《古诗纪》、张之象的《古诗类苑》、臧懋循的《古诗所》、严可均的《全上古三代秦汉三国六朝文》等，皆是力求完备之作，属于此类总集。如《四库全书总目》称《古诗纪》云："上薄古初，下迄六代，有韵之作，无不兼收，溯诗家之渊源者，不能外是书而别求。固亦采珠之沧海，伐木之邓林也。"[①] 可见，该诗歌总集的编撰无特定的文学取舍标准，凡六代之前的诗歌皆收之。另一类总集则是"删汰繁芜"，即重在芟剪繁芜、荟萃精华，而不求全贪多。例如萧统的《昭明文选》，徐陵的《玉台新咏》，何汶的《竹庄诗话》，锺惺、谭元春的《古诗归》等。本节的研究重点在于王粲、刘桢二人作品在后代文学选本中的收录情况，借以窥见历代文士对二人作品的看法，而第一种类型的总集旨在"网罗放佚"，因此应当被排除在研究范围之外。本书将重点关注第二种类型的总集，即总集中的选集。

就诗歌而言，王粲、刘桢在建安七子中堪称翘楚，故此处以诗歌为主要观照对象进行分析。现对历史上具有代表性和影响力的收录有汉魏诗歌的常见选集加以排比，共采集了13种文献（详见表3）。其中六朝选本1种，宋代选本3种，明人选本4种，清人选本5种，各时代重要的汉魏诗歌文献基本涵盖，少数专门性甚强或情况特殊的则尚未统计。比如从隋至清历代的《文选》研究著作约有几十种，其中包括若干对《文选》的再遴选，较重要的有元代刘履的《选诗补注》、明代邹思明的《文选尤》、清代吴淇的《六朝选诗定论》等。这些选本都是以《文选》为基础再次纂辑，则不再计入本书的统计范围。

表3-1 历代文学选本收录王粲、刘桢诗歌情况统计

选本名称	编　　者	王粲	刘桢	曹操	曹丕	曹植
昭明文选	萧统等	13	10	2	5	31
古文苑	王厚之辑，章樵注	6	0	0	0	1
竹庄诗话	何汶	2	1	0	2	15
文章正宗	真德秀	1	3	1	3	19

[①] 纪昀、陆锡熊、孙士毅等：《钦定四库全书总目（整理本）》，第2644页。

续表

选本名称	编者	王粲	刘桢	曹操	曹丕	曹植
古今诗删	李攀龙	7	3	0	6	11
古诗解	唐汝谔	3	4	0	4	21
古诗归	锺惺、谭元春	1	0	8	7	10
古诗镜	陆时雍	8	7	5	14	35
采菽堂古诗选	陈祚明	19	11	19	32	79
古诗评选	王夫之	3	6	0	11	4
五言古诗选	王士祯	3	0	3	2	26
古诗源	沈德潜	4	3	8	6	25
古诗赏析	张玉穀	1	3	9	7	13
总　计		71	51	55	101	290

注：因王粲、刘桢都未有乐府入选以上文学选本，故而三曹入选乐府如单独归入"乐府类"，则不计入本表格统计范围。

表3-2　王粲具体作品在历代文学选本中的收录情况

	入选篇目	赠蔡子笃	赠士孙文始	赠文叔良	思亲诗	公宴诗	咏史诗(其一)	七哀诗 一	七哀诗 二	七哀诗 三	从军诗 一	从军诗 二	从军诗 三	从军诗 四	从军诗 五	杂诗(其一)	杂诗四首
昭明文选	13	●	●	●		●	●	●	●		●	●	●	●	●	●	
古文苑	6				●					●							●
竹庄诗话	2							√	√								
文章正宗	1							●									
古今诗删	7					●	●				●		●		●		
古诗解	3						√	√								√	
古诗归	1												√				
古诗镜	8	√	√	√	●	√	√									√	
采菽堂古诗选	19	√	√	√	√	√	√	√	√	√	√	√	√	√	√	√	√
古诗评选	3				√			√								√	
五言古诗选	3						●	●		●							
古诗源	4	√						√	●	●							
古诗赏析	1							√									
总　计		4	3	4	3	4	6	11	5	4	3	2	3	3	3	5	2

注：●表示仅为选家收录，无注释、评论；√表示收录且有注释或评论

表3-3 刘桢具体作品在历代文学选本中的收录情况

	入选总数	赠徐幹诗	公宴诗	赠从弟			赠五官中郎将				杂诗	射鸢
				一	二	三	一	二	三	四		
昭明文选	10	●	●	●	●	●	●	●	●	●	●	
古文苑	0											
竹庄诗话	1	√										
文章正宗	3				●	●					●	
古今诗删	3		●				●		●			
古诗解	4			√	√	√					√	
古诗归	0											
古诗镜	7	√	√	√	√			√		√	√	
采菽堂古诗选	11	√	√	√	√	√	√	√	√	√		√
古诗评选	6	√	√	√				√		√	√	
五言古诗选	0											
古诗源	3			√	√							
古诗赏析	3			√	√	√						
总 计		5	5	6	7	5	3	5	3	5	5	1

注：●表示仅为选家收录，无注释、评论；√表示收录且有注释或评论

（一）魏晋南北朝：选录口径的初步成型

六朝文学选本大多都已散佚或残缺不全，今惟有《昭明文选》及《玉台新咏》得以完整保存。《昭明文选》由梁武帝长子萧统组织文士编选，成书于梁武帝普通七年（526）至大通三年（531）之间。"远自周室，迄于圣代，都为三十卷"①，共收录周代至六朝梁以前共130余位作家700余首作品。是书于建安选录6位诗人之诗62首，就数量而言，以曹植居首（31首），其次是王粲（13首）、刘桢（10首），再次是曹丕（5首）、曹操（2首）、应玚（1首）。由此可见，在《文选》编者看来，王粲、刘桢的重要性虽不及曹植，但已属于必须论列的对象。至少是把王、刘二人之诗看作仅次于曹植诗歌的作品，其成就远在

---

① 萧统：《文选序》，载萧统编《文选》，第3页。

曹操、曹丕之上。《文选》将诗分为23类，王粲共占6类13首：《公宴诗》（公宴类）；《咏史诗》（咏史类）；《七哀诗》二首（哀伤类）；《赠蔡子笃》《赠士孙文始》《赠文叔良》（赠答类）；《从军诗》五首（军戎类）；《杂诗》（杂诗类）。刘桢共占3类10首：《公宴诗》（公宴类）；《赠五官中郎将》四首、《赠徐幹诗》《赠从弟》三首（赠答类）；《杂诗》（杂诗类）。王粲诗所包含的内容范围明显较刘桢诗更广阔，《文选》在多类别中都选入了王粲诗歌，较为全面地反映了王粲诗歌所包含的各类内容，为后世完整把握王粲诗的情况建立了一个大体的框架。萧统在《文选序》中自述选录标准为"事出于沉思，义归乎翰藻"①，要求文质并重，内容与形式俱佳。二人入选诗歌都是情文并茂之作，十分符合萧统"文质彬彬"的儒家文学观念。《文选》第一次以选本的方式给王、刘二人以历史的定位，反映出六朝人对其作品的接受和认可。且《文选》在后代久盛不衰，对二人诗歌的传播极有裨益。其收录的篇目后来多成为二人的佳作名篇，如王粲之《七哀诗》《从军诗》《咏史诗》；刘桢之《赠徐幹诗》《赠从弟》及《杂诗》等。王粲、刘桢别集在唐、宋间曾一度失传，《文选》在保存二人诗歌方面也发挥了重要作用。

南朝徐陵的《玉台新咏》"撰录艳歌，凡为十卷"②，汇集两汉魏晋南北朝古诗、乐府，收112人之690首诗。入选建安诗人为陈琳1首、徐幹7首、繁钦1首、曹丕2首、甄后1首、刘勋妻王宋2首、曹植9首。明代胡应麟在《诗薮·外编》卷二中云："《玉台》但辑闺房一体"③，"《玉台》所集，于汉、魏、六朝无所诠择，凡言情则录之。"④ 其言未必尽妥，但其所选之建安诗，确多为离别相思、追求爱情、弃妇幽居之作，多与女性、情爱有关。王、刘二人均未入选，亦合情理。

（二）宋代：补阙与道学

现存唐宋人编选的涉及汉魏诗歌的文学选本主要有唐代的《文馆词林》及

---

① 萧统：《文选序》，载萧统编《文选》，第3页。
② 徐陵《玉台新咏序》，载徐陵编《玉台新咏笺注》，吴兆宜注，程琰删补，穆克宏点校，北京：中华书局，1985，第13页。
③ 胡应麟：《诗薮》，第146页。
④ 同上书，第156页。

宋代的《古文苑》《竹庄诗话》《文章正宗》等。唐代著名的中古文学选本《文馆词林》为许敬宗等人编撰，成书于唐高宗显庆三年（658）。该书原一千卷，分类收录先秦至唐初各体诗文，惜原书已佚。日本古典研究会于昭和四十四年（1969）出版的《影弘仁本〈文馆词林〉》辑得三十卷，共载诗文432篇。辑本中无王粲、刘桢诗，因文献散佚，不能完整呈现二人作品的收录情况，故无法讨论。有唐一代情形，遂亦难窥其详。

南宋初期金石学家王厚之辑录《古文苑》，成书于绍兴二十一年（1151）至绍兴三十一年（1161）①，录先秦至齐梁约1300年间之作家85人，作品264篇。章樵注本《古文苑》共二十一卷，建安之诗仅见于卷八，亦仅选王粲6首、曹植1首、孔融7首。章樵在《古文苑》序中曰："《古文苑》者，唐人所编史传所不载、《文选》所不录之文也。"②《四库全书总目》亦称："所录诗赋杂文，自东周迄于南齐，凡二百六十余首，皆史传、文选所不载。"③《古文苑》着力辑佚史传不载、《文选》不录之作，此即该书最主要的选录标准。王粲的《七哀诗》（其三），目前最早见于《古文苑》；其《思亲为潘文则作》，虽亦见于唐代类书《艺文类聚》与《初学记》，但两类书所载之内容远不如《古文苑》完整、连贯，故《古文苑》在保存和传播粲作方面发挥了重要作用。正如《四库全书总目》所言："然唐以前散佚之文，间赖是书以传"④。至于刘桢之诗，是书未录。

何汶的《竹庄诗话》成书于南宋开禧二年（1206），二十四卷，"名为诗评，实如总集"⑤，录两汉、六代、唐至南宋初200余位诗人，800余首诗歌。卷二录两汉之作，其中于建安选曹丕2首、曹植15首、王粲2首、刘桢1首。编排方式上，是书诗话与选诗相互印证："遍搜古今诗评杂录，列其说于前，而以全首附于后，乃诗话之中绝佳者。"⑥《竹庄诗话》卷二载录钟嵘的《诗品》评王粲："其源出于李陵。发愀怆之辞，文秀而质羸。在曹、刘间别构一体。方陈思

---

① 按：取王晓鹃《〈古文苑〉论稿》观点，北京：人民出版社，2010，第3页。
② 王厚之辑：《古文苑》，章樵注，第1册。
③ 纪昀、陆锡熊、孙士毅等：《钦定四库全书总目（整理本）》，第2607页。
④ 同上书，第2608页。
⑤ 同上书，第2752页。
⑥ 钱曾撰：《钱遵王读书敏求记校证》，管庭芬、章钰校证，北京：中华书局，1990，第227页。

不足，比魏文有馀。"① 其后附王粲的《七哀诗》（其一、其二）。再征引《诗品》评价刘桢："其源出于古诗。仗气爱奇，动多振绝。贞骨陵（凌）霜，高风跨俗。但气过其文，雕润恨少。然自陈思已下，桢称独步"②，其后选录刘桢的《赠徐干诗》佐证此论。锺嵘以王、刘为建安中成就仅次于曹植的主要诗人，何汶引《诗品》之论，反映出他对二人的肯定态度。

南宋后期理学家真德秀欲学者识文章源流之正，编《文章正宗》③二十四卷。《文章正宗》大约成书于宁宗末年理宗初年，"是集分辞命、议论、叙事、诗歌四类。录《左传》、《国语》以下至于唐末之作。"④《文章正宗》卷首载《文章正宗纲目》，序云："今所辑以明义理切世用为主，其体本乎古、其指近乎经者，然后取焉，否则辞虽工亦不录。"⑤ 此书的主旨是"以明义理切世用"，其所选诗歌亦不列外。《纲目》中，真德秀祖述朱熹"诗有三变"之说并以之为诗歌选录标准："朱文公尝言古今之诗凡有三变，盖自书传所记虞夏以来，下及汉魏，自为一等；自晋宋间颜、谢以后，下及唐初，自为一等；自沈、宋以后定著律诗，下及今日，又为一等。……今惟虞夏二歌与三百五篇不录外，自馀皆以文公之言为准，而拔其尤者列之此编。"⑥ 又云："或曰，此编以明义理为主，后世之诗，其有之乎？曰，三百五篇之诗，其正言义理者盖无几，而讽咏之间，悠然得其性情之正，即所谓义理也。后世之作，虽未可同日而语，然其间兴寄高远，读之使人忘宠辱，去系吝，翛然有自得之趣，而于君亲臣子大义亦时有发焉。其为性情心术之助，反有过于他文者，盖不必颛言性命而后为关于义理也。"⑦ 这是真德秀对于所选诗歌如何"明义理切世用"的进一步阐释。是书所录诗歌崇古倾向明显，入选建安诗有曹操1首、曹丕3首、王粲1首、曹植19首、刘桢3首、甄后1首。所收王粲的《七哀诗》（其一）或许正属于真德秀所谓"得其性情之正"，而刘桢的《赠从弟》（二首）与《杂诗》分别偏于其所谓"兴寄高远"与"有自得之趣"。总之，真德秀仅从道学角度选诗，所

---

① 何汶撰：《竹庄诗话》，常振国、绛云点校，北京：中华书局，1984，第36页。
② 同上书，第37页。
③ 真德秀编：《文章正宗》，载《文渊阁四库全书》第1355册。
④ 纪昀、陆锡熊、孙士毅等：《钦定四库全书总目（整理本）》，第2619页。
⑤ 真德秀编：《文章正宗》，载《文渊阁四库全书》第1355册，第5页上。
⑥ 同上书，第6页下—7页上。
⑦ 同上书，第7页上。

录诗歌远未反映二人诗歌之全貌。顾炎武的《日知录》言其："真希元《文章正宗》所选诗，一扫千古之陋，归之正旨。然病其以理为宗，不得诗人之趣。……必以坊淫正俗之旨，严为绳削，虽矫昭明之枉，恐失国风之义。"① 其言甚是。

（三）明代：复古派及其反拨

明清两代汉魏诗歌选本较多，各有特定的选诗标准，本书选择几种较有代表性的选本进行分析。

明代复古派的代表人物李攀龙编有《古今诗删》②，共三十四卷，兼选古今之诗。"是编为所录历代之诗。每代各自分体，始于古逸，次以汉、魏、南北朝，次以唐，唐以后继以明，多录同时诸人之作，而不及宋元。"③ 其卷六为汉诗，就数量而言，建安诗人曹植11首列第一，王粲7首列第二，曹丕6首列第三，刘桢3首列第四，蔡琰2首列第五，应玚、阮瑀均为1首，并列第六。王粲诗歌入选篇数仅次于曹植，且王、刘二人诗入选数量之和，约占《古今诗删》选建安诗总数三分之一强。"古体宗汉魏"是明代复古派一贯的诗学主张，其所选之作多为汉魏代表作家作品。从李攀龙的《古今诗删》选王、刘诗歌的数量来看，他认为二人是建安时期的代表作家，但并非诗坛领袖人物。在创作上，李攀龙也多有模拟王、刘之作。《古今诗删》完成于李攀龙自嘉靖三十七年（1558）辞陕西提学副使至隆庆改元（1567）隐居故里的十年时期。居家十年中，他还亲自编定了《白雪楼诗集》十卷。《明史·李攀龙传》云："攀龙既归，构白雪楼，名日益高。"④ 殷士儋的《李公墓志铭》亦曰："归构一楼于华不注、鲍山之间，曰白雪楼。"⑤《四库全书总目》称："《白雪楼诗集》十卷，……此集刻于嘉靖癸亥，犹在《沧溟集》之前。"⑥ 对比两书，不难发现《古今诗删》

---

① 顾炎武：《日知录》，转引自纪昀、陆锡熊、孙士毅等《钦定四库全书总目（整理本）》，第2619—2620页。
② 李攀龙编：《古今诗删》，载《文渊阁四库全书》第1382册。
③ 纪昀、陆锡熊、孙士毅等：《钦定四库全书总目（整理本）》，第2645页。
④ 张廷玉等撰：《明史》，北京：中华书局，1974，第7377页。
⑤ 李攀龙：《沧溟先生集》，包敬第标校，上海：上海古籍出版社，1992，第719页。
⑥ 纪昀、陆锡熊、孙士毅等：《钦定四库全书总目（整理本）》，第2454页。

中所收录的王、刘二人的《公宴诗》及《从军诗》在李攀龙的《白雪楼诗集》中均有拟作。《白雪楼诗集》卷三《从军诗并引》曰："魏三祖及子建诸子，间各临戎，义有纪列，久当逸失，不独王仲宣五篇。又《公燕（宴）》一章，应、阮侵不就次，与仲宣《从军诗》，过意讽婉，均之未尽所长，今各代作二首。"①之后他分别代王、刘等建安诸人作《从军诗》和《公宴诗》。在对二人亦步亦趋的摹拟中，可见李攀龙对文学复古思想的弘扬。而其对于二人诗篇的选定，也与他的切身创作经验密切相关。

明代复古派还有一种选本值得关注，即唐汝谔的《古诗解》。该书二十四卷，"分为五类，曰古歌谣辞、曰古逸杂篇、曰汉歌谣辞、曰乐府、曰诗"②。选建安诗人8家，诗39首。其卷十五录孔融3首、蔡琰1首；卷十六录曹丕4首、曹植21首、王粲3首、刘桢4首、徐幹2首、应玚1首，每首诗后都附唐汝谔简短的评语。该书的编选以雅正为旨，唐汝谔在《古诗解凡例》中自述选录标准云："是编所选，大都主体裁古雅，辞意悠长，而原本性情，有关风化。但不失古人温柔敦厚之旨，即亟为收录。"③ 关于编撰体例，《凡例》说："注法首列训诂，次及引证，最后发明作者之意而融畅其词。间或有为而发者，亦必考据时事而标揭之，其出自臆想者弗论。注释诸家如《史记》《汉书》《文选》与《选诗补注》《古乐府》与《乐府原》，互有采摘，惟纯用其说者，始著其姓名，馀不尽载。"④ 就王粲、刘桢而言，《古诗解》与刘履的《选诗补注》所选之诗高度重合，《选诗补注》共选王粲4首〔《七哀诗》二首、《杂诗》（其一）及《咏史》〕，《古诗解》所选3首〔《七哀诗》（其一）、《杂诗》（其一）及《咏史》〕，全部为《选诗补注》所涵盖。《选诗补注》选刘桢4首（《赠从弟》三首、《杂诗》），《古诗解》所选4首与之亦完全相同。不惟选目相同，两者的评语也高度类似。如评王粲的《杂诗》（其一），《选诗补注》云："此盖仲宣在荆州，昔因曹子建寄赠而以是答之。故其词意终篇相合。所谓'特鸟'，喻子建也。'向我鸣'者，谓其赠诗以相劝也。风扬尘而白日冥，亦以喻天道之变革。至于托梦通诚，此可见其羁旅忧思之际，感子建之情念，而归魏之心已决然

---

① 李攀龙撰：《白雪楼诗集》，载《续修四库全书》第1345册，第432页上。
② 纪昀、陆锡熊、孙士毅等：《钦定四库全书总目（整理本）》，第2712页。
③ 唐汝谔选释：《古诗解》，载《四库全书存目丛书》集部第370册，第320页下。
④ 同上书，第321页上。

矣。"①《古诗解》云:"想仲宣在荆州时,得子建寄赠之作,而以此酬之,故虽以《杂诗》名篇,而意实相合。其谓'特栖鸟',盖亦喻子建也。褰衽欲往,意若飞动而尘扬日冥。世运可知,至欲托梦通诚,而料其必合,则其归魏之心固已决然矣。"②再如评刘桢的《杂诗》,《选诗补注》云:"此必公幹输作之时所赋,故言文墨簿领之繁,驰翰劳苦,而至于沉迷昏乱,或且释此出游,见水中之凫雁而叹,不能如彼之浮游也。盖其失于敬身,目底于此,读者可不惩创乎哉!"③《古诗解》云:"按公幹尝得罪太子发令输作,此诗之赋意即其时也。言文墨簿领之烦,劳苦殊甚,至于沉迷昏乱,而出游水滨,见水中凫雁浮泳自适,而叹其不得从之游也。盖失于敬身,自遭贬黜,读者可不惩创乎哉。"④可见,唐汝谔的《古诗解》所选王、刘之诗及其评语,实本自刘履的《选诗补注》。这些评语有颇多值得商榷之处。如关于王粲之《杂诗》(其一)的写作时间,唐汝谔承刘履之说,认为在粲居荆州之时,然其诗有云:"日暮游西园",据笔者考证(参见本书下编《王粲、刘桢年谱》),"西园"即铜雀园,与铜雀台同建成于建安十七年(212)春,故是诗当作于十七年(212)春或稍后,而王粲在荆州最晚至建安十三年(208),故《古诗解》之说似可斟酌;再唐汝谔谓刘桢的《杂诗》所赋在"发令输作"之时,然据刘孝标注《世说新语》引《文士传》曰"桢性辩捷,所问应声而答,坐平视甄夫人,配输作部使磨石"⑤,又《水经注》卷十六"穀水"注"观西北接华林隶簿,昔刘桢磨石处也"⑥,知刘桢服劳役之具体内容为磨石,与《杂诗》所云"职事相填委,文墨纷消散。驰翰未暇食,日昃不知晏"⑦的文吏生活颇不相符。且若被刑,岂有"释此出西城,登高且游观"⑧之自由?四库馆臣评《古诗解》曰:"其训诂字义,颇为简略,所发明作意,亦皆敷衍"⑨,有一定合理性。

从《古今诗删》与《古诗解》来看,明代复古派尊汉魏、重王刘的主线是

---

① 萧统编:《选诗补注》,载宋志英、南江涛选编《〈文选〉研究文献辑刊》第5册,第162页。
② 唐汝谔选释:《古诗解》,载《四库全书存目丛书》集部第370册,第560页下。
③ 萧统编:《选诗补注》,载宋志英、南江涛选编《〈文选〉研究文献辑刊》第5册,第168页。
④ 唐汝谔选释:《古诗解》,载《四库全书存目丛书》集部第370册,第562页上。
⑤ 刘义庆:《世说新语校笺》,徐震堮校笺,北京:中华书局,1984,第38页。
⑥ 郦道元:《水经注校证》,第377页。
⑦ 俞绍初辑校:《建安七子集》,第161页。
⑧ 同上注。
⑨ 纪昀、陆锡熊、孙士毅等:《钦定四库全书总目(整理本)》,第2712页。

清晰明确的，但主线之外，当时亦有不同的看法。如《古诗归》与《古诗镜》就与上述持复古论的选本不同，展现出对其反拨的一面。晚明"竟陵派"锺惺、谭元春编《古诗归》①，十五卷，录隋以前古诗。所选建安诗人，卷四"汉诗"部分有孔融2首、蔡琰2首；卷七"魏诗"部分有曹操8首、曹丕7首、甄后1首、曹植10首、王粲1首、陈琳1首、徐幹2首、繁钦1首，刘桢则一首不录。就入选篇目数量来说，其重三曹而轻王、刘诸子的态度显而易见。对此，锺、谭二人进行了说明："邺下西园，词场雅事，惜无蔡中郎、孔文举、祢正平其人以应之者。仲宣诸人，气骨文藻，事事不敢相敌。《公宴》诸作，尤有乞气，故一切黜之，即黜唐应制诗意也。稍取其明洁者数首，以塞千古耳食人之望。"② 在锺、谭看来，《公宴》诸作无骨气甚至有乞气，故而不选。其所选明洁者之一，即王粲的《从军诗》。即便《从军诗》入选，锺、谭仍一一指出诗中存在的缺陷，如在原诗"一由我圣君"句下，评曰："圣君二字拥戴得无品"③；在原诗"鞠躬中坚内，微画无所陈"句下，谓："止此即妙"④，即此句之后皆是多余；在原诗"诚愧伐檀人"句下，又云："伐檀人用得无谓"⑤。锺、谭对"仲宣诸人"的评价，是有意识地在与曹氏父子的比较中进行的："仲宣诸人……试与曹公父子诗共读之，分格自见，不待饶舌。"⑥《古诗归》评曹操的《短歌行》云："至细、至厚、至奇，英雄骚雅，可以验后人心眼。"⑦ 评《观沧海》云："全首奇壮"；"'月明星稀'与此数语，入诗人口中则清，入此老口中则不止于清。"⑧ 评曹丕的《陌上桑》云："奇调、奇思、奇语，无所不有。"⑨ 评曹植的《圣皇篇》云："此与《赠白马王彪》同一音旨，而深婉柔厚过之，人称彼遗此何也？"⑩ 竟陵派论诗，以"厚""奇""清""婉"等为宗旨，故对三曹诗歌评价较高，而王粲、刘桢的《公宴》诸诗，以有腴词而弗录。与此同时，

---

① 锺惺、谭元春辑：《古诗归》，载《续修四库全书》第1589册。
② 同上书，第431页下。
③ 同上注。
④ 同上注。
⑤ 同上注。
⑥ 同上注。
⑦ 同上书，第425页上。
⑧ 同上注。
⑨ 同上书，第427页下。
⑩ 同上书，第429页下。

二人被公认的经典名篇亦被排除在《古诗归》以外，如粲之《七哀诗》、桢之《赠从弟》等均未入选，亦反映出锺、谭艺术眼光的偏狭。

《古诗镜》情况又有不同。编者陆时雍既不赞成"前后七子"的模拟因袭之风，也"隐刺锺、谭……与竟陵一派，实貌同而心异也"①，转而"以神韵为宗，情境为主"②。是书三十六卷，选自汉魏以迄南北朝之诗。建安诗人多有入选，录蔡琰、孔融、曹植等13人，其中王粲8首、刘桢7首，数量多于应玚、陈琳、徐幹、阮瑀等诸子，但明显少于曹氏兄弟，如曹丕入选14首、曹植35首。值得注意的是，尽管曹植入选篇目远高于王粲，但选家却认为王粲诗歌的成就超过曹植。《诗镜总论》中就说过："子桓、王粲，时激《风》、《雅》余波，子桓逸而近《风》，王粲庄而近《雅》。子建任气凭材，一往不制，是以有过中之病。"③ 卷五评曹植的《上责躬诗》又说："子建四言不及王粲甚远。"④ 陆时雍对于王粲的推崇，主要表现在两方面：其一，认为王粲诗歌发扬了《诗经》中《雅》的传统，具有"温厚典则"的特点。卷六总评王粲曰："仲宣诗近子桓，稍带绮丽，四言长于言情，温厚典则，深得《小雅》遗教。"⑤ 此处评价，与《诗镜总论》所云"王粲庄而近《雅》"相互照应；卷六评王粲的四言赠答诗云："《赠蔡子笃》、《士孙文始》，其言穆如清风，和气袭人，衷怀欲馨，能令闻者一起再舞"⑥；卷十评陶渊明云："四言诗惟有王粲，既温且雅，亦典亦则，此外俱骈丽语，赞颂体。渊明《停云》虽佳，然气格亦晚。"⑦ 不仅四言，陆时雍亦指出王粲五言诗同样"衷怀欲馨"。如卷六评王粲的《公宴诗》曰："有怀如醑，温温欲馨"⑧，同样突出了王粲温润诗风中蕴含的醇厚意蕴。其二，肯定了王粲诗歌中"情"的自然流露。如卷六评王粲的《七哀诗》云："第一首载事陈情，登歌入雅，千载以下，想见其言之切而事之悲者"⑨；卷五评曹植的《七哀诗》云："造情取境，古人所难，此是诗家第一义。观子建、王粲《七哀》、

---

① 纪昀、陆锡熊、孙士毅等：《钦定四库全书总目（整理本）》，第 2654 页。
② 同上书，第 2653 页。
③ 陆时雍：《诗镜总论》，载陆时雍选评《诗镜》，第 4 页。
④ 陆时雍选评：《诗镜》，第 39 页。
⑤ 同上书，第 49 页。
⑥ 同上书，第 50 页。
⑦ 同上书，第 87 页。
⑧ 同上书，第 51 页。
⑨ 同上书，第 52 页。

《杂诗》等篇，知古人端不妄作。"① 与王粲不同，陆时雍对刘桢颇有微词，认为其诗过于激昂外露，没有达到"兴人"的效果。《诗镜总论》有云："刘桢棱层，挺挺自持，将以兴人则未也"②；卷六评刘桢又云："骨干自饶，风华殊乏。苏子瞻谓曹、刘挺劲，须知诗之所贵，不专挺劲"③；历来颇受好评的《赠从弟》三首，亦为陆氏所抨击："巉削崚嶒，似少诗人之度。"④ 之所以对王、刘的评价如此毁誉悬殊，一是陆氏偏爱温厚、深婉的诗风，不喜欢遒劲有力的风格；二是陆氏论诗标举"神韵"，把诗情视为"神韵说"的有机组成部分。王粲之作长于"造情取境"，符合其注重体悟言外之韵的审美趣味。

（四）清代：各主一家，多途并进

　　清代出现多种汉魏诗歌选本，选录、评骘王、刘两家的角度各有不同，有些注重辑录完备，如陈祚明的《采菽堂古诗选》；有些注重情景互融，如王夫之的《古诗评选》；有些提倡神韵，如王士祯的《古诗选》；有些崇尚格调，如沈德潜的《古诗源》；有些注重细节评点，如张玉穀的《古诗赏析》。诸家分途，王、刘诗歌在清代社会被认可的方式与程度远较前代复杂。这正与有清一代诗派、诗学的空前繁盛相呼应。

　　清代陈祚明的《采菽堂古诗选》成书于顺治十六年（1659）至康熙二年（1663）间，共选入先秦至隋代的各类诗歌，其中正集38卷，诗4015首；补遗4卷，诗472首。诗后附有选家评点，分为对诗人的总评及对具体诗作的评论两部分。就选诗数量而言，王粲诗入选19首，刘桢11首；而二人现存世的完整诗歌分别有23首和12首。粲诗仅《俞儿舞歌》4首、桢诗仅《斗鸡诗》1首未录，王、刘诗之绝大部分，均被网罗在内。可见，陈祚明力求以全景式的选目，完整呈现出二人诗歌的总体风貌。再检视陈祚明对于王粲诗歌的评价，最显眼处莫过于两点：一是内容上肯定粲诗之"情"。如总评王粲曰："王仲宣诗

---

① 陆时雍选评：《诗镜》，第48页。
② 陆时雍：《诗镜总论》，载陆时雍选评《诗镜》，第4页。
③ 陆时雍选评：《诗镜》，第52页。
④ 同上书，第54页。

跌宕不足，而真挚有余。伤乱之情，《小雅》、变风之馀也"①；评《赠蔡子笃诗》云："情至语反质直，不务繁绘"②；评《赠士孙文始》云："宛转入情，风度亦俊"③；评《杂诗》云："写情真至"④；评《七哀诗》（其一）："情哀至此"⑤；评《七哀诗》（其三）："建安诗如此，第以情至为工。"⑥可见，陈祚明从"情"着眼，欣赏粲诗之"伤乱之情""情至""婉转入情""写情真至""情哀至此"及"第以情至为工"。二是风格上突出粲诗之"雅"，指出其详尽、细微、婉转、质朴、苍古的艺术特点。陈祚明总评王粲曰："王仲宣诗如天宝乐工，身经播迁之后，作《雨淋铃》曲，发声微吟，觉山川奔进，风声云气与歌音并至。祇缘述亲历之状，故无不沉切。又如耕夫言稼，红女言织，平实详婉，纤悉必尽。"⑦这里，陈氏首叙诗人"播迁"的人生经历，再以形象化的比喻指出了粲诗"平实详婉""纤悉必尽"的风格特点。又如评《思亲诗》云："挚虞谓仲宣四言诸篇，文整而当，皆近于《雅》，良然"⑧；评《公宴诗》"合坐"六句："宛转清扬"⑨；评《从军诗》（其一）"徒行"二句："语亦苍古"⑩；评《从军诗》（其二）云："立言得体，调并苍劲。古质之笔不及汉，而高于晋"⑪；评《咏史诗》（其一）云："撰句苍古"⑫，等等。陈祚明对于王粲的评价较为公允，颇近乎其创作实际。他对刘桢的总体评价亦颇高："公幹诗笔气隽逸，善于琢句，古而有韵，比汉多姿，多姿故近。比晋有气，有气故高。如翠峰插空，高云曳壁，秀而不近。本无浩荡之势，颇饶顾盼之姿。《诗品》以为气过其文，此言未允。"⑬寥寥数语，不仅谈到刘桢诗歌的艺术特色，还将其与之前的汉诗及之后的晋诗进行比较，从诗歌史的角度，肯定了桢诗的历史地位。最后，

---

① 陈祚明评选：《采菽堂古诗选》，第189页。
② 同上书，第190页。
③ 同上书，第191页。
④ 同上书，第195页。
⑤ 同上书，第197页。
⑥ 同上注。
⑦ 同上书，第189页。
⑧ 同上书，第192页。
⑨ 同上注。
⑩ 同上书，第193页。
⑪ 同上注。
⑫ 同上书，第195页。
⑬ 同上书，第202页。

针对锺嵘之《诗品》的评论，揣摩深究，提出了自己的新见解。《诗品》谓其："气过其文"，陈氏认为："本无浩荡之势"；《诗品》云："雕润恨少"，陈氏指出："善于琢句"。其评刘桢的《赠五官中郎将》"白露涂前庭，应门重其关"两句云："是建安句法，有隽致，尖于汉而高于晋。"① 此即陈祚明说刘桢诗"善于琢句"的一个具体例证。陈氏对《诗品》之论生出新的思考，不无独特启发意义。

成书略晚于《采菽堂古诗选》的《古诗评选》为王夫之编撰，录西汉至隋100多位诗人作品共830首，分为古乐府歌行一卷、四言一卷、小诗一卷、五言古诗二卷、五言近体一卷，共六卷。整体而言，建安文学在此选本中受到了尖锐的批评，如他说："俗所谓'建安风骨'者，如鳝蛇穿堤堰，倾水长流，不涸不止而已"②，又说建安诗歌时常露出"孤露傲岸之气"③。就王粲、刘桢来说，王夫之对王粲的评价颇低，对刘桢却极力称许。王夫之首先区分诗体，以考察王粲得失。卷二"四言"选王粲1首（《赠文叔良》），评价尚可："思深言静，得《小宛》之髓"④；卷四"五言"录粲作2首〔《杂诗》（其一）、《七哀诗》（其一）〕，则多有指责。评《杂诗》（其一）曰："古今有异词，而无异气！气之异者，为嚣，为凌，为茬苒，为脱绝，皆失理者也。以是定诗，《三百篇》以来至于今日，一致而已。建安去西京，无时代之隔，何遽不当如西京？黄初之于建安，接迹耳，亦何遂不如建安？乃遽标一格，画建安以为桎梏。若世推尚王仲宣之作，率以凌厉为体，此正当时诸子气偏所累，子桓、元瑜即不尔矣。如仲宣此诗，岂不上分《十九首》之席，而下为储光羲、韦应物作前矛？讵必如《公宴》、《从军》，硬腔死板，而后得为建安也哉？有危言而无昌气，吾不知之矣。"⑤ 王夫之虽然肯定了王粲的《杂诗》，但又立即指出粲之《公宴》《从军》等"硬腔死板""有危言而无昌气"。他认为粲之五言诗整体风格质朴、直露，是他批判的对象。如评阮瑀的《杂诗》曰："曹植、王粲欲标才子之目，破胸取肺，历历告人，不顾见者之闷顿"⑥；又评陈琳的《游览》二首云："敷写

---

① 陈祚明评选：《采菽堂古诗选》，第204页。
② 王夫之：《古诗评选》，第40页。
③ 同上书，第140页。
④ 同上书，第80页。
⑤ 同上书，第151页。
⑥ 同上书，第152页。

密，波澜曲，属句深稳，流言华赡。不与曹、王同其朴率"①；又谓张华的《情诗》（其三）："洗子建、仲宣之朴涩"②。在王夫之看来，王粲五言诗坦率、直白而少蕴藉。这与其所提倡的温柔敦厚的诗教精神不符，故而评价偏低。相较而言，王夫之认为刘桢诗歌具有温柔、含蓄的特点，是他欣赏的风格。《古诗评选》卷四"五言"录桢诗6首，评《赠五官中郎将》（其一）曰："但叙昔欢，不及今感。俗笔于斯，乌能自已！史称桢有清才，此之谓也。"③ 王夫之认为，刘桢叙写往日欢乐是为了含蓄表达当下之悲怀，但又不着一字，其委婉的表达方式堪称"有清才"。又评《赠徐干诗》曰："直而不迫。难乎其不迫也。"④"不迫"也是指表达上不直白，属于温和、厚道的诗风。王夫之还认为刘桢诗歌写景与达情有"天然之妙"，评《赠五官中郎将》之三曰："自然佳致，不欲受才子之名。景语之合，以词相合者下，以意相次者较胜。即目即事，本自为类，正不必蝉连。而吟咏之下，自知一时一事有于此者，斯天然之妙也。'风急鸟声碎，日高花影重'，词相比而事不相属，斯以为恶诗矣。'花迎剑佩星初落，柳拂旌旗露未干'，洵为合符，而犹以有意连合，见针线迹。如此云：'明灯曜闺中，清风凄已寒'，上下两景几于不续，而自然一时之中，寓目同感。在天合气，在地合理，在人合情。不用意，而物无不亲。呜呼，至矣！"⑤ 这段话的中心意思就是王夫之的"现量说"，关于此说，叶朗在《中国美学史大纲》中阐释道："'现量'本来是古代印度因明学中的术语，佛教法相宗用来说明'心'与'境'的关系。王夫之则把'现量'这个概念引进美学领域，用来说明审美意象的基本性质，即审美意象必须从直接审美观照中产生。"⑥ 王夫之要求审美意象必须从直接审美观照中产生，因而他认为诗歌画面的整体性应该是自然形成，而非人为有意构造的，而桢诗"明镫曜闺中，清风凄已寒"两句正是"现量"的典范，所谓"在天合气，在地合理，在人合情"是也。

清代神韵诗学的代表王士禛编《古诗选》，成书于康熙二十一年（1682），分为《五言古诗选》与《七言古诗选》。本书所论王粲、刘桢诗歌集中于前者，

---

① 王夫之：《古诗评选》，第156页。
② 同上书，第168页。
③ 同上书，第154页。
④ 同上注。
⑤ 同上注。
⑥ 叶朗：《中国美学史大纲》，上海：上海人民出版社，1985，第461—462页。

故而下文主要讨论《五言古诗选》。《五言古诗选》共十七卷，选录自汉至唐历代五言古诗。建安诗在其范围之内，录曹操3首，曹丕2首，甄后1首，曹植26首，王粲3首，徐幹2首，应场1首，繁钦1首，未录刘桢诗。其《古诗笺凡例》自题："愚尝论之：当涂之世，思王为宗，应刘以下，群附和之"①。从《凡例》所言及选诗数量来看，在王士禛心目中，曹植是建安文学的领袖，王粲等诸子属于随从附庸。至于该书未选刘桢，可以从其另一本著作《带经堂诗话》中得到解释："锺嵘《诗品》，余少时深喜之，今始知其踳谬不少。嵘以三品铨叙作者，自譬诸九品论人，七略裁士。乃以刘桢与陈思并称，以为'文章之圣'。夫桢之视植，岂但斥鷃之与鲲鹏耶？又置曹孟德下品，而桢与王粲反居上品。……建安诸子，伟长实胜公幹，而嵘讥其'以莛扣钟'，乖反弥甚。"② 又云："古人同调齐名，大抵不甚相远。独刘桢与思王并称，予所不解。建安七子，自孔文举不当与诸人同流，此外如陈琳之《饮马长城窟行》，阮瑀之《定情诗》，徐幹之《室思》，皆有汉人风矩。唯桢诗无一语可采，而自古在昔，并称'曹刘'，未有驳正其非者。锺嵘又谓其'仗气爱奇，动多振绝；思王而下，桢为独步'，殊似呓语。岂佳处今不传耶？乃秦少游亦云：'五字一何工，妙绝冠俦匹。'殆亦耳食之习。"③ 王士禛对刘桢诗歌深至不满，认为"桢诗无一语可采"，又说曹、刘并称"殊似呓语"，谓"桢之视植，岂但斥鷃之与鲲鹏耶"，其不选刘桢诗，则是顺理成章的事。王士禛不喜刘桢，王运熙先生认为其中既有时代因素，也有个人因素。从时代看，明清古诗选本多选民歌类作品，王士禛所选陈琳的《饮马长城窟行》、繁钦的《定情诗》及徐幹的《室思》，风格都接近民歌，刘桢诗风与之迥异，故而贬抑。个人因素方面，"王士禎（禛）论诗提倡神韵，强调诗歌要有风神韵味，刘桢诗以风骨见长，却少风神韵味，这大约也是他贬低刘桢的一个原因"④。王士禛所论，与刘桢在建安文学史上的地位严重不符，有失公允。

沈德潜的《古诗源》成书于康熙五十八年（1719），选诗始于古逸，迄于隋代，其选诗的主旨是"使览者穷本知变，以渐窥《风》《雅》之遗意"⑤，全书

---

① 王士禛选：《古诗笺》，闻人倓笺，上海：上海古籍出版社，2010，第1页。
② 王士禛：《带经堂诗话》，张宗柟纂集，戴鸿森校点，北京：人民文学出版社，1963，第58页。
③ 同上书，第58—59页。
④ 王运熙：《谈前人对刘桢诗的评价》，载《古代文学理论研究》第14辑，第172页。
⑤ 沈德潜：《古诗源序》，载沈德潜选评《古诗源》，闻旭初标点，北京，中华书局，2018，第2页。

十四卷，其中卷五、卷六多选建安诗歌。与王士禛的《古诗选》类似，曹植仍然是选家最为推崇的建安诗人，王粲、刘桢不能比肩："子建诗五色相宣，八音朗畅，使才而不矜才，用博而不逞博，苏、李以下，故推大家。仲宣、公幹，乌可执金鼓而抗颜行也。"① 全书共选粲诗4首，桢诗3首。评王粲的《七哀诗》（其一）云："此杜少陵《无家别》、《垂老别》诸篇之祖也。"② 此承袭了王夫之的《古诗评选》"后来杜陵有作，全以此为禘祖"③ 之看法，指出了王粲此篇在创作上对后世的影响。他还在《说诗晬语》中将诗中"南登灞陵岸，回首望长安"两句确立为学习的典范："古今流传名句，如'思君如流水'，如'池塘生春草'，如'澄江净如练'，如'红药当阶翻'，如'月映清淮流'，如'芙蓉露下落'，如'空梁落燕泥'，情景俱佳，足资吟咏；然不如'南登灞陵岸，回首望长安'忠厚悱恻，得'迟迟我行'之意。"④ 究其原因，沈氏认为《七哀诗》表现出的"忠厚悱恻"，哀而不伤、怒而不怨，符合其所提倡的儒家温柔敦厚的诗教精神。《古诗源》评刘桢的《赠从弟》三首云："赠人之作，通用比体，亦是一格"⑤，此是继承了陈祚明的《采菽堂古诗选》"三章皆比，言简意尽"⑥ 之说。且对比兴手法给予特别关注，亦因其属《诗经》常用手法，是温柔敦厚诗教精神在表达方式上的一种体现。

张玉榖的《古诗赏析》成书于乾隆三十七年（1772），至于此书的选诗标准和赏析方法，张玉榖在自序中云："广搜约采而佳章呈，统核分疏而妙谛出。"⑦ 该书卷九于《七哀诗》三首选其一，评曰：

> 此三首中第一首，追叙赴荆时事而感怀也。题借七哀，无庸拘泥。首六，直就世乱说起，追叙避地荆州出门情事。"出门"十句，叙在途饥荒之景，然胪陈不尽，独就妇人弃子一事，备极形容，而其他之各不相顾、塞路死亡，不言自显。作诗解此举重该轻之法，庶几用笔玲珑。

---

① 沈德潜选评：《古诗源》，第98页。
② 同上书，第112页。
③ 王夫之：《古诗评选》，第152页。
④ 沈德潜：《说诗晬语笺注》，第153页。
⑤ 沈德潜选评：《古诗源》，第113页。
⑥ 陈祚明评选：《采菽堂古诗选》，第205页。
⑦ 张玉榖：《古诗赏析》，第1页。

末四，南登回首，兜应首段；伤心下泉，缴醒中段。收束完密，全篇振动。①

张氏所评具体到技巧层面，细致程度超过了多数选本评价。其一，指出在材料取舍方面，王粲借妇人弃子这一极端情形，以概见战乱荒芜之惨，有以点带面之妙；其二，"末四，南登回首，兜应首段；伤心下泉，缴醒中段。收束完密，全篇振动"之说，强调了粲诗中前后照应之处。卷九亦选刘桢的《赠从弟》三首，分别评曰：

首章以苹藻比，慰清修之必见用也。首二，先述产地。三四，点出苹藻，略表其形。五六，说其见重于人。七八，以园葵衬托作结。

次章以松柏比，勉劲节之当特立也。首四，表松之不畏风也，却叠用对举句法。五六，于风外添出冰霜，点醒常能端正。七八，以有本性推原作结。添出"柏"字，愈见错综。

末章以凤凰比，戒盛德之宜养晦也。首二，表其居处本极清高。中四，接叙不肯诡随于世。七八，以期望圣明作收。三章纯乎用比，其体本于《国风》。②

张玉穀所言《赠从弟》中比兴手法的运用，与陈祚明、沈德潜等人一脉相承；而他对三首诗歌篇章结构的具体分析，在细腻度与深刻度上比之陈氏与沈氏又更进一层，可谓"青出于蓝而胜于蓝"。如他指出"亭亭山上松"篇句意承接推转之处，谓"七八，以有本性推原作结，添出柏字，愈见错综"，点出了刘诗构思之巧妙。

纵观历代选本可知：其一，六朝是王、刘二人选本史上的黄金期，《文选》收二人诗歌数量远超曹操、曹丕；至唐宋时期，王、刘与操、丕入选数量互有

---

① 张玉穀：《古诗赏析》，第233页。
② 同上书，第236—237页。

胜负，基本持平；降至明清，王、刘地位明显下降，相比于曹操、曹丕，已经处于劣势。其二，虽然以上选本在选取标准上各有不同，但综合来看，也能反映出王粲诗作的接受程度高于刘桢。这与上章王粲诗、赋的艺术水准均优于刘桢之论正相符合。其三，就具体篇目而言，入选率越高，说明其被认可的程度越高。检视笔者统计的 13 种选本，王粲入选率最高的篇目是《七哀诗》（其一），刘桢入选率最高的篇目是《赠从弟》（其二），且历代诗评家对这两首诗歌的评价都颇高。可以说，这两首诗歌是历代选家公认的名篇。

三、王刘优劣论

诗评家们对王粲和刘桢孰优孰劣历来争论不休。不同历史时期，二人的地位高下有所不同。故此，本节特对"王、刘优劣"的争论历史略作审视与观照，以期进一步认识二人在建安文学史上的独特地位和贡献。

（一）魏晋南北朝：王粲优势地位的初步确立

王刘优劣论可溯源到曹丕的文论。"公幹有逸气，但未遒耳，至其五言诗之善者，妙绝时人。"① 曹丕此处指出了刘桢作品具有超逸的才气，他对刘桢的五言诗推崇备至。他还指出王粲擅长辞赋，其《典论·论文》谓"王粲长于辞赋，徐幹时有齐气，然粲之匹也。如粲之《初征》、《登楼》、《槐赋》、《征思》，幹之《玄猿》、《漏卮》、《圆扇》、《橘赋》，虽张、蔡不过也。然于他文，未能称是。"②《又与吴质书》又说："仲宣独自善于辞赋，惜其体弱，不足起其文，至于所善，古人无以远过。"③ 他对王、刘各自所长的论述，是相当中肯的。问题是王粲四言、五言都写得很好，曹丕却说辞赋以外，王粲"于他文未能称是"，有失公允。总体而言，曹丕的评论扬此抑彼的态度不明显。

两晋时期，王粲的文名越来越盛。挚虞在《文章流别论》中就说："建安

---

① 曹丕：《曹丕集校注》，第 110 页。
② 同上书，第 235 页。
③ 同上书，第 110 页。

中，魏文帝从武帝出猎赋，命陈琳、王粲、应场、刘桢并作。琳为《武猎》，粲为《羽猎》，场为《西狩》，桢为《大阅》。凡此各有所长，粲其最也。"① 陆云在《与兄平原书》中也坦言："《登楼》名高，恐未可越尔。"② 两人称赏王粲的均是其辞赋，此与曹丕所评同一轨辙。相对而言，刘桢此时的声名居于弱势。

曹植是历代公认的建安文坛第一大家，而评判王粲与刘桢的优劣，往往以谁与曹植并称相关，即以"曹王"或"曹刘"的形式出现。从现有材料看，最早将"曹王"并称的人是南朝沈约。《宋书·谢灵运传论》曰："自汉至魏，四百馀年，辞人才子，文体三变。相如巧为形似之言，班固长于情理之说，子建、仲宣以气质为体，并标能擅美，独映当时。是以一世之士，各相慕习。"③ 又说："降及元康，潘、陆特秀，律异班、贾，体变曹、王，缛旨星稠，繁文绮合。"④ "子建函京之作，仲宣灞岸之篇……并直举胸情，非傍诗史，正以音律调韵，取高前式。……至于高言妙句，音韵天成，皆暗与理合，匪由思至。张、蔡、曹、王，曾无先觉，潘、陆、谢、颜，去之弥远。"⑤ 沈约视曹、王为建安文学的代表人物，认为其创作是对诗文体裁风格的一种变革，这种变革既光耀当时，又影响后世。他还对王粲的《七哀诗》颇为称述，指出其直抒胸臆又音韵天成，因而为历代文人所共赏。引文中曹、王并举，凡四见。

刘勰也充分肯定王粲。《文心雕龙·才略》云："仲宣溢才，捷而能密，文多兼善，辞少瑕累：摘其诗赋，则'七子'之冠冕乎！"⑥ 他赞美王粲才力富裕，文思敏捷而精密，与《神思》篇所言"仲宣举笔似宿构"⑦ 相仿。刘勰此论也许是受到《三国志·王粲传》所载："善属文，举笔便成，无所改定，时人常以为宿构；然正复精意覃思，亦不能加也"⑧ 的影响。关于"文多兼善"，《哀吊》篇云："仲宣所制，讥呵实工。"⑨ 《杂文》篇云："仲宣《七释》，致辨于事

---

① 王厚之辑：《古文苑》，章樵注，卷七王粲《羽猎赋》注引，载《古文苑》第2册。
② 严可均辑：《全上古三代秦汉三国六朝文：全晋文》，第2043页下。
③ 沈约撰：《宋书》，第1778页。
④ 同上注。
⑤ 同上书，第1779页。
⑥ 刘勰：《文心雕龙》，第269页。
⑦ 同上书，第173页。
⑧ 陈寿撰：《三国志》，第599页。
⑨ 刘勰：《文心雕龙》，第82页。

理。"①《论说》篇又谓:"仲宣之《去伐》……并师心独见,锋颖精密,盖论之英也。"② 刘勰对王粲吊文、七体及论说等各体文章,多有称扬。当然,刘勰最为看重的还是王粲的诗、赋,他认为王粲这两种文体的成就在建安七子中都分别是名列第一的。先就诗歌言,《明诗》篇曰:"若夫四言正体,则雅润为本;五言流调,则清丽居宗……兼善则子建、仲宣,偏美则太冲、公幹。"③ 在刘勰看来,四言是诗歌的正体,五言仅是流调,又有王粲"兼善"、刘桢"偏美"之论,已见其有所轩轾。再就辞赋言,《诠赋》篇谓:"及仲宣靡密,发篇必遒……亦魏晋之赋首也。"④ 刘勰以王粲为魏、晋第一流的辞赋家,而不提刘桢,更显高下有别。《文心雕龙》中亦有"曹刘"并举:"至于扬、班之伦,曹、刘以下,图状山川,影写云物,莫不纤综'比'义,以敷其华;惊听回视,资此效绩。"⑤ 此乃赞扬曹植、刘桢善于运用比兴手法铺饰文采,取得了动人的效果,仅此而已,并不影响刘勰重王粲之说。

六朝还有不少人持有与沈约、刘勰类似的观点。如刘孝标的《广绝交论》称道任昉"遒文丽藻",以曹植、王粲作比:"近世有乐安任昉,海内髦杰,早绾银黄,夙招民誉。遒文丽藻,方驾曹、王"⑥。又如萧纲在《与湘东王书》中以曹植、王粲为"古之才人"的代表:"但以当世之作,历方古之才人,远则扬、马、曹、王,近则潘、陆、颜、谢,而观其遣辞用心,了不相似。"⑦ 二人言论的具体观点不同,但对王粲地位的看法却没有分歧,都视之为与曹植并称的建安作家。

与他们观点不同的是锺嵘,他更推崇刘桢。《诗品序》两次将"曹刘"并称,先说"次有轻荡之徒,笑曹、刘为古拙……徒自弃于高听,无涉于文流矣"⑧;又说"昔曹、刘殆文章之圣"⑨,可见在锺嵘心目中,曹植以下首推刘桢。再《诗品》卷上"魏陈思王植诗"条下云,"故孔氏之门如用诗,则公幹升

---

① 刘勰:《文心雕龙》,第86页。
② 同上书,第116页。
③ 同上书,第32页。
④ 同上书,第50页。
⑤ 同上书,第214页。
⑥ 姚思廉撰:《梁书》,北京:中华书局,1973,第257页。
⑦ 同上书,第690页。
⑧ 锺嵘:《诗品集注(增订本)》,第69页。
⑨ 同上书,第438页。

堂，思王入室"①；"魏文学刘桢诗"条下又云，"然自陈思已下，桢称独步"②，进一步申扬了他关于刘桢"亚圣"的看法。但钟嵘并未贬抑王粲，在《诗品序》中，他明确提到："平原兄弟，郁为文栋；刘桢、王粲，为其羽翼"③，将刘、王并列，认为皆是丕、植兄弟的辅佐。又云："故知陈思为建安之杰，公幹、仲宣为辅……斯皆五言之冠冕，文词之命世也。"④ 这与"刘桢、王粲，为其羽翼"是一致的。接下去他又说，"陈思赠弟，仲宣《七哀》，公幹思友……斯皆五言之警策者也。所谓篇章之珠泽，文彩之邓林"⑤，高度评价王粲的《七哀诗》和刘桢的《赠徐幹诗》，指出二者都是精炼扼要而又深切动人的五言诗。钟嵘把历代五言诗人分为上中下三品，置王粲于上品十二作家之列，且评曰："在曹、刘间别构一体。方陈思不足，比魏文有馀。"⑥ 这同样说明他虽然认为刘有过王处，但对王粲也甚为景仰。

钟嵘评刘桢曰："仗气爱奇，动多振绝。贞骨凌霜，高风跨俗。但气过其文，雕润恨少。"⑦ 着眼于刘桢诗歌的气骨，此论继承了曹丕"公幹有逸气"之说，对当时及后世评论家的影响很大。如与钟嵘约略同时的裴子野，一样推崇刘诗风清骨峻，其《雕虫论》云："其五言为家，则苏、李自出。曹、刘伟其风力，潘、陆固其枝叶。"⑧ 尽管钟嵘、裴子野更欣赏刘桢，但这并非整个魏晋南北朝时期普遍的舆论倾向。不可否认的是，此时王粲地位更胜刘桢一筹。

（二）隋唐至元：刘桢地位的显著提升

降至隋唐五代宋金元时期，刘桢地位明显提高，大致从以下两方面体现。

一是从气骨、气格这一点着眼而将"曹刘"并举，其中唐代诗人杜甫最有代表性。"方驾曹刘不啻过"（《奉寄高常侍》）⑨，杜甫认为高适诗歌雄浑刚健，

---

① 钟嵘：《诗品集注（增订本）》，第118页。
② 同上书，第133页。
③ 同上书，第20页。
④ 同上书，第34页。
⑤ 同上书，第459页。
⑥ 同上书，第142页。
⑦ 同上书，第133页。
⑧ 严可均辑：《全上古三代秦汉三国六朝文：全梁文》，第3262页下。
⑨ 杜甫：《杜诗详注》，第1122页。

足够媲美曹、刘,甚至有过之而无不及;"曹刘不待薛郎中"〔《解闷十二首》(其四)〕①,以薛据比曹、刘。殷璠评薛据曰:"据为人骨鲠有气魄,其文亦尔"②,可知杜甫此说也是聚焦于曹、刘风骨。"目短曹刘墙"(《壮游》)③,虽放言曹、刘在自己眼中并非高不可攀,也客观指出了曹、刘在诗歌气格方面的建树。杜甫以外,唐代其他评论家也往往有相似言论:殷璠的《河岳英灵集》评曹、刘曰:"昌龄以还,四百年内,曹、刘、陆、谢,风骨顿尽"④,亦用风骨评两人。柳冕也提及曹、刘,其《与徐给事论文书》说是"自屈、宋以降,为文者本于哀艳,务于恢诞,亡于比兴,失古义矣。虽扬、马形似,曹、刘骨气,潘、陆藻丽,文多用寡,则是一技,君子不为也"⑤,即便批判"曹、刘骨气""文多用寡",但也不得不承认"曹、刘骨气"为一代文学之特征。元稹在杜甫墓志铭中言其"气夺曹刘"⑥,意在赞美杜甫诗歌具有与曹、刘一样的遒劲刚健之气。晚唐裴延翰的《樊川文集后序》有"耸曹、刘之骨气"⑦之语,顾陶的《唐诗类选序》也云,"得苏、李、刘、谢之风骨"⑧,都是将曹、刘并举,称其气骨。

  宋金元三代称道刘桢气骨、气格者,亦不乏其人。宋代司马光的《答齐州司法张秘校正彦书》言"况近世之诗,大抵华而不实,虽壮丽如曹、刘、鲍、谢,亦无益于用"⑨,指出曹、刘诗之壮丽。黄庭坚也是称赏曹、刘遒壮者,"慷慨悲壮如曹刘"(《和世弼中秋月咏怀》)⑩及"刘宾客《柳枝词》虽乏曹、刘、陆机、左思之豪壮,自为齐、梁乐府之将帅也"(《跋〈柳枝词〉书纸扇》)⑪等皆为其例。秦观的《韩愈论》也说,"昔苏武、李陵之诗长于高妙,曹植、刘公幹之诗长于豪逸"⑫,认为曹、刘诗歌最大的特色在于具有"豪逸"

---

① 杜甫:《杜诗详注》,第1513页。
② 殷璠:《河岳英灵集注》,第233页。
③ 杜甫:《杜诗详注》,第1441页。
④ 殷璠:《河岳英灵集注》,第300页。
⑤ 董诰等编:《全唐文》,北京:中华书局,1983年影印本,第5356页下—5357页上。
⑥ 元稹撰:《元稹集》,冀勤点校,北京:中华书局,2010,第691页。
⑦ 董诰等编:《全唐文》,第7882页下。
⑧ 同上书,第7959页下。
⑨ 曾枣庄、刘琳主编:《全宋文》第56册,第28页。
⑩ 黄庭坚:《黄庭坚诗集注》,任渊、史容、史季温注,刘尚荣校点,北京:中华书局,2003,第1575页。
⑪ 曾枣庄、刘琳主编:《全宋文》第107册,第38页。
⑫ 同上书,第120册,第93页。

之气。金代元好问的《论诗绝句三十首》之二有云"曹刘坐啸虎生风，四海无人角两雄"①，《自题中州集后》又谓："邺下曹刘气尽豪"②。元好问论诗标举慷慨雄健，他推曹、刘为"两雄""气尽豪"，高度赞扬了刘桢诗慷慨激壮之风。元代方回的《唐长孺艺圃小集序》称"自骚人以来至汉苏、李，魏曹、刘，亦无格卑者"③，着眼点在刘诗气格。赵孟𬱖在《刘孟质文集序》中称刘孟质曰："岂止劚屈、贾之垒，短曹、刘之墙而已哉！"④ 此为化用杜诗"气劚屈贾垒，目短曹刘墙"⑤，也在客观上肯定了刘诗气格方面的成就。

二是未必称赞刘诗气骨，只是以刘桢为汉魏文人之代表，肯定其文学地位。持此观点者，亦代不乏人。唐代卢照邻的《南阳公集序》曰"袁、曹已平，徐、陈、应、刘弄柔翰于当代"⑥，卢藏用在《右拾遗陈子昂文集序》中谓："其后班、张、崔、蔡、曹、刘、潘、陆，随波而作，虽大雅不足，其遗风馀烈，尚有典型"⑦，皆对刘桢历史地位给予认同，而不提王粲。武元衡在《酬严维秋夜见寄》中说严维"词赋谢曹刘"⑧，并非认为曹、刘的辞赋不好，相反视之为一代文学的标杆，故而以之为比。孟郊的《赠苏州韦郎中使君》有云，"尘埃徐庾词，金玉曹刘名"⑨，指出曹、刘作品风格雅正，胜过徐、庾，因此将韦应物诗歌与两人相提并论。杜牧的《酬张祜处士见寄长句四韵》称扬张祜诗才云，"七子论诗谁似公，曹刘须在指挥中"⑩，以曹、刘为建安七子的翘楚。李商隐的《为裴懿无私祭薛郎中衮文》有"王、谢标格，曹、刘才调"⑪ 等语，颂扬薛衮文才，以王、谢、曹、刘为映衬。陆龟蒙的《纪梦游甘露寺》诗云，"谁题雪月句，乃是曹刘格"⑫，实际是承认曹、刘诗歌已然形成一种独特的风格。

① 胡传志校注：《金代诗论辑存校注》，第 410 页。
② 同上书，第 435 页。
③ 李修生主编：《全元文》第 7 册，南京：江苏古籍出版社，1998，第 134 页。
④ 同上书，第 19 册，第 76 页。
⑤ 杜甫：《杜诗详注》，第 1441 页。
⑥ 董诰等编：《全唐文》，第 1692 页上。
⑦ 同上书，第 2402 页。
⑧ 彭定求等编：《全唐诗》，第 3568 页。
⑨ 同上书，第 4229 页。
⑩ 同上书，第 5983 页。
⑪ 董诰等编：《全唐文》，第 8165 页上。
⑫ 彭定求等编：《全唐诗》，第 7132 页。

宋元时期，称说曹、刘为一代文学之代表者，仍络绎不绝。宋代如欧阳修的《书梅圣俞稿后》曰，"盖诗者，乐之苗裔欤！汉之苏、李，魏之曹、刘，得其正始。宋、齐而下，得其浮淫流佚"①，谓苏、李、曹、刘等人真正领会了诗歌的纯正和气，而宋、齐以后的诗歌轻薄虚浮。又如朱熹的《黄子厚诗序》曰，"其诗学屈、宋、曹、刘而下及于韦应物"②，此云子厚的诗学习屈、宋、曹、刘，一直到韦应物。再如严羽的《沧浪诗话·诗体》称，"以人而论，则有苏李体（自注：李陵苏武也）、曹刘体（自注：子建公幹也）"③，以曹植与刘桢为建安诗歌的俊彦。元代刘因的《叙学》论诗曰："魏晋而降，诗学日盛，曹、刘、陶、谢，其至者也……故作诗者，不能三百篇，则曹、刘、陶、谢；不能曹、刘、陶、谢，则李、杜、韩；不能李、杜、韩，则欧、苏、黄。"④ 刘因主张复古，最为推崇的是《诗经》，其次就是魏晋诗歌，而又以曹、刘为这一时期的代表。又有杨维桢的《金信诗集序》云，"屈、贾、苏、李、司马、扬雄尚矣，其次为曹、刘、阮、谢、陶、韦、李、杜之迭自名家"⑤，同样是推曹、刘为建安文学的魁首。

值得注意的是，这一时期，仍有论者将"曹王"并称。成书于唐贞观年间的《周书·王褒庾信传论》称："曹、王、陈、阮，负宏衍之思，挺栋干于邓林；……斯并高视当世，连衡孔门"⑥，对曹植、王粲的文思和才华给予极高的评价。唐代魏征主编的《隋书·文学传序》亦曰："于时作者……方诸张、蔡、曹、王，亦各一时之选也"⑦，充分肯定了曹、王作为建安时期优秀人才的历史地位。于頔的《释皎然杼山集序》认为，"自建安中，王仲宣、曹子建鼓其风，晋世陆士衡、潘安仁扬其波。王、曹以气胜，潘、陆以文尚"⑧，视王、曹为建安气骨的代表，与上述盛赞刘桢气骨的观点相左。杨炯的《王勃集序》有："贾马蔚兴，已亏于《雅》、《颂》；曹王杰起，更失于《风》、《骚》"⑨ 等语，虽然

---

① 曾枣庄、刘琳主编：《全宋文》第34册，第78页。
② 同上书，第250册，第353页。
③ 严羽：《沧浪诗话校释》，第58页。
④ 李修生主编：《全元文》第13册，第392页。
⑤ 同上书，第41册，第249页。
⑥ 令狐德棻等撰：《周书》，北京：中华书局，1971，第743页。
⑦ 魏征等撰：《隋书》，第1729—1730页。
⑧ 董诰等编：《全唐文》，第5519页下。
⑨ 同上书，第1930页上。

受文学退化论思想的影响，杨炯对秦汉以来文学变革有所不满，亦以贾、马、曹、王代表汉魏时代，无涉刘桢。贾至与杨炯同一声口，其《工部侍郎李公集序》云："泪骚人怨靡，扬、马诡丽，班、张、崔、蔡，曹、王、潘、陆，扬波扇飙，大变《风》、《雅》；宋、齐、梁、隋，荡而不返。"①贾至虽病自"骚人"至"宋、齐、梁、隋"历代作家，谓其每况愈下，但于建安作家也是突出曹、王，不曾齿及刘桢。宋代宋祁的《座主侍郎书》曰："然而大方之家，往往披华于沈宋之林，收实乎曹王之囿，窒其流宕，归之雅正"②，强调后代文人对曹、王的继承。元朝袁桷在《七观》中强调了王粲赋的历史地位："登高能赋，淫曼荒忽。智专者魂强，形滞者物逐。昔吴州来观《诗》东鲁，言有度，征有据。厉阶于枚生，滥觞于曹王。"③

由上可见，在隋唐五代宋金元时期，"曹刘"并称乃当时较为普遍的看法，而"曹王"并提，只是作为为数不多的言论而存在。尽管极少见到对刘桢的单独评价，而多是以曹刘并称的形式发言，但就这一时期对刘桢的整体批评趋势而言，气骨雄健是被提及较多的一面。

（三）明清：二水分流与基调确立

到明清两代，情况有了一些变化。称誉刘桢者仍有一定的数量，如王世贞、胡应麟、许学夷、王夫之，而徐祯卿、冯复京、陆时雍、吴淇、姚范、方东树等大多数人，则主张王粲地位在刘桢之上。

明代王世贞曾为建安诸子排座次，"正平子建直可称建安才子，其次文举，又其次为公幹仲宣"④，刘桢位置在王粲之前。胡应麟在《诗薮》中也认为："建安首称曹、刘。……公幹才偏，气过词；仲宣才弱，肉胜骨"⑤；"魏氏而下，文逐运移，格以人变。若子桓、仲宣……以词胜者也；公幹……以气胜者也"⑥。此所谓建安诗人以曹、刘成就最高，且刘桢"气过词""以气胜"，王粲"肉胜骨""以词胜"的观点完全是承袭锺嵘的议论。胡应麟不仅同意锺嵘关于

---

① 董诰等编：《全唐文》，第 3736 页下。
② 曾枣庄、刘琳主编：《全宋文》第 24 册，第 79 页。
③ 李修生主编：《全元文》第 23 册，第 25 页。
④ 王世贞撰：《艺苑卮言》，载丁福保辑《历代诗话续编》，第 988 页。
⑤ 胡应麟：《诗薮》，第 28—29 页。
⑥ 同上书，第 25 页。

二人五言诗风区别的看法，而且也突出了刘桢诗歌的历史地位："屈、宋、唐、景，鹊起于先，故一变为汉，而古诗千秋独擅。曹、刘、陆、谢，蝉连于后，故一变为唐，而近体百世攸宗。"① "曹、刘、阮、陆之为古诗也，其源远，其流长，其调高，其格正。"② 在《诗薮》中，胡应麟同时对王粲四言诗的成就给予了肯定的评价："魏陈思下仲宣数章，间有稚语，而典则雅驯，去汉未远。……公幹诸人，寥寥绝响。"③ "仲宣四言过五言……应、刘、徐、阮五言之外，诸体略不复睹。"④ 且不论王、刘二人的五言孰优孰劣，但王粲的四言诗温润雅致、文辞优美，刘桢难与比肩，胡应麟在崇刘的同时，对王粲四言的评价还是很客观的。

许学夷也更喜爱刘桢，其《诗源辩体》进行了如下论述："公幹、仲宣，一时未易优劣。钟嵘以公幹为胜，刘勰以仲宣为优。予尝为二家品评，公幹气胜于才，仲宣才优于气。钟嵘谓'陈思已下，桢称独步。'元美谓'二曹龙奋，公幹角立'是也。"⑤ 可见许学夷认为刘桢"气胜于才"。值得注意的是，许氏对于刘诗之"气"实颇有訾议。《诗源辩体》卷四云："公幹如'永日行游戏，欢乐犹未央。遗思在玄夜，相与复翱翔。''赋诗连篇章，极夜不知归。君侯多壮思，文雅纵横飞。'仲宣如'吉日简清时，从君出西园。方轨策良马，并驱厉中原。''朝发邺都桥，暮济白马津。逍遥河堤上，左右望我军'等句，皆慷慨以任气，磊落以使才者也。胡元瑞云：'魏之气雄于汉，然不及汉者，以其气也。'冯元成亦言'诗至建安而温柔乖'，其以是夫。"⑥ 许学夷引胡应麟之论，结合具体创作，指出刘诗与王诗皆有盛气过度之病，因而不及汉诗温厚。在刘桢诗歌中，具有此方面特点的作品是不乏其列的。如上文所引《赠五官中郎将》（其四）"赋诗连篇章，极夜不知归。君侯多壮思，文雅纵横飞"⑦ 等句，盛气之外，锋芒毕露，故而"温柔乖"。可见，他对刘桢的评价是有所保留的。

清代王夫之对王、刘二人的优劣评价主要体现在《古诗评选》中。全书选

---

① 胡应麟：《诗薮》，第2页。
② 同上书，第28页。
③ 同上书，第9页。
④ 同上书，第137页。
⑤ 许学夷：《诗源辩体》，第83页。
⑥ 同上书，第78页。
⑦ 俞绍初辑校：《建安七子集》，第158页。

王粲诗歌仅3首，多有批评；选刘诗6首，均为赞美。可知王夫之是崇刘抑王的。至于王氏对二人的具体评价，可见前文考察二人作品入选历代文学选本情况所说，兹不赘述。

明清两代更推崇王粲者，首先可观徐祯卿之论。其《谈艺录》中将"曹王"并称，王粲地位颇高："魏氏文学，独专其盛。然国运风移，古朴易解。曹王数子，才气慷慨，不诡风人。而特立之功，卒亦未至，故时与之阖化矣。"① 这种看法与唐代于頔"王、曹以气胜"②的评价相通，但于頔仅论王粲气骨，徐祯卿则兼及王粲才情，议论有所发展。他对刘桢则似有非议，谓其"锥角重陂，割曳缀悬"③。徐氏论诗亦反对盛气太过，如他曾说："气本尚壮，亦忌锐逸。……思王《野田黄雀行》，譬如锥出囊中，大索露矣。"④ 锐逸即指气骨显露，不含蓄。他认为刘桢诗歌写得"锥角重陂"，隐隐透露出不满之意。

同样抑刘扬王的是冯复京，他对"曹刘"并称大胆质疑："自《典论》称公幹五言之善者，妙绝时人。《诗品》遂云'真骨凌霜，高风跨俗'。思王而下，桢称独步，曹刘并尊，千古并无异议。予独谓其意气铿铿，有似孔璋，温柔敦厚之音邈然已远。'凤皇集南岳'，莽苍短劲，稍可耳。'秋日多悲怀'，颇成篇。'戎事将独难'，已是累句。'凉风吹沙砾，泛泛东流水。'味槁气索。《赠徐幹》末押焉字，气大锐挺，了无馀韵。至如'豁达来风凉，步趾慰我身。小臣信顽卤，华叶纷扰溺。'皆未经熔炼。又咏松也，而曰'终岁常端正'。咏鸡也，而曰'嗔目含火光'。咏射也，而曰'意气凌神仙'。才气逼人，似不解捉笔者。篇章甚少，而寄兴不存。鄙陋盈札，妙绝独步，竟复何在？……若谓雁行子建，超乘仲宣，岂非不虞之誉乎。"⑤ 冯氏此论与曹丕、锺嵘观点存在差异，认为刘桢诗歌"意气铿铿"，与"温柔敦厚"的诗学精神相背离。他指出《赠徐幹诗》过于尖锐直露，盛气之余，缺乏"馀韵"。《公宴》及《赠五官中郎将》诸首同样未经锤炼，且《赠从弟》（其二）、《斗鸡诗》《射鸢诗》等皆"才气逼人"，亦因过分显露才气，致"寄兴不存"。因此在冯氏看来，刘桢地位实难与曹植并

---

① 徐祯卿：《谈艺录》，载何文焕辑《历代诗话》，北京：中华书局，2004，第764页。
② 董诰等编：《全唐文》，第5519页下。
③ 徐祯卿：《谈艺录》，载何文焕辑《历代诗话》，第770页。
④ 同上书，第769页。
⑤ 冯复京：《冯复京诗话》，袁傲予编纂，载吴文治主编《明诗话全编》，南京：凤凰出版社，2006，第7202页。

称，也谈不上高于王粲。再参照冯氏对刘桢的其他评论，一样说明他是持抑刘观点的："惟公幹气胜其词，抗竦过度，譬之孔庭子路，晋宫将种，无复温醉婵娟之态，以为诗之正宗，千古愦愦。"① 细细比对刘桢诸作，会发现冯氏的说法不无道理，如《赠徐幹》写自己思念友人，竟达到"起坐失次第，一日三四迁"② 的地步，此表达侈陈哀乐有之，但也显得露骨，不够温婉含蓄。《赠从弟》（其三）通篇用凤凰喻从弟，结句直呼"何时当来仪？将须圣明君"③，虽慷慨激昂，却也因此缺乏耐人咀嚼的韵味。冯复京从气骨的观点否定刘桢，与前人肯定刘桢时所持的标准相同而得出的结论相反。

在贬抑刘桢的同时，冯氏亦给予王粲一定程度的肯定："盖仲宣气稍靡，笔太冗，拟之曹氏兄弟，远不逮矣。然有和平醇雅之意，大胜刘桢。其《七哀》二首，恻怆高华，魏诗上品。'南登羁（霸）陵岸，回首望长安。'神化所至，公幹集中有此否？而可踞王上也。"④ 尽管在冯氏眼中，王粲的地位不及曹丕、曹植，但因其"有和平醇雅之意"，故而"大胜刘桢"。结合王粲的创作实际，可知冯氏所言不为虚语。《七哀诗》（其一）描写了汉末军阀混战所造成的深重社会灾难，尤其沉郁悲感，结末"南登霸陵岸，回首望长安"⑤ 之句，追慕文帝，淳厚雅致，抒发诗人"恻怆"之情而不失"高华"之态，故而诗味悠长，冯氏视之为"神化所至"。冯氏之论对客观评价王、刘二人未尝不是很好的提醒。

陆时雍，其诗论标准与冯复京同，也是提倡王优刘劣的主要人物。《诗镜》选王粲诗歌8首，刘桢诗歌7首，且几乎都进行了阐释。前有《总论》一篇，评二人曰："子桓、王粲，时激《风》、《雅》余波。子桓逸而近《风》，王粲庄而近《雅》。……刘桢棱层，挺挺自持，将以兴人则未也。"⑥ 对王粲的《七哀诗》附评云："王粲文深，温其如玉，世云曹、刘，吾未之敢信。"⑦ 刘桢注又云："骨干自饶，风华殊乏。苏子瞻谓曹、刘挺劲，须知诗之所贵，不专挺

---

① 冯复京：《冯复京诗话》，载吴文治主编《明诗话全编》，第7202页。
② 俞绍初辑校：《建安七子集》，第159页。
③ 同上书，第160页。
④ 冯复京：《冯复京诗话》，载吴文治主编《明诗话全编》，第7201页。
⑤ 俞绍初辑校：《建安七子集》，第71页。
⑥ 陆时雍：《诗镜总论》，载陆时雍选评《诗镜》，第4页。
⑦ 陆时雍选评：《诗镜》，第52页。

劲。"① 从以上论述中，我们可以看到，陆氏所称赏王粲的，乃是王的温润诗风；陆氏所不满刘桢的，亦是刘棱角毕露。由于《诗镜》也属于笔者上文所考察的历代文学选本范畴，因而陆时雍对王、刘二人更为详尽的看法及原因分析详见上文，兹不具引。

清代不少论者也持有扬王的态度。吴淇的《六朝选诗定论》推奖王粲曰："仲宣诗清而丽，在建安中子建而下应宜首推。《三良》、《七哀》，极惨戚之致，不减两京人手笔。而最合诗人规讽之旨者，尤在《从军》五首。其四言亦不失韦家式样。图书相付，深服蔡中郎之具眼。"② 吴淇直言王粲文学成就在建安诸子中仅次于曹植，也就是承认了王胜于刘。但其所论也有穿凿附会之处。如《从军》五首主要是抒发报效曹操、建功立业的愿望，而被吴淇说成是"最合《诗》人规讽之旨"。以其评"从军有苦乐"篇为例："'从军'四句，似美征西之不久劳师，然已暗刺征东之劳师也。'相公'六句似美之，已有黩武意，且暗伏三举之失。'陈赏'云云，明是贪获，非王者秋毫无犯之师。'拓地'云云，见幸博一捷，便已志盈气骄。'昼日'四句，见中日营营，只是外揽权、内营私，非古大臣国而忘家、公而忘私之义。然此犹属美词，以张鲁虽小，患在肘腋故也。"③ 这些评价与《从军诗》的题旨大相径庭。"从军有苦乐"篇的主题是以从军为乐，志气昂扬，并无讽谏之意。吴氏不为传统评价所囿固然可贵，但我们又不能不说其某些认识有失偏颇。

姚范与方东树在王、刘优劣论上的看法在清代是有代表性的。姚范认为"公干之诗气较紧而狭，仲宣局面阔大。仲宣之诗过于公干，以《赠从军》及《赠五官中郎将》及《公宴诗》比之可见"④。方东树也表达了相似的观点：

> 陈思天质既高……同时惟仲宣，局面阔大，语意清警，差足相敌。伟长、公干，辅佐之耳。⑤ ……何屺瞻云："仲宣最为沉郁顿挫，而锺记室以为文秀而质羸，殆所未喻。"苍凉悲慨，才力豪健，陈思而下，

---

① 陆时雍选评：《诗镜》，第52页。
② 吴淇：《六朝选诗定论》，第129页。
③ 同上书，第133页。
④ 姚范撰：《援鹑堂笔记》，载《续修四库全书》第1149册，第114页上。
⑤ 方东树：《昭昧詹言》，第70页。

一人而已。①……建安七子,除陈思,其馀略同,而仲宣为伟,局面阔大。公幹气紧,不如仲宣。②

姚、方两人都提出了刘桢"紧狭"、王粲"阔大"的看法,如何理解这种差异呢?或许正可以由上章第一节所作王、刘诗歌对比观之。首先在题材上,刘桢诗歌反映的生活面不如王粲广阔;其次在体裁上,刘桢长于五言,而王粲四言与五言兼擅;再次在风格上,刘桢诗作无论在章句、修辞还是意象方面,均逊于王粲。要之,刘桢"紧狭"、王粲"阔大"的观点,为前人未发之论,实乃清人创见,且大体符合二人创作实际,观察也颇准确。

有清一代,除个别人,如王夫之对刘诗多有称美之外,多数诗论家对刘桢的评价不高。除吴淇、姚范与方东树外,尚有牟愿相的《小澥草堂杂论诗》曰:"陈思王外,仲宣尚有名篇,公幹绝少佳制。"③ 王士禛的《古诗选》选王粲诗歌3首,刘桢则一首不录。关于不选刘诗的原因,已见上文历代文学选本研究部分,此不赘述。明清人的态度,也为直至今日的王刘优劣论奠定了总体基调。④

---

① 方东树:《昭昧詹言》,第78页。
② 同上注。
③ 郭绍虞编选:《清诗话续编》,富寿荪校点,上海:上海古籍出版社,1983,第916页。
④ 按:近现代胡国瑞、王瑶、袁行霈、熊礼汇、葛晓音、刘跃进、钱志熙等学者均认为王粲的创作成就高于刘桢,可见今日主流意见亦是王优于刘。分见胡国瑞:《魏晋南北朝文学史》,武汉:武汉大学出版社,2013,第19、21页;王瑶:《中古文学史论》,第241页;袁行霈:《中国文学史纲:魏晋南北朝 隋唐五代文学》,北京:北京大学出版社,2016,第21页;熊礼汇:《魏晋南北朝文学史》,武汉:武汉大学出版社,2009,第46页;葛晓音:《八代诗史》,北京:中华书局,2007,第64页;刘跃进:《中国古代文学通论:魏晋南北朝卷》,沈阳:辽宁人民出版社,2005,第16页;钱志熙:《中国诗歌通史:魏晋南北朝卷》,北京:人民文学出版社,2012,第96页。

下编　王粲、刘桢年谱汇考

一、年谱凡例

1. 本年谱起自汉灵帝建宁二年（169），讫于建安二十四年（219），此为刘桢生年至王粲、刘桢卒后两年，共51年。

2. 本年谱纪年先书帝纪之年（如"汉灵帝建宁二年"），再括号附加公元年（如"169"），最后干支纪年（如"己酉"）。

3. 每年先系该年的政治、军事、经济、文化大事，实时代背景资料。此部分以简明概括为主，不做推求考订。次纪谱主之年岁、行事及作品。王粲、刘桢生平考证，自谭其骧《王粲年谱》以下，重要者约有九家，如缪钺《王粲行年考》，徐公持《建安七子诗文系年考证》，陆侃如《中古文学系年》，郁贤皓、张采民《建安七子年表》，韩格平《建安七子年表》，吴云、唐绍忠《王粲年谱》，张蕾《王粲年谱》，俞绍初《建安七子年谱》，王金龙《王粲行年系地考》等。本谱所纪谱主的每一事件，皆先标明资料出处，尽量汇总既有考据成果，再以【按语】陈述己见。

4. 对于不能明确系年的作品，采取融通做法，系在大概一个年段或时间段，并加以考证说明。

5. 谱主重要的作品全录其文。其余只录篇名，不录全文。

二、王粲、刘桢年谱汇考

汉灵帝建宁二年（169）己酉

正月，大赦天下。三月，尊董贵人为孝仁皇后。四月，诏公卿以下各上封事。十月，党锢多人，死者百余。十一月，鲜卑寇并州。是岁，长乐太仆曹节为车骑将军，百余日罢。（《后汉书·灵帝纪》）

刘桢约生于是年。

【兰按】：刘桢生年，史无明记。陆侃如《中古文学系年》以徐幹、王粲生年推之刘桢，谓桢亦当生于建宁熹平年间。俞绍初《建安七子年谱》援谢灵运《拟魏太子邺中集诗八首·刘桢》之"贫居晏里闬，少小长东平。河兖当冲要，沦飘薄许京",谓桢之归操在建安元年（196）献帝迁都于许后。结合桢《遂志赋》"幸遇明后，因志东倾。披此丰草，乃命小生。生之小矣，何兹云当？牧马于路，役车低昂。怆悢恻切，我独西行"，曰操于初平三年（192）东征黄巾之际，尝入兖州东平，招桢来归，桢以年少未就。古人二十以下称"小"，估桢约十八岁，则推其生年或在熹平四年（175）前后。

对此，曹道衡、沈玉成有辩如下：其一，小生乃"后学新进"，非必实指年岁。其二，据曹植《与杨德祖书》称"公幹振藻于海隅"，谓桢归操前已知名青、徐，其《鲁都赋》作于归操前，似非弱冠少年所能措手。故推桢之入许，或已年近三十。其三，又据《魏志·周宣传》所载"东平刘桢梦蛇生四足，穴居门中，使宣占之，宣曰：'此为国梦，非君家之事也。当杀女子而作贼者。'顷之，女贼郑、姜遂俱夷讨。"推测此指建安五年（200）操杀董贵人事，故而指出刘桢归操，当在建安元年（196）后、五年（200）前，见其《中古文学史料丛考》。

陆说是也，刘桢与王粲、徐幹等彼此交好，应属同辈，年龄相若。俞说虽有一定说服力，但关于"小生"之推论略显不足。曹、沈两先生考证翔实，兹取其说。又建安三年（198），曹收战胜吕布后，收降泰山豪杰臧霸、孙观等人，平定刘桢家乡兖州。桢或在此时归曹。《三国志·武帝纪》建安三年（198）下云："太山臧霸、孙观、吴敦、尹礼、昌豨各聚众。布之破刘备也，霸等悉从布。布败，获霸等，公厚纳待，遂割青、徐二州附于海以委焉，分琅邪、东海、北海为城阳、利城、昌虑郡。"《资治通鉴》亦称："〔建安三年（198）〕臧霸自亡匿，操募索得之，使霸招吴敦、尹礼、孙观等，皆诣操降。操乃分琅邪、东海为城阳、利城、昌虑郡，悉以霸等为守相。初，操在兖州，以徐翕、毛晖为将，及兖州乱，翕、晖皆叛。兖州既定，翕、晖亡命投霸。"假定刘桢建安三年（198）入许，时年三十，则其生年或在建宁二年（169）前后。

桢字公幹，兖州东平国宁阳县人。

《文选》卷四十二曹植《与杨德祖书》："公幹振藻于海隅"。李善注："公幹，东平宁阳人也，宁阳边齐，故云海隅。"五臣注吕向曰："海隅，东平。"

《文选》卷五十二曹丕《典论·论文》："东平刘桢公幹。"

《魏志·王粲传》："东平刘桢字公幹。"

《后汉书·文苑·刘梁传》："刘梁字曼山，一名岑，东平宁阳人也。……孙桢，亦以文才知名。"

卢弼《三国志集解》卷二十一"东平刘桢"下注："东平宁阳人"。

【兰按】：刘桢为东平郡宁阳县人，其地治今山东宁阳县南。宁阳原属兖州泰山郡，东汉时归入东平，然确切年份难定。《汉书·地理志》："泰山郡，高帝置。属兖州……县二十四……宁阳，侯国。"《后汉书·郡国志》："东平国故梁……七城……宁阳故属泰山。"《后汉书·光武十王·东平宪王苍传》："敞丧母至孝，国相陈珍上其行状。永宁元年，邓太后增邑五千户。"周振鹤《中国行政区划通史·秦汉卷》据此认为："此五千户恰足匹一县之地，故颇疑即为泰山之宁阳县。倘若如此，则宁阳当于永宁元年自泰山来属。"

桢祖父刘梁，宗室子孙，曾拜尚书郎、野王令。

《魏志·王粲传》裴注引《文士传》曰："桢父名梁，字曼山，一名恭。少有清才，以文学见贵，终于野王令。"

《后汉书·文苑·刘梁传》略云：刘梁字曼山，一名岑，东平宁阳人也。梁宗室子孙，而少孤贫，卖书于市以自资。常疾世多利交，以邪曲相党，乃著《破群论》。时之览者，以为"仲尼作春秋，乱臣知惧，今此论之作，俗士岂不愧心"。其文不存。又著《辩和同之论》。……桓帝时，举孝廉，除北新城长。……特召入拜尚书郎，累迁。后为野王令，未行。光和中，病卒。孙桢，亦以文才知名。

卢弼《三国志集解》卷二十一："范书《刘梁传》：桢为梁孙。《文士传》作'桢父名梁'。范书作'梁一名岑'，《文士传》作'一名恭'。未知孰是。"

周祖撰《先唐文苑传笺证》："传既云梁宗室子孙，则为东平王刘苍之后。考《后汉书》卷四十二《光武十王列传》，东平宪王苍为光武帝子，建武十五年（三九）封东平公，十七年（四一）进爵为王。立四十五年，子怀王忠嗣。明年，帝乃分东平国封忠弟尚为任城王，馀五人为列侯。忠立一年薨，子孝王敞嗣。永元十年（九八），封苍孙梁为矜阳亭侯，敞弟六人为列侯。敞立四十八年薨，子顷王端嗣。立四十七年薨，子凯嗣；立四十一年，魏受禅，以为崇德侯。以上记载，透露若干信息。首先，刘苍诸子孙中，刘梁确有其人。其次，作为祖孙，刘苍与刘梁在年岁上没有龃龉。刘苍生年虽不可考，但他与其兄汉明帝刘庄皆阴丽华所生，汉明帝生于建武三年（二七），故刘苍可能生于建武五年（二九）年前后。约十岁封东平公，约十二岁封东平王，在位四十五年，即卒于章帝元和二年（八五），年五十七。刘梁于汉和帝永元十年（九八）封亭侯，卒于光和年间（一七八—一八三），年八十余，是可能的。……如果传中刘梁是汉宗室，那么他一定是东平王刘苍之后。而刘苍之后中不应该有两个刘梁，如果有值得怀疑之处，应该是刘梁到底是刘苍的几代孙，但与记载相差决不应超过一代。"

【兰按】：周说考范书《刘梁传》之刘梁为东平宪王刘苍孙，固有一定道理，然亦难以作为定论。这是因为：其一，苍孙曾封"矜阳亭侯"，范书《刘梁传》未提及刘梁封侯之事。封侯乃大事，不应不提；其二，周先生以"梁宗室子孙"且为东平宁阳人，就认定《刘梁传》中刘梁为东平宪王刘苍之后，推论尚欠周密。若其为西汉宗室衍生太多后的一代，和本支距离太远，恐不入宗室谱录。因而相互不通声气，与刘苍后代重名并非不可能。故而《刘梁传》之刘梁是否为刘苍之孙，目前仍存疑。范书《刘梁传》谓桢为梁孙，《魏志·王粲传》裴注引《文士传》以桢为梁子，两者不合，以前者为正史，后者为野史，姑从前者。

《隋书·经籍志》录后汉野王令《刘梁集》三卷，下注："梁二卷，录一卷。"《旧唐书·经籍志》《新唐书·艺文志》皆著录《刘梁集》二卷。严可均《全后汉文》卷六十四收其文《除北新城长告县人》《七举》《辩和同论》三篇并附《刘梁碑》。陆侃如《中古文学系年》："严可均《全后汉文》卷六十四载《刘梁碑》：'君迁桂阳太守。'曾朴《补后汉艺文志并考》卷八：'按范书、《隋志》皆云野王令，此云桂阳太守。考《汉官仪》，太守二千石，令长均六百石，官秩相差过远。疑所谓桂阳太守者乃立碑之主，而此碑文则刘梁作也。《书钞》讹脱甚多，刘梁下脱某某二字耳。'"陆说有理，今从之。

王粲祖父畅卒。

《后汉书·王畅传》："建宁元年，迁司空，数月，以水灾策免。明年，卒于家。子谦，为大将军何进长史。谦子粲，以文才知名。"

【兰按】：王畅为王粲祖父，又见本谱汉灵帝熹平六年（177）条下。

建宁三年（170）庚戌
四月，太尉郭禧罢，闻人袭为太尉。七月，司空刘嚣罢。八月，桥玄为司空。冬，济南贼起，攻东平陵。（《后汉书·灵帝纪》）

刘桢约两岁。

建宁四年（171）辛亥
正月，帝加元服，大赦天下，惟党人不赦。三月，诏公卿至六百石各上封事。大疫。七月，立贵人宋氏为皇后。冬，鲜卑寇并州。（《后汉书·灵帝纪》）

刘桢约三岁。

建宁五年熹平元年（172）壬子
五月，改元熹平。六月，窦太后卒。七月，捕太学生千余人。十月，渤海王刘悝被诬谋反，与其妻子自杀。十一月，会稽人许生叛，讨破之。十二月，鲜卑寇并州。（《后汉书·灵帝纪》）

刘桢约四岁。

熹平二年（173）癸丑
正月，大疫。二月，大赦天下。六月，北海地震。东莱、北海海水溢。七月，司空杨赐免，太常颍川唐珍为司空。十二月，日南徼外国重译贡献。鲜卑寇幽、并二州。（《后汉书·灵帝纪》）

刘桢约五岁。

熹平三年（174）甲寅

正月，夫馀国遣使贡献。三月，中山王畅薨，国除。六月，封刘康为济南王。秋，洛水溢。十月，令系囚未决者入缣赎。十二月，鲜卑寇北地，又寇并州。（《后汉书·灵帝纪》）

刘桢约六岁。

熹平四年（175）乙卯

三月，立熹平石经于太学门外。四月，七郡国大水。五月，大赦天下。鲜卑寇幽州。六月，遣守宫令之盐监，为民穿渠，减遇灾者租。十月，令系囚未决者入缣赎。改平准为中准，使宦者为令，列于内署。自是诸署悉以宦者为丞、令。（《后汉书·灵帝纪》）

刘桢约七岁。

熹平五年（176）丙辰

四月，大赦天下。五月，诏党人门生故吏父子兄弟在位者，悉免官禁锢。十二月，授太学生年六十以上者官职。是岁，鲜卑寇幽州。（《后汉书·灵帝纪》）

刘桢约八岁，能诵《论语》、诗、论及篇赋数万言，以才学闻名。

《太平御览》卷三百八十五引《文士传》曰："（桢）少以才学知名，年八九岁，能诵《论语》、《诗》、论及篇赋数万言。警悟辩捷，所问应声而答。当其辞气锋烈，莫有折者。"

汉灵帝熹平六年（177）丁巳

四月，大旱，七州蝗灾。鲜卑犯三边。八月，迎击大败。十二月，鲜卑寇辽西。（《后汉书·灵帝纪》）

曹操迁顿丘令，征拜议郎。（张可礼《三曹年谱》）

刘桢约九岁。

王粲生。

《魏志·王粲传》:"建安二十二年春,道病卒,时年四十一。"

《后汉书·王畅传》李贤注:"(王粲)年四十卒。《魏志》有传。"

曹金华《后汉书稽疑》:"此谓《魏志》有传,而《魏志·王粲传》作'二十二年春,道病卒,时年四十一',此明脱'一'字也。"

【兰按】:王粲享年既为四十一岁,以建安二十二年(217)逆推之,则粲生于是年,惟月日不详。

粲字仲宣,兖州山阳郡高平县人。

《魏志·王粲传》:"王粲字仲宣,山阳高平人也。"

【兰按】:据《后汉书·郡国志》,汉代行政区划分为州、郡、县三级。"高平"为县名,属兖州山阳郡。关于王粲里籍之今地说法主要有三:有云山东省邹县西南,有云山东省微山县,有云山东省济宁市喻屯乡。主"邹县"者,有缪钺《王粲行年考》、余冠英《汉魏六朝诗选》、俞绍初《建安七子年谱》、张蕾《王粲年谱》等,云东汉高平县治今邹县(邹城)西南;主"微山县"者,有熊清元《王粲籍贯辨正》,云"1953年分置微山县时,(山阳郡高平县)又已划入了微山县"。又有艾知舟《王弼里籍考证》亦谓"(山阳郡高平县)在今之山东省微山县西北两城"。主"济宁市"者,有王晓毅《儒释道与魏晋玄学形成》,其议以为王粲应归葬于高平的家族墓地,此墓现存,位于今山东省济宁市市郊区喻屯乡南村东南、蔡河北岸。"尽管该县(高平)县治位于现在的微山县两城乡,与王粲墓所在地济宁市喻屯乡不仅分属两县,而且已隔南阳湖相望,但是在南四湖远未形成的汉魏时期,同属高平县。"① 三说不一,前两者所论皆仅高平县县治所在,尚欠周密;第三说有王粲墓址为据,更为精准。

粲曾祖父龚,顺帝时为太尉,位列三公;祖父畅,灵帝时为司空,名在八俊。

---

① 按:具体论证详见王晓毅《儒释道与魏晋玄学形成》,北京:中华书局,2003,第73—75页。

《文选》卷五十六曹植《王仲宣诔》"自君二祖，为光为龙。金日休哉，宜翼汉邦。或统太尉，或掌司空。百揆惟叙，五典克从。天静人和，皇教遐通。"

《魏志·王粲传》："曾祖父龚，祖父畅，皆为汉三公。"

《魏志·王粲传》裴注引张璠《汉纪》："龚字伯宗，有高名于天下。顺帝时为太尉。初，山阳太守薛勤丧妻不哭，将殡，临之曰：'幸不为夭，复何恨哉？'及龚妻卒，龚与诸子并杖行服，时人或两讥焉。畅字叔茂，名在八俊。灵帝时为司空，以水灾免，而李膺亦免归故郡，二人以直道不容当时。天下以畅、膺为高士，诸危言危行之徒皆推宗之，愿涉其流，惟恐不及。会连有灾异，而言事者皆言三公非其人，宜因其变，以畅、膺代之，则祯祥必至。由是宦竖深怨之，及膺诛死而畅遂废，终于家。"

《后汉书》卷五十六有《王龚、王畅传》。

粲父谦，曾入尚书省掌机密，又出为泰山郡太守，后任大将军何进长史。

《文选》卷五十六曹植《王仲宣诔》："伊君显考，奕业佐时。入管机密，朝政以治。出临朔岱，庶绩咸熙。"李善注："粲父无传，其官未详"，钱大昭《三国志辨疑》卷一："谦之历官不可考"，梁章钜《三国志旁证》卷十五："盖亦当时一显宦矣"。

《文选》本篇五臣注张铣曰："'机密'，谓军谋之事也"，五臣注吕向曰："粲父出为岱郡太守也。"赵幼文注："朔谓河北省，岱山东省。王谦出任二地之官。"（《曹植集校注》）俞绍初《建安七子年谱》以"入管机密"推测王谦曾入尚书省掌机密，再据《后汉书·郡国志三》"泰山"条所载，岱山在泰山郡博县西北，从而认为"朔代"代指泰山郡，即王谦又曾出为泰山郡太守。王金龙《王粲行年系地考》："据《后汉书》卷一一三《郡国志五》知'朔代'乃朔方郡和代郡，属幽州刺史部。"

【兰按】：据《后汉书·郡国志》，东汉仅有"代郡"，属幽州，而无"岱郡"，故吕向之说盖非。曹诔原文非"朔代"，而为"朔岱"，故"代郡"之说可排除。关于"朔方郡"之说，据《后汉书·郡国志五》载，朔方郡，属并州。《后汉书·顺帝纪》："〔永和五年（140）九月〕，徙西河郡居离石，上郡居夏阳，朔方居五原"；《后汉书·南匈奴传》："〔永和五年（140）〕秋，（南匈奴）句龙吾斯等立句龙王车纽为单于。东引乌桓，西收羌戎及诸胡等数万人，攻破京兆虎牙营，杀上郡都尉及军司马，遂寇掠并、凉、幽、冀四州。乃徙西河治离石，上郡治夏阳，朔方治五原。"李贤注："移朔方就五原郡。"汉顺帝永和五年（140），因匈奴侵扰，东汉朔方郡侨治五原郡，朔方郡从此徒有虚名，无有实地，故而王谦出守朔方郡可能性不大。赵说亦未知何据。综上，俞说更为合理，可从。

王谦为"长史"，《后汉书·王龚、王畅传》云"（畅）子谦，为大将军何进长史。谦子粲，以文才知名。"山阳王氏，为东汉望族。自王龚以来，世代为宦，传至王粲。《后汉书》因叙王畅，连带涉及王粲。特标"文才"一项，可见当时即认为王粲主要长处在于诗文创作。又见本谱汉灵帝光和七年中平元年（184）条下。

汉灵帝熹平七年光和元年（178）戊午

二月，始设鸿都门学。三月，改元光和。十月，废宋皇后，其父及诸兄并诛。是年，鲜卑犯酒泉。灵帝初开西邸卖官，公位千万，卿位五百万，关内侯、虎贲、羽林等职，入钱各有差。（《后汉书·灵帝纪》）

刘桢约十岁。

王粲两岁。

光和二年（179）己未

春，大疫。四月，诸党人禁锢，小功以下皆免罪。十月，司徒刘郃、永乐少府陈球、卫尉阳球、步兵校尉刘纳等诛讨宦官，事泄被杀。十二月，鲜卑犯幽、并二州。（《后汉书·灵帝纪》）

刘桢约十一岁。

王粲三岁。

光和三年（180）庚申

四月，江夏蛮族反叛。六月，诏令公卿举能通《古文尚书》《毛诗》《左氏》《谷梁春秋》者各一人，悉任议郎。十二月，贵人何氏立为皇后，其兄何进晋升侍中。是年，灵帝兴建罼圭、灵昆苑。（《后汉书·灵帝纪》）

曹操以能明古学，复征拜议郎。（张可礼《三曹年谱》）

刘桢约十二岁。

王粲四岁。

光和四年（181）辛酉

四月，交阯刺史朱俊平定交阯之乱。十月，鲜卑犯幽、并二州。是年，灵帝作列肆于后宫，使诸采女贩卖，帝着商贾服，饮宴为乐。（《后汉书·灵帝纪》）

何皇后鸩杀皇子协生母王美人。（《后汉书·何皇后纪》）

刘桢约十三岁。

王粲五岁。

光和五年（182）壬戌

二月，大疫。四月，旱灾。十月，帝校猎上林苑，经函谷关，遂巡狩于广成苑。十二月，幸太学。（《后汉书·灵帝纪》）

灵帝以灾异询问得失于群臣，曹操上书切谏。（张可礼《三曹年谱》）

刘桢约十四岁。

王粲六岁。

光和六年（183）癸亥

夏，大旱。秋，始设圃囿署，以宦者为令。（《后汉书·灵帝纪》）

刘桢约十五岁。

王粲七岁。

汉灵帝光和七年中平元年（184）甲子

二月，张角自称"黄天"，黄巾之乱。三月，河南尹何进升大将军。解除党锢。六月，遣中郎将董卓攻张角，不克。八月，诏皇甫嵩北伐张角。十月，皇甫嵩与黄巾军战于广宗，获张角弟张梁。张角已死，戮其尸。十一月，皇甫嵩又破黄巾于下曲阳，斩张角弟张宝。十二月，改元中平。（《后汉书·灵帝纪》）

孔融辟司徒杨赐府，受遣奉何进为大将军。何进辟融为掾。（《后汉书·孔融传》）

曹操拜骑都尉。（张可礼《三曹年谱》）

刘桢约十六岁。

王粲八岁，其父谦任大将军何进长史，拒绝与进子通婚。

《魏志·王粲传》：“父谦，为大将军何进长史。进以谦名公之胄，欲与为婚，见其二子，使择焉。谦弗许。以疾免，卒于家。”

缪钺《王粲行年考》：“是年三月，何进由河南尹为大将军。王粲父谦为大将军何进长史，必在是年以后。谦卒年无可考。”

【兰按】：《魏志·董卓传》裴注引《续汉书》："进字遂高，南阳人，太后异母兄也。进本屠家子，父曰真。真死后，进以妹倚黄门得入掖庭，有宠，光和三年立为皇后，进由是贵幸。中平元年，黄巾起，拜进大将军。"王家"世为豪族"，而何进出身低贱，后虽为大将军，王谦亦曾拒绝与其子通婚。所谓"见其二子"句，俞绍初谓："何进欲择王谦二子为婚……粲字仲宣，则其行次可知，二子中似有粲在"（《建安七子年谱》），说可商。中平六年（189）八月，何进即被宦官所杀，王谦拒婚应在此前。何进卒年，粲年仅十三。按照当时婚姻礼制及习俗，男子婚龄至少应有十五六岁。至何进卒年，粲年龄尚幼，故何进"欲与为婚"可能性甚小。"见其二子"，盖言王谦见何进二子也。古代女子婚龄一般亦在十五六岁，则王谦此女多半是王粲之姐。此事不能确认发生于何年，然当在中平元年（184）三月至中平六年（189）八月间，姑置于此。

中平二年（185）乙丑

正月，大疫。二月，南宫大火，半月乃灭。黑山贼张牛角等十余辈并反。七月，三辅蝗灾。十一月，鲜卑犯幽、并二州。是岁，造万金堂于西园。（《后

汉书·灵帝纪》）

曹操征为东郡太守，不就，归乡里。（张可礼《三曹年谱》）

刘桢约十七岁。

王粲九岁。

中平三年（186）丙寅

二月，复修玉堂殿，铸铜人四，黄钟四，及天禄、虾蟆，又铸四出文钱。十二月，鲜卑犯幽、并二州。（《后汉书·灵帝纪》）

曹操征为都尉。（张可礼《三曹年谱》）

刘桢约十八岁。

王粲十岁。

中平四年（187）丁卯

三月，拜何苗为车骑将军。四月，王国、韩遂、马腾叛乱攻陷关中。六月，河北张举、张纯反，张举称帝，犯幽、冀二州。十月，孙坚为长沙太守。十一月，曹嵩为太尉。十二月，休屠各胡叛乱。是年，出卖关内侯官职，价五百万。（《后汉书·灵帝纪》）

刘桢约十九岁。

王粲十一岁。

中平五年（188）戊辰

四月，太尉曹嵩罢。六月，七郡国大水。七月，马日磾为太尉。八月，初置西园八校尉。袁绍为中军校尉，曹操为典军校尉，皆统于上军校尉蹇硕。十月，青、徐二州黄巾复起，寇郡县。十一月，公孙瓒大破张纯。是年，黄巾残党各地骚乱。改刺史，每州置牧。（《后汉书·灵帝纪》及注引乐资《山阳公载记》）

三月，刘焉为益州牧，刘虞为幽州牧。州任之重，自此而始。（《蜀志·刘焉传》及注引司马彪《续汉书》）

刘桢约二十岁。

王粲十二岁。

汉灵帝中平六年 汉少帝光熹元年昭宁元年 汉献帝永汉元年（189）己巳

二月，皇甫嵩大败王国。四月，灵帝卒，少帝刘辩即位，年十七，何太后临朝，改元光熹，大将军何进秉国。八月，张让等十常侍杀何进，袁绍攻杀宦官。改元昭宁。九月，董卓入洛阳，废少帝为弘农王，立献帝刘协，年九岁，改元永汉。（《后汉书·灵帝纪》）

九月，董卓鸩杀何太后，自为太尉，加鈇钺、虎贲。十一月，董卓自为相国。十二月，诏除光熹、昭宁、永汉三年号，还复中平六年。（《后汉书·献帝纪》）

曹操至陈留，散家财，合义兵，十二月，起兵于己吾。（《魏志·武帝纪》）

刘桢约二十一岁。

王粲十三岁。

汉献帝初平元年（190）庚午

正月，山东州郡起兵讨董卓。董卓鸩杀废帝刘辩。二月，王允为司徒，董卓胁迫献帝迁都长安，自留洛阳抗关东军。三月，献帝入长安，董卓焚毁洛阳。五月，董卓毁五铢钱，改铸小钱。（《后汉书·献帝纪》）

长沙太守孙坚杀荆州刺史王叡，刘表任荆州刺史。（《后汉书·刘表传》）

正月，各诸侯讨董卓，推袁绍为盟主。曹操行奋武将军。袁绍与韩馥谋立幽州牧刘虞为帝，约结曹操，为操所拒。（《魏志·武帝纪》）

刘桢约二十二岁。

王粲十四岁，随献帝西迁而徙长安，谒蔡邕。邕倒履出迎，见而奇之，与书数车。

《文选》卷五十六曹植《王仲宣诔》："皇家不造，京室殒颠。宰臣专制，帝用西迁。君乃羁旅，离此阻艰。"

《魏志·王粲传》："献帝西迁，粲徙长安。左中郎将蔡邕见而奇之。时邕才学显著，贵重朝廷，常车骑填巷，宾客盈坐。闻粲在门，倒屣迎之。粲至，年既幼弱，容状短小，一坐尽惊。邕曰：'此王公孙也，有异才,吾不如也。吾家书籍文章,尽当与之。'"

卢弼《三国志集解》卷二十一:"伯喈藏书,尽与仲宣。"

俞绍初《建安七子年谱》:"《后汉书·蔡邕传》邕于是年拜左中郎将,从献帝至长安,粲登门造邕当在初至长安时。《后汉书·列女·董祀妻传》载蔡琰谓曹操曰:'昔亡父赐书四千许卷,流离涂炭,罔有存者。'疑蔡邕万卷藏书,除留予其女四千馀卷,其馀尽入王粲。"

【兰按】:蔡邕爱书,多秘本,当有部分流入王粲之手。《后汉书·王充传》注引《袁山松书》曰:"充所作《论衡》,中土未有传者,蔡邕入吴始得之,恒秘玩以为谈助。"又引《抱朴子》曰:"时人嫌蔡邕得异书,或搜求其帐中隐处,果得《论衡》,抱数卷持去。邕丁宁之曰:'唯我与尔共之,勿广也。'"

王粲身后,蔡邕书尽入粲嗣子王业,再传至业子宏、弼。从蔡邕到王粲再到王弼,有若干文化遗产的传承关系存在。《魏志·钟会传》裴注引《博物记》:"初,王粲与族兄凯俱避地荆州,刘表欲以女妻粲,而嫌其形陋而用率,以凯有风貌,乃以妻凯。凯生业,业即刘表外孙也。蔡邕有书近万卷,末年载数车与粲,粲亡后,相国掾魏讽谋反,粲子与焉,既被诛,邕所与书悉入业。业字长绪,位至谒者仆射。子宏字正宗,司隶校尉。宏,弼之兄也。"裴注又引《魏氏春秋》曰:"文帝既诛粲二子,以业嗣粲。"缪钺《王粲行年考》:"王弼盖得读粲之藏书,故能少年博学也。"缪先生所言甚是,晋张湛注《列子》自序可证:"湛闻之先父曰:吾先君与刘正舆、傅颖根,(傅咸子敷。字颖根。王粲从孙宏,字正宗。见《晋书·良吏传》)皆王氏之甥也,并少游外家。舅始周,始周从兄正宗辅嗣,皆好集文籍,先并得仲宣家书,几将万卷。"(严可均《全晋文》卷一百三十八)亦可参看卢弼《三国志集解》卷二十八《钟会传》注:"王弼年甫弱冠,即为经学大师,当时名公巨卿,惊叹弗及,窃疑何以早慧若是? 盖缘伯喈藏书万卷,尽入仲宣,辗转而归辅嗣,博览闳通,渊源授受,有自来矣。"

初平二年(191)辛未

二月,董卓自为太师。孙坚破董卓入洛阳,董卓发掘诸帝陵。四月,董卓入长安。十一月,公孙瓒破青州黄巾军。(《后汉书·献帝纪》)

七月,袁绍胁韩馥让冀州,自为冀州牧。曹操破黑山贼,袁绍表曹操为东

郡太守。(《魏志·武帝纪》)

刘桢约二十三岁。

王粲十五岁。

初平三年（192）壬申

正月，袁术遣孙坚击刘表，孙坚战死。袁绍于界桥破公孙瓒。四月，司徒王允、吕布等共杀董卓。五月，卓将李傕、郭汜入京师、杀王允。九月，淳于嘉为司徒。(《后汉书·献帝纪》)

蔡邕为王允所杀。(《后汉书·蔡邕传》)

冬，刘表遣使奉贡，李傕以刘表为镇南将军，荆州牧，封成武侯。(《后汉书·刘表传》)

四月，曹操领兖州牧，大破黄巾于寿张。冬，收其精锐三十余万，号"青州兵"，实力倍增。(《魏志·武帝纪》)

刘桢约二十四岁。

王粲十六岁。

初平四年（193）癸酉

三月，袁术杀扬州刺史陈温，据淮南。九月，诏试儒生四十余人。十月，太学行礼，献帝给予博士以下不同赏赐。公孙瓒杀大司马刘虞。(《后汉书·献帝纪》)

秋，曹操为报父仇，东征徐州牧陶谦，下十余城。(《魏志·武帝纪》)

刘备率兵救陶谦。(《蜀志·先主传》)

刘桢约二十五岁。

王粲十七岁，以西京扰乱，不应司徒辟及朝廷征诏。

《魏志·王粲传》："年十七，司徒辟，诏除黄门侍郎，以西京扰乱，皆不就。"

《后汉书·献帝纪》："〔中平六年（189）〕初令侍中、给事黄门侍郎员各六人。"李贤注："《汉官仪》曰：'给事黄门侍郎，六百石，无员。掌侍从左右，给事中使，关通中外。'应劭曰：'黄门侍郎，每日暮向青琐门拜，谓之夕郎。'《舆服志》曰：'禁门曰黄闼，以中人主之，故号曰黄门令。'然则黄门郎给事黄闼之内，故曰黄门郎。本既无员，于此各置六人也。"

《后汉书·百官志》："黄门侍郎，六百石。本注曰：无员。掌侍从左右，给事中，关通中外。及诸王朝见于殿上，引王就坐。"

卢弼《三国志集解》卷二十一："时司徒为淳于嘉。"缪钺从之。

俞绍初《建安七子年谱》："《后汉书·献帝纪》初平三年九月淳于嘉方为司徒，时粲已离长安至荆州，司徒当为王允。"

【兰按】：俞说疑误，粲离长安在初平四年（193），说见下。时司徒乃淳于嘉。黄门侍郎，即给事黄门侍郎，秩六百石。汉献帝时定为六员，与侍中出入禁中，近侍帷幄。少年王粲能入选黄门侍郎，盖因王氏累世为汉代重臣，影响颇大，且粲少有才名，又曾为蔡邕所称。

粲离长安，赴荆州依刘表。

《文选》卷五十六曹植《王仲宣诔》："翕然凤举，远窜荆蛮。身穷志达，居鄙行鲜。振冠南岳，濯缨清川。"

《魏志·王粲传》："年十七，……乃之荆州，依刘表。"

《魏志·刘表传》："刘表，字景升，山阳高平人。"（并见《后汉书·刘表传》）

《后汉书·王畅传》："同郡刘表时年十七，从畅受学。"盖尝投在王粲祖父门下，梁章钜《三国志旁证》卷十五以此为王粲依刘表之据。

卢弼《三国志集解》卷二十一："同里世交，故粲往依之。"

【兰按】：卢说诚是。加之时北方诸州军阀混战，惟南方荆州安定，天下谋士与文人多避难荆州。粲等亦投身刘表。至于粲赴荆州时间，学界曾有讨论。有主初平三年（192）说者，如俞绍初《王粲年谱》，曹道衡、沈玉成《中古文学史料丛考》等，皆据粲诗《赠士孙文始》中"我暨我友，自彼京师"二句，断定王粲与士孙文始同时自京师而赴荆州，再由《文选》卷二十三本诗李善注引《三辅决录》赵岐注曰："士孙孺子名萌，字文始。少有才学，年十五能属文。初，董卓之诛也，父瑞知王允必败，京师不可居，乃命萌将家属至荆州依刘表。去无几，果为李傕等所杀"，并考《后汉书·献帝纪》及《王允传》，知允于初平三年（192）六月被李傕等所杀，从而认定王粲、士孙文始离长安必在此之前。笔者以为该说虽有一定道理，然其大前提为王粲与士孙文始同时赴荆州，此大前提原未必成立。由诗句"我暨我友，自彼京师"仅能读出二人均自京师赴荆州避难，未能证明二人同行，故不能据以为凭。盖因原始资料缺乏，相关记载不详，固难以取得一致见解也。笔者以为本传所说"年十七"，为掌握王粲赴荆州时间之最重要材料，可信度更大。故系于是。

荆州治所原在汉寿，后徙江陵，再徙襄阳。

《魏志·刘表传》："灵帝崩，（刘表）代王叡为荆州刺史。是时山东兵起，表亦合军襄阳。"

《魏志·刘表传》裴注引司马彪《战略》曰："表初到，单马入宜城，而延中庐人蒯良、蒯越、襄阳人蔡瑁与谋。……（蒯越曰）兵集众附，南据江陵，北守襄阳，荆州八郡可传檄而定。"

《后汉书·郡国志》："荆州刺史部，郡七，县、邑、侯国百一十七。……汉寿故索，阳嘉三年更名，刺史治。"

《宋书·州郡志三》："荆州刺史，汉治武陵汉寿。"

《南齐书·州郡志下》："荆州，汉灵帝中平末刺史王睿始治江陵。"

王应麟《通鉴地理通释》："荆州：刺史初治汉寿（武陵），后治南郡（江陵）。《南齐志》云：'中平末，王睿始治江陵。'部郡七。"

缪钺《王粲行年考》："东汉荆州刺史治汉寿，刘表徙治襄阳。"

【兰按】：东汉荆州治所，《后汉书·郡国志》《宋书·州郡志三》皆言为"汉寿"，与《南齐书·州郡志三》所载"江陵"不同。盖如王应麟所言，王叡（睿）始将治所由汉寿徙江陵，刘表再由江陵徙治襄阳也。

粲在荆州居襄阳。

《文选》卷五十六李善注曹植《王仲宣诔》引盛弘之《荆州记》曰："襄阳城西南有徐元直宅，其西北八里方山，山北际河水，山下有王仲宣宅。故东阿王《诔》云：'振冠南岳，濯缨清川。'"

顾祖禹《读史方舆纪要》卷七十九："万山，在城西十里。下有曲隈。或讹为方山。"

【兰按】："方山"当为"万山"之讹。

《太平御览》卷一百八十引《襄沔记》："繁钦宅、王粲宅并在襄阳，井台犹存。"蔡梦弼《杜工部草堂诗笺》又引《襄沔记》："王粲宅，在襄阳县西二十里岘山坡下，宅前有井，人呼为仲宣井。"

顾祖禹《读史方舆纪要》卷七十九："岘山，府南七里。亦曰南岘。"

【兰按】：粲在荆州居襄阳，然其宅在万山下还是岘山下，难求其实矣。

粲途中（或到荆州后）作《七哀诗》（其一）。

【兰按】：诗歌开头即描写史实："西京乱无象，豺虎方遘患"，指上年董卓被诛后，其部将李傕、郭汜作乱长安、民不聊生之景况。"复弃中国去，远身适荆蛮"二句，叙已先由洛阳迁居长安，再为势所迫，不得不远赴"荆蛮"之颠沛流离的人生遭际。"出门无所见，白骨蔽平原……驱马弃之去，不忍听此言"十句，写作者沿途所见，既有宏观惨象描写，又从饥妇弃子的微观角度反映出战乱造成的严重伤痛。此与《魏志》本传记载："献帝西迁，粲徙长安……年十七，司徒辟，诏除黄门侍郎，以西京扰乱，皆不就。乃之荆州，依刘表"相合。故系于是。

粲或曾遇张仲景。

《太平广记》卷二百一十八引《何颙别传》："王仲宣年十七，时过仲景。仲景谓之曰：'君体有病，宜服五石汤，若不治，年及三十，当眉落。'仲宣以其赊远，不治。后至三十，果觉眉落。"（并见《太平御览》卷七百二十二）

皇甫谧《针灸甲乙经序》曰："仲景见侍中王仲宣，时年二十馀，谓曰：'君有病，四十当眉落，眉落半年而死。'令服五石汤可免。仲宣嫌其言忤，受汤勿服。居三日，见仲宣，谓曰：'服汤否？'曰：'已服。'仲景曰：'色候固非服汤之诊。君何轻命也！'仲宣犹不言。后二十年，果眉落，后一百八十七日而死，终如其言。"

余嘉锡《四库提要辨证》卷十二谓："（《针灸甲乙经序》）与《何颙别传》不同，当从《甲乙经》为是，且其时仲宣已为侍中，则仲景劝之服汤，必是曹公克荆州以后，二人复相见于许昌，不在荆州也。"

【兰按】：关于王粲尝遇张仲景事，离奇难信。《甲乙经序》称王粲"侍中"，盖后来追述语，非指王粲二十余岁拜侍中也。此云二十余岁，亦可备一说。

汉献帝兴平元年（194）甲戌

正月，改元兴平。夏六月，大蝗灾。七月，三辅大旱，献帝避正殿祈雨。是年，孙策击败刘繇，占据江东。（《后汉书·献帝纪》）

夏，曹操复征陶谦。张邈、陈宫迎吕布袭占兖州，叛曹操。吕布与曹操会战濮阳。冬，陶谦病故，刘备得徐州。（《魏志·武帝纪》）

益州牧刘焉卒，子璋嗣任。（《蜀志·刘焉传》）

刘桢约二十六岁。

王粲十八岁，作《赠文叔良》。

《文选》卷二十三本诗李善注："干宝《搜神记》曰：'文颖，字叔良，南阳人。'《繁钦集》又云：'为荆州从事文叔良作《移零陵文》。'而粲集又有《赠叔良诗》。献帝初平中，王粲依荆州刘表，然叔良之为从事，盖事刘表也。详其诗意，似聘蜀结好刘璋也。"五臣注张铣曰：

"叔良为刘表从事，使聘益州牧刘璋，赠以此诗戒之。"

【兰按】：本篇难以确指撰于何年，其时间范围，当不早于兴平元年（194），因其年刘璋嗣益州牧，又不晚于建安十三年（208），因其年刘表卒，曹操定荆州。陆侃如《中古文学系年》据李善注而假定椠诗与繁钦檄（《移零陵文》）为同时之作，系之于建安三年（198），并无实据。李善注引《繁钦集》仅点明文叔良曾任荆州从事，繁钦檄与椠诗不必定同作，故其说不可从。郁贤皓、张采民《建安七子诗笺注》认为此诗当作于建安十三年（208）曹操南征荆州，刘璋遣史诣操，操不相接礼，故璋欲结好荆州时，恐误。考《蜀志·刘二牧传》："璋复遣别驾张松诣曹公，曹公时已定荆州，走先主，不复存录松"，知"操不相接礼"时，刘表已卒，荆州已降，不得再遣文叔良聘蜀矣。

诗云："君子于征，爰聘西邻。临此洪渚，伊思梁岷"，荆州"西邻"即蜀地，"梁、岷"皆蜀地之山名，故此四句指文叔良将赴益州；又"江汉有卷，允来厥休。二邦若否，职汝之由"，荆、蜀二地泰否，与文叔良此行紧密相关，故文叔良使蜀盖在双方某次军事冲突前后。据诸史籍所载，刘表、刘璋曾先后两次交恶：一次据《蜀志·刘二牧传》及《后汉书·刘焉传》，刘璋初领益州牧，使赵韪进攻荆州刘表，事在兴平元年（194）。《蜀志·刘二牧传》云："焉徙治成都，既痛其子，又感祆灾，兴平元年，痈疽发背而卒。州大吏赵韪等贪璋温仁，共上璋为益州刺史，诏书因以为监军使者，领益州牧，以韪为征东中郎将，率众击刘表。"裴注引《英雄记》曰："焉死，子璋代为刺史。会长安拜颍川扈瑁为刺史，入汉中。荆州别驾刘阖，璋将沈弥、娄发、甘宁反，击璋不胜，走入荆州。璋使赵韪进攻荆州，屯朐䏰。"《后汉书·刘焉传》亦称："州大吏赵韪等贪璋温仁，立为刺史。诏书因以璋为监军使者，领益州牧，以韪为征东中郎将。先是，荆州牧刘表表焉僭拟乘舆器服，韪以此遂屯兵朐䏰备表。"二次按《吴志·孙策传》："曹公表策为讨逆将军，封为吴侯。"裴注引《江表传》曰："策被诏敕，与司空曹公、卫将军董承、益州牧刘璋等并力讨袁术、刘表。军严当进，会术死……时刘表遣从子虎、南阳韩晞将长矛五千，来为黄祖前锋。策与战，大破之。"孙策曾联合曹操、刘璋等征讨刘表，逢袁术死，策大破表，事在建安四年（199）。确切年份既难定，姑置于是年，存之备考。

兴平二年（195）乙亥

二月，李傕、郭汜相攻。三月，李傕挟持献帝，焚宫室。四月，立伏氏为皇后。大旱。献帝颠沛流离。十一月，李傕、郭汜追赶献帝，王师大败，士孙瑞等被杀，献帝逃脱。是年，袁绍将领麴义败公孙瓒于鲍丘。（《后汉书·献帝纪》）

夏，曹操大破吕布，布奔刘备。十二月，曹操破张超，收复兖州。（《魏志·武帝纪》）

刘桢约二十七岁。

王粲十九岁。

汉献帝建安元年（196）丙子

正月，改元建安。七月，献帝东还洛阳。八月，曹操迎帝都许。十一月，曹操任司空，兼车骑大将军，总览朝政。（《后汉书·献帝纪》）

是年，曹操募民屯田许下。吕布袭刘备，备寄身曹营。（《魏志·武帝纪》）

曹操表刘备为豫州牧。（《蜀志·先主传》）

刘桢约二十八岁。

王粲二十岁，《赠士孙文始诗》撰作时间当在本年或稍后。

《魏志·董卓传》裴注引《三辅决录》注："瑞字君荣，扶风人，世为学门。瑞少传家业，博达无所不通，仕历显位。卓既诛，迁大司农，为国三老。每三公缺，瑞常在选中。太尉周忠、皇甫嵩，司徒淳于嘉、赵温，司空杨彪、张喜等为公，皆辞拜让瑞。天子都许，追论瑞功，封子萌澹津亭侯。萌字文始，亦有才学，与王粲善。临当就国，粲作诗以赠萌，萌有答，在粲集中。"《后汉书·董卓传》李贤注、《文选》卷二十三本诗李善注所言略同。

《元和姓纂》卷六谓"瑞生萌，字文始，仪朗、灌津侯（《北堂书钞》引《决录》注，作"澹津亭侯"），生贤、颖"。

【兰按】：粲作本篇背景，据裴松之引《三辅决录》注，在献帝都许"追论瑞功"之后，士孙萌"临当就国"之际，时在建安元年（196）或稍后也。故系其文于此。惜士孙萌答粲之诗今亡。

建安二年（197）丁丑

春，袁术自称天子。袁绍自任大将军。五月，蝗灾。九月，汉水泛滥。是岁饥荒。（《后汉书·献帝纪》）

一月，曹操败于张绣。夏，袁术攻吕布失利。九月，袁术为曹操所破，逃亡。（《魏志·武帝纪》）

李傕、郭汜亡，董卓残余势力灭亡。（《魏志·李傕、郭汜传》）

刘桢约二十九岁。

王粲二十一岁。

建安三年（198）戊寅

春，曹操初置军师祭酒。五月，大破张绣。九月，东征吕布。十二月，俘杀吕布，占徐州。（《魏志·武帝纪》）

曹操表孙策为讨逆将军，封吴侯。（《吴志·孙策传》及注引《江表传》）

刘桢约三十岁，入曹操幕，受封司空军谋祭酒，主记室。

《文选》卷三十谢灵运《拟魏太子邺中集诗八首·刘桢》云："河兖当冲要，沦飘薄许京。广川无逆流，招纳厕群英。"五臣注刘良曰："献帝迁许州，故称许京。言我因通津沦漂，至于许都。"吕向曰："广川，喻魏公。细流，喻己也。言曹公不逆我之微细，招纳间厕于群英之中。"

《后汉书·文苑·刘梁传》李贤注："《魏志》桢字公幹，为司空军谋祭酒。"

【兰按】：前文已述，刘桢或于本年曹操平定兖州后入许〔见本谱"汉灵帝建宁二年（169）"条〕。归曹后，桢任司空军谋祭酒。有学者认为桢所任亦可作"军师祭酒"，如杨晨《三国会要》："军师祭酒，或称军谋祭酒，或称军祭酒，史避晋讳也。"其说可商。《三国志·郭嘉传》："太祖曰：'使孤成大业者，必此人也。'嘉出，亦喜曰：'真吾主也。'表为司空军祭酒。"《三国志·董昭传》："太祖表封千秋亭侯，转拜司空军祭酒。"《三国志·武帝纪》裴注载群臣《劝进魏公笺》中记其职位为"军师祭酒千秋亭侯董昭"，是则疑军祭酒与军师祭酒同职，盖如杨晨所言，陈寿避讳司马师之名而改之。据《魏志·武帝纪》载："（建安）三年春正月，公还许，初置军师祭酒"，知军师祭酒由曹操设于建安三年（198）。操为司空，此职前后历郭嘉及董昭两任。两人均为操早期军事智囊团核心人物，故军师祭酒之职应多涉军务。然《三国志·王粲传》云："太祖并以琳、瑀为司空军谋祭酒，管记室，军国书檄，多琳、瑀所作也"，则知军谋祭酒乃记室之任，与军师祭酒掌军务有别。上文已述刘桢以文才闻名，本年归曹，或同时领司空军谋祭酒，主拟写文书。

王粲二十二岁，作《三辅论》。

《魏志·刘表传》："长沙太守张羡叛表，表围之连年不下。羡病死，长沙复立其子怿，表遂攻并怿，南收零、桂，北据汉川，地方数千里，带甲十馀万。"裴注引《英雄记》曰："张羡，南阳人。先作零陵、桂阳长，甚得江、湘间心，然性屈强不顺。表薄其为人，不甚礼也。羡由是怀恨，遂叛表焉。"

《魏志·桓阶传》："太祖与袁绍相拒于官渡，表举州以应绍。阶说其太守张羡曰：'夫举事而不本于义，未有不败者也。故齐桓率诸侯以尊周，晋文逐叔带以纳王。今袁氏反此，而刘牧应之，取祸之道也。明府必欲立功明义，全福远祸，不宜与之同也。'羡曰：'然则何向而可？'阶曰：'曹公虽弱，仗义而起，救朝廷之危，奉王命而讨有罪，孰敢不服？今若举四郡保三江以待其来，而为之内应，不亦可乎！'羡曰：'善。'乃举长沙及旁三郡以拒表，遣使诣太祖。太祖大悦。会绍与太祖连战，军未得南。而表急攻羡，羡病死。城陷。"

《后汉书·刘表传》："（建安）三年，长沙太守张羡率零陵、桂阳三郡畔表，表遣兵攻围，破羡，平之。"

【兰按】：文中"长沙不轨"，即长沙太守张羡叛刘表事，而关于叛乱时间，则有二说。一据《魏志·桓阶传》，羡之叛表在建安四年（199）冬至五年

(200) 十月间，袁、曹相拒于官渡时，因袁、曹连战，曹无暇救羡，城陷。二检《后汉书·刘表传》，时在建安三年（198），官渡前也。二说不一，笔者以为后者可能性更大。因《魏志·刘表传》关于此事虽无确切系年，然其载："表围之连年不下。羡病死，长沙复立其子怿，表遂攻并怿……"，可推断战事历时颇久，双方对峙长达数年，则《桓阶传》所载叛乱始终于官渡之战时，恐不符当年史实。综上，《魏志·刘表传》与《后汉书·刘表传》相结合，可以认为"长沙不轨"之事，发生在建安三年（198）。文中湘潜先生有所谓："曷乃称兵举众，残我生灵"云云，盖撰本文之时，战争正如火如荼，遂有此等言论，故系于是。王金龙《王粲行年系地考》系之于建安六年（201），而所据在于"《三辅论》载：'长沙不轨，敢作乱违。我牧睹其然，乃赫尔发愤，且上征下战，去暴举顺。'知《三辅论》作于刘表平定张羡之乱之后大约一年时间内"，然《三辅论》并无明显叛乱已平定之意，此说理由不足。

建安四年（199）己卯

三月，公孙瓒败于袁绍，自杀。六月，袁术病卒。是岁，初置尚书左右仆射。（《后汉书·献帝纪》）

八月，袁绍攻打曹操，操设防黎阳。九月，曹操与袁绍相持于官渡。十一月，张绣降曹。是年，刘备杀徐州刺史车胄，屯小沛。（《魏志·武帝纪》）

刘桢约三十一岁。

王粲二十三岁。

建安五年（200）庚辰

正月，董承等受密诏诛曹操，谋泄被祸。九月，官渡之战，曹操大败袁绍。是岁，孙策卒，孙权承遗业。（《后汉书·献帝纪》）

正月，曹操东征刘备，俘其妻子及关羽，备奔袁绍。（《魏志·武帝纪》）

刘桢约三十二岁。

王粲二十四岁。

建安六年（201）辛巳

曹操南征刘备，备奔荆州刘表。（《魏志·武帝纪》）

刘桢约三十三岁。

王粲二十五岁。

建安七年（202）壬午

五月，袁绍卒。其子尚、谭争立。九月，曹操破袁谭、袁尚，谭、尚败退。（《魏志·武帝纪》）

刘桢约三十四岁。

王粲二十六岁，作《为潘文则思亲诗》。

  徐公持《建安七子诗文系年考证》："诗中有云：'小子之生，遭世罔宁，……五服荒离，四国分争。祸难斯逼，救死于颈。嗟我怀归，弗克弗逞'，观此，知潘文则其人经历，有似于王粲本人，盖亦同时来荆避乱者也。诗中又有云：'春秋代逝，于兹九龄。缅彼行路，焉托予诚'，是则作诗时潘文则（及粲）在荆州盘桓，已历九载。粲等自长安来荆州，在初平三年（公元192），……是诗当系此无疑。"俞绍初《建安七子年谱》亦主其说。

【兰按】：本诗为代拟之作，篇中重点写潘文则丧母的悲哀心情。如前所述，粲等来荆州在初平四年（193），又经九年，故系此诗于是年。

建安八年（203）癸未

四月，曹操追击袁谭、袁尚至邺。五月返许都。八月，曹操征刘表，军西平。袁谭败于袁尚，遣辛毗诣曹操求救。操许之，引军还。（《魏志·武帝纪》）

孙权平定豫章郡。（《吴志·吴主传》）

刘桢约三十五岁，从曹操败袁谭于黎阳。

  《文选》卷三十谢灵运《拟魏太子邺中集诗八首·刘桢》："北渡黎阳津。"李善注："《汉书音义》臣瓒曰：'黎阳在魏郡。'伏滔《北征记》曰：'黎阳，津名也。'"五臣注张铣曰："北渡者，谓从太祖征袁绍。"

【兰按】：黎阳属冀州魏郡，治今河南浚县东，东汉以来为兵家必争之地。《后汉书·窦宪传》注引《汉官仪》："光武中兴，以幽、冀、并州兵骑克定天下，故于黎阳立营，以谒者监之。"建安初，曹、袁相争之际，两军曾数战于此，其中以建安八年（203）袁谭黎阳之败最为著名。《三国志·武帝纪》载其事曰："绍自军破后，发病欧血，夏五月死。小子尚代，谭自号车骑将军，屯黎阳。秋九月，公征之，连战。谭、尚数败退，固守。八年春三月，攻其郭，乃出战，击，大破之，谭、尚夜遁。夏四月，进军邺。五月还许，留贾信屯黎阳。"谢诗之谓"北渡黎阳津"或在此年，暂系于此。

王粲二十七岁，作《为刘表谏袁谭书》《为刘表与袁尚书》《为刘表答审配书》。

《魏志·武帝纪》："〔建安八年（203）〕八月，公征刘表，军西平。公之去邺而南也，谭、尚争冀州，谭为尚所败，走保平原。尚攻之急，谭遣辛毗乞降请救。诸将皆疑，荀攸劝公许之，公乃引军还。"

《魏志·袁绍传》："太祖南征荆州，军至西平。谭、尚遂举兵相攻，谭败奔平原。尚攻之急，谭遣辛毗诣太祖请救。太祖乃还救谭，十月至黎阳。"

《后汉书·袁绍传》："尚复自将攻谭，谭战大败，婴城固守。尚围之急，谭奔平原，而遣颍川辛毗诣曹操请救。刘表以书谏谭曰……又与尚书谏之，并不从。"

【兰按】：此二书为三国时期重要书信。《与袁尚书》李贤注："表二书并见《王粲集》"，则唐本《粲集》中当有此二书。张燮《七十二家集·王侍中集》收入本篇，甚合事理。严可均《全后汉文》卷八十二亦谓："表有遗袁谭、袁尚二书乃王粲作。今编入《王粲集》。"上年袁绍病逝，幼子尚立。是年八月，曹操南征刘表之际，谭、尚兄弟争夺冀州，谭大败而遣辛毗向曹操求救，刘表分别致书袁氏兄弟。此事史载颇确。《谏袁谭书》曰："初闻此问，尚谓不然，定闻信来，乃知阋伯、实沈之忿已成，弃亲即雠之计已决，毡裘交于中原，暴尸累于城下"，《与袁尚书》谓："乃知变起辛、郭，祸结同生，追阋伯、实沈之踪，忘棠棣死丧之义，亲寻干戈，僵尸流血"，均指谭、尚兄弟相攻之事，则与史实记载正相合。据《魏志·武帝纪》，操八月征刘表，《魏志·袁绍传》又载："太祖乃还救谭，十月至黎阳"，则粲之二书当作于此间。

章樵注本《古文苑》卷十《王粲为刘表与袁尚书》有云："又得贤兄贵弟显雍及审别驾书。"章樵注曰："审配为冀州别驾，有书贻表，粲亦为修书答之，不见答。"章樵此注，谅必有据，知《答审配书》写作背景与上二书略同，故系于是。

建安九年（204）甲申

七月，曹操围袁尚，尚遣阴夔、陈琳请降，曹操不允。八月，曹操破邺城，领冀州牧，让还兖州。（《魏志·武帝纪》）

孙权弟丹阳太守孙翊为左右所害，从兄孙瑜代之。（《吴志·吴主传》）

刘桢约三十六岁。

王粲二十八岁。

建安十年（205）乙酉

正月，曹操俘杀袁谭，平冀州。袁尚、袁熙逃奔辽西乌桓。四月，黑山贼张燕率众降曹。八月，曹操讨平幽州，逐乌桓出塞。九月，作《整齐风俗令》。十月，还邺。（《魏志·武帝纪》）

孙权讨上饶，分上饶设建平县。（《吴志·吴主传》）

刘桢约三十七岁。

王粲二十九岁，作《荆州文学记官志》。

《魏志·刘表传》："长沙太守张羡畔表，表围之连年不下。羡病死，长沙复立其子怿，表遂攻并怿，南收零、桂，北据汉川，地方数千里，带甲十余万。"裴注引《英雄记》："州界群寇既尽，表乃开立学官，博求儒士，使綦毋闿、宋忠等撰《五经章句》，谓之《后定》。"

《后汉书·刘表传》："三年，长沙太守张羡率零陵、桂阳三郡畔表，表遣兵攻围，破羡，平之。于是开土遂广，南接五岭，北据汉川，地方数千里，带甲十余万。初，荆州人情好扰，加四方骇震，寇贼相扇，处处麋沸。表招诱有方，威怀兼洽，其奸猾宿贼更为效用，万里肃清，大小咸悦而服之。关西、兖、豫学士归者盖有千数，表安慰赈赡，皆得资全。遂起立学校，博求儒术，綦母闿、宋忠等撰立《五经》章句，谓之后定。爱民养士，从容自保。及曹操与袁绍相持于官度，绍遣人求助，表许之，不至，亦不援曹操，且欲观天下之变。"

《刘镇南碑》："武功既亢，广开雍泮。"

《资治通鉴》："建安元年……刘表爱民养士，从容自保，境内无事，关西、兖、豫学士归之者以千数。表乃起立学校，讲明经术，命故雅乐郎河南杜夔作雅乐。"

【兰按】：关于本篇写作时间，论者不少。徐公持《建安七子诗文系年考证》由"五载之间"，推测其作于刘表牧荆州届五载之际，即兴平二年（195）；俞绍初《王粲年谱》谓《通鉴》系表开官学事于建安元年（196），再加之粲文言"五载之间，道化大行"，故而认为本文作于建安五年（200），吴云从之。陆侃如《中古文学系年》演其说云《后汉书·刘表传》载此事于建安三年（198）平张羡后，五年（200）曹操与袁绍相持于官渡前，故系粲记于建安四年（199）。王金龙《王粲行年系地考》云刘表于建安元年（196）开设官学，至建安六年（201），可谓"五载之间"。笔者以为以上诸说皆可商。以《魏志》及《后汉书》刘表本传所说，平定张羡叛乱后表乃开官学，则平羡时间成为解决问题之关键。张守常《后汉书三国志补表三十种·谢锺英三国大事表补正》："'刘表平长沙、零陵、桂阳三郡'，应移至建安五年。按《后汉书·刘表传》云：'（建安）三年，长沙太守张羡率零陵、桂阳三郡畔表。表遣兵攻围，破羡，平之。'是表之攻羡固始于三年。然《魏志·表传》云：'表围之，连年不克。'则表之平羡必不在三年。《魏志·桓阶传》云：'会绍与太祖连战，军未得南（救羡）；而表急攻羡，羡病死，城陷。'则表之平羡当在建安五年曹、袁会战时。"此说甚明。本篇写作年代，当在建安五年（200）刘表平羡之后又"五载"，其时盖在建安十年（205）也。《资治通鉴》虽系刘表起立学校于建安元年（196），然该书上距汉末将八百年，间隔邈远，不能据以立论。

建安十一年（206）丙戌

正月，曹操征高幹，幹欲奔荆州，被捕杀。将征乌桓，开平虏渠、泉州渠

以通粮道。(《魏志·武帝纪》)

刘桢约三十八岁。

王粲三十岁。

建安十二年（207）丁亥

曹操大破乌桓于柳城，斩其王蹋顿。袁尚、袁熙奔辽东，为辽东太守公孙康所杀。(《魏志·武帝纪》)

孙权西征黄祖，俘其民而还。(《吴志·吴主传》)

刘桢约三十九岁。

王粲三十一岁，在荆州从刘表登鄣山。

《太平广记》卷三百八十九引《异苑》："魏武北征蹋顿，升岭眺瞩。见一冈不生百草。王粲曰：'必是古冢。此人在世，服生礜石。死而石气蒸出外，故卉木焦灭。'即令凿看，果大墓，有礜石满茔。一说，粲在荆州，从刘表登鄣山，而见此异。曹武之平乌桓，粲犹在江南，此言为当。"(并见《太平御览》卷五百五十九，文字稍异)

姚宽《西溪丛语》："据本经，矾石性寒。《异苑》云热，盖误矣，乃礜石也。又：魏武六年，平乌丸，王粲犹在荆州，其说非也。一说粲在荆州与刘表登彰山，尝见此异。"

缪钺《王粲行年考》："曹操征蹋顿，在建安十二年，时粲尚在荆州，何由得随操北行？《异苑》之言，盖因史称粲博物多识而附会者也。"

【兰按】：缪钺所言甚合事理，今从"一说"，暂系于此。

粲作《登楼赋》。

【兰按】：此为王粲文章代表作，文章史上名篇。粲登楼之所在，诸家有襄阳、江陵、当阳、麦城等说法，聚讼纷纭。襄阳说，如王世贞《弇州四部稿》卷七十七："自王粲仲宣依刘表于荆州，作《登楼赋》，而江陵有仲宣楼；后襄阳有楼亦曰仲宣。……仲宣之依表为幕下参佐，以共朝夕，不应去襄阳而登江陵之郡楼也。……其在襄阳，去赋事辞稍远，而于理为近也"；江陵说，有本篇五臣注刘良曰："时董卓作乱，仲宣避难荆州，依刘表，遂登江陵城楼，因怀归而有此作，述其进退危惧之情"；当阳说，如本篇李善注引盛弘之《荆州记》曰："当阳县城楼，王仲宣登之而作赋"；再如梁章钜谓："予考之，当阳为的。赋云：'挟清漳，倚曲沮。'按漳水出于南漳，沮水出于房陵，而当阳适漳、沮之会。又'西接昭丘'，即楚昭王墓。康熙初，土人曾掘得之，有碣可考。距昭丘二十里有山名玉阳，一名仲宣台，谓即当年登临处也。"（《文选旁证》卷十三）麦城说，有《水经注》卷三十二"沮水"注："沮水又东南迳驴城西、磨城东，又南迳麦城西，昔关云长诈降处，自此遂叛。《传》云：子胥造驴、磨二城以攻麦邑。即谚所云：东驴西磨，麦城自破者也。沮水又南迳楚昭王墓，东对麦城，故王仲宣之赋登楼云：'西接昭丘'是也。沮水又南与漳水合焉。"同卷"漳水"亦注："漳水又南迳当阳县，又南迳麦城东，王仲宣登其东南隅，临漳水而赋之曰：'夹清漳之通浦，倚曲沮之长洲'是也。"又有《元和郡县图志·阙卷逸文卷》亦谓："当阳县，本汉旧县。……麦城，在县东五十里。关羽保麦城，在沮、漳二水之间，王粲于此登楼而赋曰'挟清漳之通浦，倚曲沮之长洲'，是也。"又有《太平寰宇记》卷一百四十六说亦同："当阳县，汉旧县，属南阳郡，即广阳王子益之所封地。……麦城，《荆州图副》云：'故老相传云是楚昭王所筑。王仲宣尝登其东隅，故其赋云：挟清漳之通浦，倚曲沮之长洲。'"又有俞绍初亦力主麦城说。

王世贞襄阳说所据在于王粲为刘氏父子幕下参佐，"不应去襄阳而登江陵之郡楼也"。此说不合情理：粲在荆州多年，竟不得一日离襄阳而游他处乎？且王世贞亦自言："其在襄阳，去赋事辞稍远"，故襄阳说可排除。俞先生《王粲年谱》中指出"江陵位于长江北岸，更与漳、沮二水了无关涉"，故江陵说亦不足信。至于当阳说与麦城说，虽说法有异，而实一也。麦城本属当阳县，所谓"当阳说"，盖范言之，实谓当阳之麦城也。俞氏据《读史方舆纪要》卷七十七载当阳北一里有沮水，四十里有漳水，谓"当阳'倚曲沮'犹可，'挟清漳'殊不妥"。笔者以为粲文"挟清漳之通浦兮"，乃是一种文学夸张式描写，其叙述有据，不存在不妥。要之，当阳或麦城两说均可，麦城说则更为具体。

关于本篇写作年代，学界说法亦不一。大体分为两类：一是避乱荆州归曹前所作，如缪钺《王粲行年考》以"遭纷浊而迁逝兮，漫踰纪以迄今"两句，结合王粲南徙荆州时间，谓"此赋之作当在建安十一、二年间"；余冠英《汉魏六朝诗选》认为作于王粲二十九岁〔即建安十年（205）〕左右，徐公持从之；陆侃如《中古文学系年》亦谓赋当作于建安十二年（207）前后，且"篇中又有'华实蔽野，黍稷盈畴……向北风而开襟……风萧瑟而并兴兮'等句，似作于夏秋之交"。二是俞绍初以为作于建安十三年（208），刘琮降曹后，粲受封前。理由是"时粲既附曹操，必当从行，至长坂军事行动已基本结束，故得暇于道中登麦城之楼，从容作赋"（《建安七子年谱》）。细考文意，前一说法更为合理。王粲劝刘琮降曹（说见明年），表明他对曹操抱有较高期待。而粲赋以"登兹楼以四望兮，聊暇日以销忧"开头，以"循阶除而下降兮，气交愤于胸臆。夜参半而不寐兮，怅盘桓以反侧"结尾，强烈的忧愁和激愤流贯全篇，显非降曹后应有的心情。故笔者认为前一说法理由更充足。时粲才志俱高，而不为刘表所用，情绪颇感落寞，故而难以"销忧"，此状态与归曹后情绪高涨相去甚远。本篇之作，最大可能约在建安九年（204）至十二年（207）间的某秋季。以明年刘琮降曹，姑系于此。

粲作《七哀诗》之二（"荆蛮非我乡"）

俞绍初《王粲年谱》："《七哀诗》之二（荆蛮非我乡）内容与《登楼赋》相似，或为同时之作。"

余冠英《汉魏六朝诗选》："《七哀诗》其二和作者的《登楼赋》内容相似。《登楼赋》作于二十九岁左右，此诗或是同时的作品。"

徐公持《建安七子诗文系年考证》："此诗与粲之《登楼赋》意旨相同，即文词亦多仿佛者。诗'荆蛮非我乡，何为久滞淫'，即赋'虽信美而非吾土兮，曾何足以少留'意也；诗'狐狸驰赴穴，飞鸟翔故林'，即赋'兽狂顾以求群兮，鸟相鸣而举翼'意也；诗'独夜不能寐，摄衣起抚琴'，即赋'夜参半而不寐兮，怅盘桓以反侧'意也；诗'羁旅无终极，忧思壮难任'，即赋'情眷眷而怀归兮，孰忧思之可任'意也。又诗中所云'久淫滞'，当即赋之'漫踰纪以迄今'意也，诗与赋盖一时之作。"

【兰按】：以上诸家所说诚是，且徐说甚详。本诗所表现意境及情绪与作者《登楼赋》相似，可谓"赋的诗化"之显例。其时王粲久留荆州，思念故土，遂作此篇，以抒离别之思。此与《登楼赋》形制不同，而内容互有呼应，为一时之作。

建安十三年（208）戊子

八月，曹操杀太中大夫孔融，夷其族。（《后汉书·献帝纪》）

春，曹操还邺，作玄武池训练水军。六月，罢三公，设丞相、御史大夫。曹操为丞相。七月，曹操伐刘表。八月，表卒，其子琮代，屯襄阳，刘备屯樊。九月，曹操到新野，琮遂降，备走夏口。十二月，操败于赤壁之战。（《魏志·武帝纪》）

曹操北还，刘备占武陵、长沙、桂阳、零陵等荆州南四郡。（《蜀志·先主传》）

孙权灭黄祖，与刘备结盟抗曹。乘赤壁大捷，围合肥，未果。（《吴志·吴主传》）

刘桢约四十岁。六月，刘桢与应玚各任丞相掾属。

《魏志·武帝纪》："十三年……汉罢三公官，置丞相、御史大夫。夏六月，以公为丞相。"

《魏志·王粲传》："（应）玚、（刘）桢各被太祖辟，为丞相掾属。"

《后汉书·献帝纪》："夏六月，罢三公官，置丞相、御史大夫。癸巳，曹操自为丞相。"

【兰按】：《魏志》及《后汉书》皆载曹操本年六月拜相，故刘桢、应玚被辟为丞相掾属当在此时或稍后，暂系于此。

七月，桢从曹操南征，九月，至江陵。《遂志赋》撰写时间当在本年赤壁战前。

《魏志·武帝纪》："〔建安十三年（208）〕秋七月，公南征刘表。……九月……公进军江陵。"

《文选》卷三十谢灵运《拟魏太子邺中集诗八首·刘桢》:"南登纪郢城",李善引杜预《左氏传注》曰:"楚国,今南郡江陵县北,纪南城也。"五臣注张铣曰:"南登者,从征刘表。"

【兰按】:郢城为春秋战国时楚国都城,据《史记·楚世家》载,公元前689年楚文王"始都郢",公元前278年秦将白起"拔郢"。以其地在纪山之南,故称"纪郢城",东汉并入古江陵县。谢诗所云"南登纪郢城",与本年九月曹军南征至江陵之事相符。时刘桢任"丞相掾属",盖亦与曹军同往。《遂志赋》云"梢吴夷于东隅,擎叛臣乎南荆",所记亦随军南征荆州,进击东吴之事,似撰于本年也。且赋中"戢干戈于内库,我马絷而不行。扬洪恩于无涯,听颂声之洋洋"等句,表现出希望曹操一统海内的愿望,当写于曹军赤壁之败前。故系于是。

王粲三十二岁。八月,刘表卒,粲与蒯越、韩嵩、傅巽等俱劝表子琮降曹。

《文选》卷五十六曹植《王仲宣诔》:"我公奋钺,耀威南楚。荆人或违,陈戎讲武。君乃义发,算我师旅。高尚霸功,投身帝宇。斯言既发,谋夫是与。"

《魏志·武帝纪》:"秋七月,公南征刘表。八月,表卒,其子琮代。"

《魏志·王粲传》:"表卒,粲劝表子琮,令归太祖。"

《魏志·王粲传》裴注引《文士传》载粲说琮曰:"'仆有愚计,愿进之于将军,可乎?'琮曰:'吾所愿闻也。'粲曰:'天下大乱,豪杰并起,在仓卒之际,强弱未分,故人各各有心耳。当此之时,家家欲为帝王,人人欲为公侯。观古今之成败,能先见事机者,则恒受其福。今将军自度,何如曹公邪?'琮不能对。粲复曰:'如粲所闻,曹公故人杰也。雄略冠时,智谋出世,摧袁氏于官渡,驱孙权于江外,逐刘备于陇右，破乌桓于白登，其馀枭夷荡定者，往往如神，不可胜计。今日之事，去就可知也。将军能听粲计，卷甲倒戈，应天顺命，以归曹公，曹公必重德将军。保己全宗，长享福祚，垂之后嗣，此万全之策也。粲遭乱流离，托命此州，蒙将军父子重顾，敢不尽言！'琮纳其言。"裴松之按曰："孙权自此以前，尚与中国和同，未尝交兵，何云'驱权于江外'乎？魏武以十三年征荆州，刘备却后数年方入蜀，备身未尝涉于关、陇。而于征荆州之年，便云逐备于陇右，既已乖错；又白登在平城，亦魏武所不经，北征乌丸，与白登永不相豫。以此知张骘假伪之辞，而不觉其虚之自露也。凡骘虚伪妄作，不可覆疏，如此类者，不可胜纪。"

【兰按】：裴松之对《文士传》所载王粲劝降之事已作考辨，揭示其中可疑之处。裴说有理，可从之。然据王粲本传，劝降确有其事，故姑存之待考。蒯越、韩嵩、傅巽等劝降事见《魏志·刘表传》。

九月，琮降，曹操以劝降之功辟粲为丞相掾，赐爵关内侯。粲入曹操幕，历赤壁之败。

《文选》卷五十六曹植《王仲宣诔》："我公实嘉，表扬京国。金龟紫绶，以彰勋则。"五臣注吕向曰："曹公实善粲之功，明举京国也。金龟紫绶，谓辟粲为掾，爵关内侯也。"

《魏志·武帝纪》："九月，公到新野，琮遂降，备走夏口。公进军江陵，下令荆州吏民，与之更始。乃论荆州服从之功，侯者十五人。"

《魏志·刘表传》："太祖以琮为青州刺史、封列侯。蒯越等侯者十五人。越为光禄勋；嵩，大鸿胪；羲，侍中；先，尚书令；其馀多至大官。"

《魏志·王粲传》："太祖辟为丞相掾，赐爵关内侯。太祖置酒汉滨，粲奉觞贺曰：'方今袁绍起河北，仗大众，志兼天下，然好贤而不能用，故奇士去之。刘表雍容荆楚，坐观时变，自以为西伯可规。士之避乱荆州者，皆海内之俊杰也；表不知所任，故国危而无辅。明公定冀州之日，下车即缮其甲卒，收其豪杰而用之，以横行天下；及平江、汉，引其贤俊而置之列位，使海内回心，望风而愿治，文武并用，英雄毕力，此三王之举也。'"

《蜀志·先主传》："曹公以江陵有军实，恐先主据之，乃释辎重，轻军到襄阳。闻先主已过，曹公将精骑五千急追之，一日一夜行三百馀里，及于当阳之长坂。"

《资治通鉴考异》："《粲传》曰：太祖置酒汉滨，粲奉觞贺云云，按操恐刘备据江陵，至襄阳即过，日行三百里，引用名士皆至江陵后所为，不得更置酒汉滨，恐误。"

【兰按】：曹操至襄阳，闻刘备已向江陵撤退，遂率五千骑兵追备，终于在当阳县境内的长坂大败刘备。随后进占江陵。即曹军进攻路线由襄阳到当阳之长坂，再至江陵。俞绍初《建安七子年谱》以为王粲等封侯之事当在江陵，可从。曹操封"蒯越等侯者十五人"，王粲封侯当在同时。

关内侯，秦汉二十等爵位中第十九等，地位仅次于彻侯（或曰列侯、通侯），无封地，有食邑户数。《后汉书·百官志》："关内侯，承秦赐爵十九等，为关内侯，无土，寄食在所县，民租多少，各有户数为限。"李贤注引如淳曰："列侯出关就国，侯但爵身，其有家累者与之关内之邑，食其租税也。"引《古今注》曰："建武六年，初令关内侯食邑者俸月二十五斛。"引荀绰《晋百官表注》曰："时六国未平，将帅皆家关中，故以为号。"引刘劭《爵制》曰："关内侯者，依古圻内子男之义也。秦都山西，以关内为王畿，故曰关内侯也。"

本年十二月，赤壁之战，王粲亦可能随军在营，经历此次军事失败事件。是年，"建安七子"（除孔融外），全部聚集曹操幕府。

俞先生以为"置酒汉滨"则是建安十四年（209）由赤壁回军途次襄阳之所为，盖在是年正月，谓："《通鉴考异》以疑《粲传》纪事有误，其不知此为回师途中事，未深考耳"，然其时曹操赤壁新败，王粲绝不可能有"奉觞贺曰"云云。俞说非是。

粲在荆州著书甚多，惜多不传。

萧绎《金楼子》："王仲宣昔在荆州，著书数十篇，荆州坏，尽焚其书，今在者一篇，知名之士咸重之。见虎一毛，不知其斑。"

姚振宗《后汉艺文志》卷三云："此事馀书不概见，梁元帝必有所据，今无由考见矣。又按粲在荆州所作如《文学官志》、《登楼赋》、《为刘荆州谏袁谭书》、《为刘荆州与袁尚书》之类，梁时所存，实不止一篇，而梁元帝以为今存一篇者，则所作数十篇皆子书，别为一种，非诗文之类可知矣。"

【兰按】：梁章钜《三国志旁证》卷十五推测此一篇"盖即《登楼赋》也"，不知何据。今存粲在荆州期间作品，除列入系年之外，尚有《赠蔡子笃》。蔡子笃，名睦，与蔡邕是从兄弟。曾任魏国尚书。《晋书·蔡豹传》："蔡豹字士宣，陈留圉城人。高祖质，汉卫尉，左中郎将邕之叔父也。祖睦，魏尚书。"《文选》卷二十三本诗李善注引《晋官名》曰："蔡睦，字子笃，为尚书。"五臣注吕向曰："蔡子笃为尚书，仲宣与之为友，同避难荆州，子笃还会稽，仲宣故赠之。"何焯《义门读书记·文选》卷二按："诗有'济岱'语，则向所云还会稽者，乃凭臆妄撰也。"胡克家《文选考异》谓《晋官名》当是《魏晋百官名》，见《隋书·经籍志》著录。

建安十四年（209）己丑

三月，曹军至谯，作轻舟，治水军。七月，自涡入淮，出肥水，驻军合肥。屯田芍陂。十二月，曹军还谯。（《魏志·武帝纪》）

周瑜败曹仁，占江陵。孙权以周瑜为南郡太守。刘备表孙权为车骑将军，领徐州牧。备领荆州牧。（《吴志·吴主传》）

刘桢约四十一岁，随军至谯。十二月，参与曹丕欢宴，后有《赠五官中郎将》（其一）追述其事。

《魏志·武帝纪》："十四年春三月，军至谯，作轻舟，治水军。秋七月，自涡入淮，出肥水，军合肥。……十二月，军还谯。"

《文选》本篇李善注曰："元后，谓曹操也。至南乡，谓征刘表也。……丰、沛，汉高祖所居，以喻谯也。君，谓五官也。"

【兰按】：观刘诗中"昔我从元后，整驾至南乡。过彼丰沛都，与君共翱翔"等语，知此为追述尝随曹操南征，而后与曹丕共至谯地之经历。谯为曹操原籍，故而刘桢喻之以汉高祖故国丰沛之都。"四节相推斥，季冬风且凉"，表明在谯时间历四季而至年末。核诸史料，惟建安十四年（209）在谯，历时最长，自三月至谯，十二月还谯，符合"四节"及"季冬"两个要件。曹丕《浮淮赋》记丕曾于本年随军出征，故而当于十二月还谯。还谯后，曹丕宴饮宾客，《初学记》卷十四载其《于谯作》亦叙其事，诗曰："清夜延贵客，明烛发高光。丰膳漫星陈，旨酒盈玉觞。弦歌奏新曲，游响拂丹梁。馀音赴迅节，慷慨时激扬。献酬纷交错，雅舞何锵锵。罗缨从风飞，长剑自低昂。穆穆众君子，和合同乐康。"（并见《古诗纪》卷二十二）刘桢诗中所用语辞，与曹丕诗中可相印证者不少，如桢诗"长夜""炎光""甘醴""金罍""清歌""万舞""大康"等，与丕诗"清夜""高光""旨酒""玉觞""弦歌""雅舞""乐康"等相近。桢诗写"羽觞行无方""众宾会广坐"，与丕诗所写"献酬纷交错""穆穆众君子"亦相近，表明彼此间存在描写内容之近似处，盖曹丕先作此宴饮之歌，后有刘桢追述之作。

王粲三十三岁。二月，随军北归至汉水，与陈琳、杨脩、应玚同题共作《神女赋》。

【兰按】：《艺文类聚》卷七十九引有陈琳、王粲、杨脩等同题赋，《太平御览》卷三百八十一亦载应玚《神女赋》，盖一时唱和之篇也。陈琳赋中"汉三七之建安，荆蛮蠢而作仇。赞皇师以南征，济汉川之清流，感诗人之悠叹，想神女之来游"等句，对于本篇写作时间之推断最为关键。"三七"二字，说颇纷乱：徐公持谓"盖言献帝为第二十一代汉天子也"（《建安七子诗文系年考证》）；韩格平谓"喻困厄的命运"（《建安七子诗文集校注译析》）；吴云谓"汉献帝建安二十一年"（《建安七子集校注》）。倘将其解为建安二十一年（216），其年有曹操南征孙权事，然未有以"荆蛮"称吴国之例，亦与"汉川"不符，故吴说似可斟酌。此赋所述，盖指建安十三年（208）曹操南征刘表之事。又陈赋中"感仲春之和节，叹鸣雁之嗈嗈"句，昭显其时在二月也。考《魏志·武帝纪》，知上年九月，操至荆州，十二月，败于赤壁。当于本年初引军还。王粲、陈琳、杨脩、应玚等从军北归，途中至汉水，乃有游观并题咏之事发生。

春夏之际，粲作《初征赋》。

【兰按】：陆侃如以《初征赋》"违世难以回折兮，超遥集乎蛮楚"句，推测此赋作于初平四年（193）王粲初至荆州依刘表时（《中古文学系年》），《中国文学编年史·汉魏卷》从之，其说未免草率，结论未安。观本篇"赖皇华之茂功，清四海之疆宇"两句，是谓建安十三年（208）曹操南取荆州事，不甚符合初平四年（193）粲南下荆州史实。"超南荆之北境，践周豫之末畿"两句，徐公持以为"言诗人等回归中原，由荆州北向进入豫州，始入中土也"，或云"曹操征伐的足迹越过荆州之北，经过东周故国及古豫州之南"，见夏传才主编《王粲集校注》。此二句说法不一，姑置之不论。徐公持《建安七子诗文系年考证》认为是赋作于建安十三年（208）曹操南征之际，然观篇中有言及季节之语："春风穆其和畅兮，庶卉焕以敷蕤……当短景之炎阳，犯隆暑之赫曦"，所写时序在春夏，与史料所载曹操建安十三年（208）七月始伐刘表，九月至荆州不符。文中"行中国之旧壤，实吾愿之所依"句，当是王粲得以北还中原时愉悦心情的写照。据《魏志·武帝纪》，上年十二月，曹操战周瑜于赤壁，王粲随曹军北还当在赤壁战后。故暂系之于本年。

七月，粲随军征吴，途中与曹丕同作《浮淮赋》。

《北堂书钞》卷一百三十七载曹丕《浮淮赋》序云："建安十四年，王师自谯东征，大兴水军，泛舟万艘。时余从行，始入淮口，行薄东山，睹师徒，观旌帆，赫哉盛矣。虽孝武盛唐之时，舳舻千里，殆不过之。"（《艺文类聚》卷八与《初学记》卷六题作《浮淮赋》）

《艺文类聚》卷八载王粲《浮淮赋》曰："从王师以南征，浮淮水而遐逝。背涡浦之曲流，望马丘之高澨。"

【兰按】：王粲本篇可与曹丕《浮淮赋》对看，二篇内容互有呼应，为一时之作。《古文苑》卷七收王粲《浮淮赋》，引曹丕赋序，内容同上，其后更有"命粲同作"四字。章樵注："《魏志》建安十三年，曹公自江陵征刘备，至赤壁与备战，不利。十四年，至谯治水军。秋七月，自涡入淮，出肥水，军合肥。子丕是时为汉五官中郎将，粲为丞相掾，从曹公东征。"卢弼《三国志集解》系之于建安二十一年（216）十月粲从曹军征吴时，或未详审曹丕同题之作。

是年，粲迁军谋祭酒。
【兰按】：《魏志·王粲传》："后迁军谋祭酒。"王粲受封，当为曹操丞相府之军谋祭酒，记室之任。粲迁祭酒时间，史无明记。《文选》卷五十六曹植《王仲宣诔》："乃署祭酒，与军行止。"本年王粲即与曹植同征吴（曹植作《感节赋》，见徐公持《曹植年谱考证》），此是"与君行止"之时间上限，暂系于此。"与君"又作"与军"，五臣注刘良曰："曹公署粲为军谋祭酒，与之军中行止也"，粲上年归曹，本年从征，亦通。

建安十五年（210）庚寅

春，曹操作《求贤令》。冬，设铜雀台于邺都。十二月，作《让县自明本志令》。（《魏志·武帝纪》及裴注引《魏武故事》）

周瑜卒，鲁肃继任，孙权以荆州借刘备。（《吴志·鲁肃传》）

刘桢约四十二岁。

王粲三十四岁。

建安十六年（211）辛卯

正月，曹丕任五官中郎将，置官属。曹植为平原侯。三月，曹操派锺繇等攻汉中张鲁。七月，西征马超，与马超等夹潼关而驻军。九月，曹操大败韩遂、马超于渭南，关西平定。十月，曹操自长安北征安定，杨秋降。十二月，自安定还。（《魏志·武帝纪》及裴注引《魏书》）

孙权欲与刘备共取蜀，为备所拒。刘璋迎刘备入蜀北讨张鲁。刘备留诸葛亮、关羽守荆州。（《蜀志·先主传》）

孙权徙治秣陵。（《吴志·吴主传》）

刘桢约四十三岁，任五官郎将文学，受廊落带，妙答曹丕。

《魏志·王粲传》："始文帝为五官将，及平原侯植皆好文学。粲与北海徐幹字伟长、广陵陈琳字孔璋、陈留阮瑀字元瑜、汝南应玚字德琏、东平刘桢字公幹并见友善。"

《后汉书·文苑·刘梁传》李贤注："《魏志》桢字公幹，为司空军谋祭酒，五官郎将文学，与徐幹、陈琳、阮瑀、应玚俱以文章知名。"

《魏志·王粲传》裴注引《典略》曰："文帝尝赐桢廓落带，其后师死，欲借取以为像，因书嘲桢云：'夫物因人为贵。故在贱者之手，不御至尊之侧。今虽取之，勿嫌其不反也。'桢答曰：'桢闻荆山之璞，曜元后之宝；随侯之珠，烛众士之好；南垠之金，登窈窕之首；鼲貂之尾，缀侍臣之帻：此四宝者，伏朽石之下，潜污泥之中，而扬光千载之上，发彩畴昔之外，亦皆未能初自接于至尊也。夫尊者所服，卑者所修也；贵者所御，贱者所先也。故夏屋初成而大匠先立其下，嘉禾始熟而农夫先尝其粒。恨桢所带，无他妙饰，若实殊异，尚可纳也。'桢辞旨巧妙皆如是，由是特为诸公子所亲爱。"

【兰按】：曹丕任五官中郎将事在本年春正月，故设五官郎将文学，亦应在本年或稍后。刘桢受赐廓落带具体年份难明，姑置于任五官郎将文学之后，故系于是。潘眉《三国志考证》卷五云："廓落带即钩络带，革带之有钩者"，即一种束腰带。桢妙对调侃，足见其博学善喻，才思敏捷。桢不仅文才出众，机敏雄辩之才也称道当世。至于曹丕称帝在延康元年（220），其时刘桢早卒。《典略》称丕为文帝，只是代称而已，不能作为相关时限判断之依据。

夏，桢作《清虑赋》，详本年王粲谱。

桢于曹丕席上平视丕妻甄氏，以不敬之罪服劳役，后免罪。

《魏志·王粲传》："桢以不敬被刑，刑竟署吏。"
《魏志·王粲传》裴注引《典略》曰："其后太子尝请诸文学，酒酣坐欢，命夫人甄氏出拜。坐中众人咸伏，而桢独平视。太祖闻之，乃收桢，减死输作。"

《魏志·王粲传》裴注引《魏略》曰:"及河北平定,(大将军)〔五官将〕为世子,质与刘桢等并在坐席。桢坐谴之际,质出为朝歌长,后迁元城令。其后大军西征,太子南在孟津小城,与质书。"

《世说新语·言语》篇:"刘公幹以失敬罹罪。文帝问曰:'卿何以不谨于文宪?'桢答曰:'臣诚庸短,亦由陛下网目不疏。'"

《世说新语·言语》篇刘孝标注引《典略》曰:"刘桢字公幹,东平宁阳人。建安十六年,世子为五官中郎将,妙选文学,使桢随侍世子。酒酣,坐欢,乃使夫人甄氏出拜,坐上客多伏,而桢独平视。他日,公闻,乃收桢,减死,输作部。"刘注引《文士传》曰:"桢性辩捷,所问应声而答,坐平视甄夫人,配输作部,使磨石。武帝至尚方观作者,见桢匡坐正色磨石,武帝问曰:'石何如?'桢因得喻己自理,跪而对曰:'石出荆山悬岩之巅,外有五色之文,内含卞氏之珍。磨之不加莹,雕之不增文。禀气坚贞,受之自然,顾其理柱屈纡绕而不得申。'帝顾左右大笑,即日赦之。"

《水经注》卷十六"穀水"注:"(听讼)观西北接华林隶簿,昔刘桢磨石处也。"

《太平御览》卷四百六十四引《文士传》云:"(桢)性辩捷,文帝尝请同好为主人,使甄夫人出拜,坐者皆伏,而桢独平视如故。武帝使人观之,见桢大怒,命收之。主者案桢大不恭,应死,减一等,输作部使磨石。武帝尝辇至尚方观作者,见桢故环坐,正色磨石,不仰。武帝问曰:'石何如?'桢因得喻己自理,跪对曰:'石出自荆山元岩之下,外有五色之章,内含卞氏之珍,磨之不加莹,雕之不增文。禀气坚贞,受兹自然,顾理柱屈纡绕,独不得申。'武帝顾左右,大笑,即日还宫,赦桢,复署吏。"

【兰按】:刘孝标注《世说新语》引《典略》,曰其事在"建安十六年"。徐公持《曹植年谱考证》据裴注引《魏略》中"河北平定"一语,谓约在建安十二年(207)。"桢坐谴之际,质出为朝歌长",表明刘桢以不敬被刑之时,吴质亦外放朝歌县令。质在朝歌任上凡四年(《文选》卷四十二录质《答东阿王书》,

其曰"墨子回车，而质四年"），后于建安二十年（215）迁元城令，说参曹道衡、沈玉成《吴质为朝歌令、元城令》（载《中古文学史料丛考》）。是则刘桢、吴质被遣时间当为建安十六年（211）。刘桢被遣时间不长，下年被释。

王粲三十五岁。夏，同陈琳、阮瑀、应玚等诸子与曹氏兄弟邺下宴饮游乐，诗赋唱和。作《公宴诗》及《闲邪赋》。

《文选》卷四十二曹丕《与吴质书》："昔日游处，行则连舆，止则接席，何曾须臾相失。每至觞酌流行，丝竹并奏，酒酣耳热，仰而赋诗。当此之时，忽然不自知乐也。"

《晋书·阎缵传》："昔魏文帝之在东宫，徐幹、刘桢为友，文学相接之道并如气类。"

《艺文类聚》卷三十九载曹植《侍太子坐》："白日曜青春，时雨静飞尘。寒冰辟炎景，凉风飘我身。清醴盈金觞，肴馔纵横陈。齐人进奇乐，歌者出西秦。翩翩我公子，机巧忽若神。"赵幼文曰："深入诗之内容，和王粲《公宴诗》极近似，又和曹丕《与吴质书》所述宴乐情景相同，因此疑其创作时期当与《公宴诗》同。"（《曹植集校注》）

【兰按】：赵说甚是。至于植诗题目称丕"太子"，疑后来所加，非谓其事发生于建安二十二年（217）曹丕受封之后。由植诗"翩翩我公子"推之，粲诗中"愿我贤主人，与天享巍巍。克符周公业，奕世不可追"，盖同指曹丕。曹操曾以周公自况，然丕、植兄弟文中亦皆有以周公喻丕者，如《宋书·乐志》载丕《善哉行》，其三解云："慊慊下白屋，吐握不可失。众宾饱满归，主人苦不悉。"又有《初学记》卷十四载植《娱宾赋》，亦谓："欣公子之高义兮，德芬芳其若兰。扬仁恩于白屋兮，踰周公之弃餐。"

粲诗云："昊天降丰泽，百卉挺葳蕤。凉风撤蒸暑，清云却炎晖"，其时在夏日也。《艺文类聚》卷三十九载陈琳《宴会诗》："凯风飘阴云，白日扬素晖。良友招我游，高会宴中闱。玄鹤浮清泉，绮树焕青蕤。"此诗中"凯风"谓夏天的风，与粲诗"昊天""蒸暑""炎晖"等节候切合；"绮树焕青蕤"与粲诗中"百卉挺葳蕤"相呼应；"高会宴中闱"亦与粲诗中"高会君子堂"相对接，盖亦同时宴饮唱和之篇也。

植诗作于夏日，而首句"白日曜青春"之"青春"，黄节注云："谓雨后日出，可爱如春，亦以喻太子也。"(《曹子建诗注》)《初学记》卷十四同载阮瑀、应玚《公宴诗》，分别云："阳春和气动，贤主以崇仁""巍巍主人德，嘉会被四方"，皆表达对曹丕的赞美，盖亦侍其宴时，相互唱和而作。瑀诗之"阳春"喻曹丕崇尚仁义，给人温暖如春的感觉，非实指春日也。瑀卒于明年，故而此诸子宴饮唱和之诗，不晚于建安十七年（212）也。姑系于是。

又有俞绍初以为王粲《闲邪赋》是奉曹丕命而作，时在建安十六年（211）："《艺文类聚》卷二三载曹丕《戒盈赋》，其序云：'避暑东阁，延宾高会，酒酣乐作，怅然怀盈满之戒，乃作斯赋。'其赋有云：'何今日之延宾，君子纷其集庭。信临高而增惧，独处满而怀愁。愿群士之箴规，博纳我以良谋。'盖丕既有此言，诸人应命而有其作。时阮瑀既预其事，又丕赋序中有'避暑东阁'句，知与上条之事（邺中宴游）同在是年夏天"(《建安七子年谱》)。俞说可信。与粲之《闲邪赋》同时之作除曹丕《戒盈赋》外，尚有曹植《静思赋》，陈琳、阮瑀《止欲赋》、应玚《正情赋》，刘桢《清虑赋》，繁钦《抑检赋》，内容皆表现情爱，又要止乎礼义，盖皆是围绕丕、植兄弟产生的雅集唱和之作也。

七月，粲从曹操西征。八月，作《吊夷齐文》。

【兰按】：观王粲所述"南征"路线："岁旻秋之仲月，从王师以南征。济河津而长驱，踰芒阜之峥嵘。览首阳于东隅，见孤竹之遗灵"，时由邺城出发，南渡黄河，越洛阳北邙山，而见邙山之主峰首阳山。《魏志·贾逵传》裴注引《魏略》载："（建安）十六年，马超反，大军西讨，（杨）沛随军，都督孟津渡事。"又《魏志·甄皇后传》："十六年七月，太祖征关中，武宣皇后从，留孟津，帝居守邺。"孟津为黄河主要渡口，在洛阳市北。故此次"南征"，非谓征孙权，乃曹操亲征关西，道经洛阳也。检建安年间曹操西征，共计三次。一次在建安十六年（211），"秋七月，公西征，与（马）超等夹关而军。"；二次在建安二十年（215），"三月，公西征张鲁，至陈仓……，夏四月，公自陈仓以出散关，至河池。……十二月，公自南郑还"；三次在建安二十三年（218），"秋七月治兵，西征刘备"。三次之中，第三次首先排除，其时王粲已卒。第二次亦不可能，因据《魏志·武帝纪》，其年曹军行进路线与粲文"岁旻秋之仲月"所述时节不符。既是仲秋，当是曹军第一次西征无疑。故本篇撰作年代，当在本年也。是年七月，曹操西征马超，曹植、王粲、阮瑀等从征。曹植《离思赋》序曰："建安十六年，大军西讨马超，太子留监国。植时从焉……。"诸人途经首阳山，见伯夷、叔齐之遗灵，遂同题唱和。《艺文类聚》卷三十七有阮瑀《吊伯夷文》，曰："余以王事，适彼洛师，瞻望首阳，敬吊伯夷"，文意与粲文接近，约在同时。

阮籍诗云："步出上东门，北望首阳岑。下有采薇士，上有嘉树林。"黄节《阮步兵咏怀诗注》："首阳山见之古籍凡三所。一据《水经注》：'河水东迳平县故城北，南对首阳山'，则在今偃师县西北，即洛阳东北之首阳山，是为此诗所指之山。杜佑云：'夷、齐葬于此。'然考河南旧志云：'首阳山即邙山最高处，日出先照，故名。'以旧志考之，然则以其名同首阳，故立夷齐庙，杜氏误以为夷齐葬于此耳。阮瑀文曰：'适彼洛师，瞻彼首阳，敬吊伯夷'及嗣宗《首阳山赋》，皆指此山无误也。其一，据马融《论语注》，在河东蒲坂；其一，据《汉志》，陇西有首阳县，县以山名。《史记正义》引《庄子》云：'伯夷、叔齐至岐阳，见武王伐殷，遂北至首阳山，饥饿而死。'今甘肃兰州府渭源县东北有首阳故城是也。在蒲坂者无明据，惟《汉志》：河东蒲坂县有尧山、首山，雷首在南，则蒲坂之山乃雷首，非首阳也。考古宜从其朔，首阳最先见《汉志》，又与《庄子》合，则夷、齐饿死之首阳当在陇西，与此诗之首阳无涉。"黄节所论虽是阮籍之作，然亦可证王粲所经非伯夷、叔齐隐居之原址矣。卢弼《三国志集解》系本篇于建安二十一年（216）十月南征孙权时，然与粲文所述行军路线及时节颇为隔膜，故不取。

十月，粲作《征思赋》。

【兰按】：本篇写作年代，当在是年无疑。俞绍初又据《汉书·律历志》："析木……，中箕七度，小雪，于夏为十月"，认为此赋作于十月，今从之。"思征"即《文选》卷五十二曹丕《典论·论文》中所称"征思"之倒，今从《文选》。

十二月，粲随军途经三良冢，与曹植、阮瑀唱和，作《咏史诗》（其一）。

【兰按】：《文选》卷二十一有曹植《三良诗》，《艺文类聚》卷五十五亦有阮瑀《咏史诗》（之一），皆咏三良事，盖与粲诗为一时之作也。自曹植诗"揽涕登君墓，临穴仰天叹"及阮瑀诗"低头窥圹户，仰视日月光"等句观之，知诗作乃述诗人亲历之事。故此组唱和之作，当在三人随军西征之际。《魏志·武帝纪》："冬十月，军自长安北征杨秋，围安定。秋降，复其爵位，使留抚其民人。十二月，自安定还，留夏侯渊屯长安。"植、粲、瑀等随军至秦地，途经三良冢，有感于三良为秦穆公殉葬之事而相互唱和。《文选》曹植本诗五臣注刘良曰："植被文帝责黜，意者是悔不随武帝死而托是诗"，不确。曹丕受禅登基在建安二十五年（220），时瑀、粲早亡，故无由得同作此诗。朱绪曾《曹集考异》："此诗乃建安二十年从征张鲁，至关中过秦穆公墓，与王粲同作"，亦非也。时瑀已病故，则其参与同题作诗，可能性不存在。且建安二十年（215）植未从军西征（说见本年"曹植作《赠丁仪王粲》"条）。余冠英《三曹诗选》谓："建安十六年曹植从军征马超曾到关中，这篇诗或许是过秦穆公墓吊古之作。"诚是。

三良冢曾位于今陕西凤翔县郊，现不存。李泰《括地志》："秦穆公冢在岐州雍县（治今陕西凤翔县西南）东南二里，三良冢在雍县一里故城内。"赵廷瑞《陕西通志》卷九十三："凤翔，秦故都也。秦虽起西戎有非子者，为周孝王主马于汧渭之间。马大蕃息，封为附庸邑之秦，使续嬴氏之祀，故今城中有穆公与三良墓。"何清谷《三辅黄图校释》："据赵丛苍说：'在今凤翔城外东南隅，原有三起高大的冢丘，就是秦代的"三良冢"。现冢已夷平，惟清代毕沅书"秦三良冢"石碑尚存。'"

是年，曹植作《赠丁仪王粲》赠粲。

诗曰："从军度函谷，驱马过西京。山岑高无极，泾渭扬浊清。壮哉帝王居，佳丽殊百城。员阙出浮云，承露概泰清。皇佐扬天惠，四海无交兵。权家虽爱胜，全国为令名。君子在末位，不能歌德声。丁生怨在朝，王子欢自营。欢怨非贞则，中和诚可经。"（《文选》卷二十四）

【兰按】：关于此诗的创作时间，一说建安十六年（211），一说建安二十年（215），一说建安二十一年（216）。《文选》本篇李善注："建安二十年，西征张鲁。"刘履、丁晏、朱绪曾、赵幼文等从之,谓是役植从行而作此诗。徐公持《曹植年谱考证》亦持此观点,指出"当时王粲亦从军,撰有《从军诗》,诗中云:'从军有苦乐,但问所从谁',意者以从军为'乐'。本篇谓'王子欢自营',即是答王粲之辞也。"

黄节《曹子建诗注》援《文选》卷四十二曹丕《与锺大理书》及李善注,说明当时曹植并未从征,又谓植曾于建安十六年(211)历览西京壮丽,结合诗云"全国令名",故而认为是诗作于张鲁既平、建安二十一年(216)还邺以后。又俞绍初系之于建安十六年(211),曰建安二十年(215)丁仪兄弟在朝获宠,且王粲已官居侍中,似未可言"丁生怨在朝""君子在末位"。又谓:"所云'全国为令名'者,指'杨秋降,复其爵位使留抚其民人'事,是时或作于还军途中。此时王粲为军谋祭酒,丁仪为丞相掾,丁仪又因曹丕阻止,不得尚公主,颇有怅恨,盖与'君子在末位'、'丁生怨在朝'合。"见其《王粲年谱》。

曹操西征张鲁之时,曹丕守孟津,植在邺都当明白无疑,《文选》同卷载曹植《与吴季重书》及吴质《答东阿王书》二篇书函往来亦可证(参曹道衡、沈玉成《中古文学史料丛考》)。故而建安二十年(215)曹植从军而作本诗之说可以排除。黄节《诗注》中对丁仪、王粲处境均无考证,未足为据。观本篇描写,似乎丁仪、王粲当时所处地位不高,故而诗中有云:"君子在末位,不能歌德声"。俞说既合乎"君子在末位"之事,更切于"丁生怨在朝"之语,故而本篇之撰写,系于建安十六年(211)似更合理。又《文选》李善注曰:"《五言集》云:答丁敬礼、王仲宣。翼字敬礼,今云仪,误也。"黄节注本为《赠丁仪王粲》,俞绍初亦谓"从《文选》",今按黄、俞说是。

建安十七年(212)壬辰

七月,洧水、颖水泛滥。螟虫成灾。(《后汉书·献帝纪》)

正月,曹操还邺。诏曹操赞拜不名,入朝不趋,剑履上殿,如萧何故事。十月,征孙权。(《魏志·武帝纪》)

刘备杀刘璋将杨怀,使黄忠、卓膺勒兵向璋,据涪城。诸葛亮、张飞、赵云等将兵溯流定白帝、江州、江阳,关羽留镇荆州。(《蜀志·先主传》)

孙权筑石头城,改秣陵为建业。(《吴志·吴主传》)

刘桢约四十四岁,春,被刑中与徐幹互有赠答诗作,后为曹操所释。

刘桢《赠徐幹》载《文选》卷二十三，其云："谁谓相去远？隔此西掖垣。拘限清切禁，中情无由宣。思子沉心曲，长叹不能言。起坐失次第，一日三四迁。步出北寺门，遥望西苑园。细柳夹道生，方塘含清源。轻叶随风转，飞鸟何翩翩。乖人易感动，涕下与衿连。仰视白日光，皦皦高且悬。兼烛八纮内，物类无颇偏。我独抱深感，不得与比焉。"徐幹有《答刘桢诗》载《艺文类聚》卷三十一，曰："与子别无几，所经未一旬。我思一何笃，其愁如三春。虽路在咫尺，难涉如九关。陶陶朱夏德（德原作别，据《北堂书钞》卷一百五十四改），草木昌且繁。"

【兰按】：关于刘桢诗中"北寺"二字，一说谓东汉黄门署属下之监狱，如《后汉书·陈敬王羡传》："灵帝不忍复加法，诏槛车传送愔、迁诣北寺诏狱"；又如《后汉书·千乘贞王刘伉传》："熹平元年，遂收飒送北寺狱"；再如《后汉书·刘陶传》："于是收陶，下黄门北寺狱"；《后汉书·李云传》："帝得奏震怒，下有司逮云，诏尚书都护剑戟送黄门北寺狱"；《后汉书·陈蕃传》："遂执蕃送黄门北寺狱"等；一说谓官府别称，如《文选》本篇李善注引《风俗通》曰："尚书、侍御、御史、谒者所止，皆曰寺也。"五臣注吕向曰："寺，司也。谓桢主司之地。"故关于本篇撰作时间，亦有两种意见。一种认为作于被刑时，如何焯《义门读书记·文选》卷二评《赠徐幹》谓："《魏志》云，桢以不敬被刑，刑竟署吏。此诗有'仰视白日'之语，疑此时作也。'步出北寺门'，或桢方输作于北寺耳。"方东树《昭昧詹言》卷二亦称："时徐为太子文学，故在西园。所云'北寺'，当是被刑输作北寺署吏时作，故有'仰视白日'等语。"又有吴云曰："此诗乃刘桢被刑时所作，由诗中流露的'拘限'之严、'中情'之阻、'遥望'之切、'乖人'之称、'深憾'之痛观之，此说当有一定参考价值"（见其主编《建安七子集校注》）。一种认为作于复官后，有吴淇《六朝选诗定论》，其云："武帝末年，欲易太子，故文帝与子建各树党翼，而子建之党尤盛。惟伟长澹泊，公幹戆直不与。然伟长以澹泊故无感，公幹戆直招忌，故独抱深感。然此深感，除伟长外，再无一人可告诉者。故思之不已而望，望之不已而感。要知不是思人、望人，只是自己心中有事，故见'细柳'云云，感之而动也。至仰观日光，所感尤深。"又有韩格平《建安七子诗文集校注译析》亦谓"此诗似作于刘桢复官之后。其时刘桢为五官中郎将文学在邺,徐幹为临菑侯文学也在邺。"

二说不一,前说理由更充足。其一,观桢诗中"兼烛八纮内,物类无颇偏。我独抱深感,不得与比焉"四句,写万物皆受恩泽,而"我独抱深感",颇符合于被刑境况。其二,结合徐幹答诗"虽路在咫尺,难涉如九关"句,显出两人见面之难,盖因刘桢被禁。"陶陶朱夏德,草木昌且繁"句,似在以曹操恩德劝慰和鼓励刘桢。后刘桢果为曹操所赦。其三,《北堂书钞》卷一百有刘桢《又赠徐幹诗》:"猥蒙惠咳唾,贶以雅颂声。高义厉青云,灼灼有表经",虽为残篇,亦可见刘桢心情明显好转,或由被释所致。

再桢前诗中有云"遥望西苑园",西园即铜雀园,建安十七年(212)春新成〔说见本年"王粲作《杂诗》(其一)"条〕。桢诗又云"细柳夹道生",可知其时节亦在春日。故而桢、幹赠答之诗撰写时间当在本年春或稍后,故系于是。刘桢被谴时间自上年始,以本年四月作《处士国文甫碑》,则其被释当在四月前,故置于本年春。

四月,桢作《处士国文甫碑》。
【兰按】:碑文明言国文甫"建安十七年四月卒",碑文之撰写应在事后不久,故系于是。

秋,桢与丕、植兄弟夜游西园,有《公宴诗》。
【兰按】:《文选》卷二十二引曹丕《芙蓉池作》:"乘辇夜行游,逍遥步西园。双渠相溉灌,嘉木绕通川。卑枝拂羽盖,修条摩苍天。惊风扶轮毂,飞鸟翔我前。丹霞夹明月,华星出云间。上天垂光彩,五色一何鲜。寿命非松乔,谁能得神仙。遨游快心意,保己终百年。"《文选》卷二十载曹植《公宴诗》:"公子敬爱客,终宴不知疲。清夜游西园,飞盖相追随。明月澄清景,列宿正参差。秋兰被长阪,朱华冒绿池。潜鱼跃清波,好鸟鸣高枝。神飙接丹毂,轻辇随风移。飘飖放志意,千秋长若斯。"黄节《曹子建诗注》认为曹植此诗乃和曹丕《芙蓉池作》:"'清夜'两句,即和'乘辇夜行游,逍遥步西园。''明月'两句,即和'丹霞夹明月,华星出云间。''好鸟'、'神飙',即和'惊风扶轮毂,飞鸟翔我前。''飘飖'两句,即和'遨游快心意,保己终百年。'"黄说是也且刘桢之《公宴诗》盖亦此时唱和之篇也。三篇内容，皆描述夜游西园，场面颇热闹，兴致亦高涨。曹植诗云"秋兰被长阪，朱华冒绿池"，刘桢诗云"芙蓉散其华，菡萏溢金塘"，所写皆秋景，时节亦相近。且语辞亦有略同者，如桢诗谓"玄夜""素盖"，植诗谓"清夜""飞盖"，桢诗云"珍木""灵鸟"，丕诗云"嘉木""飞鸟"，用语略同。刘桢所写"月出照园中"，曹植所写"清夜游西园"，皆与曹丕"乘辇夜行游，逍遥步西园"意境相仿。

俞绍初《建安七子年谱》以为本诗与粲《公宴诗》同作于建安十六年（211），恐非。丕、植诗中所云"西园"，即铜雀园。其始成于建安十七年（212）春〔说见本年"王粲作《杂诗》（其一）"条〕，此其一也；粲《公宴诗》所写节候在夏日，与本篇所叙之秋景有别，此其二也；建安十六年（211）七月，曹植随父西征马超，至本年春还邺，故而十六年（211）秋季无由作此宴游之诗，此其三也。自诸篇"公宴"及"游览"诗观之，当日邺下聚会流连诗酒非单次活动，其时节有春日，有夏日，亦有秋日，故不能一概而论，需要具体澄清。

桢转为平原侯曹植庶子，与邢颙共事，作《谏平原侯植书》。

《魏志·邢颙传》："是时，太祖诸子高选官属，令曰：'侯家吏，宜得渊深法度如邢颙辈。'遂以为平原侯植家丞。颙防闲以礼，无所屈挠，由是不合。庶子刘桢书谏植曰：'家丞邢颙，北土之彦，少秉高节，玄静澹泊，言少理多，真雅士也。桢诚不足同贯斯人，并列左右。而桢礼遇殊特，颙反疏简，私惧观者将谓君侯习近不肖，礼贤不足，采庶子之春华，忘家丞之秋实。为上招谤，其罪不小，以此反侧。'"

《后汉书·文苑·刘梁传》李贤注："《魏志》桢字公幹……五官郎将文学，与徐幹、陈琳、阮瑀、应玚俱以文章知名，转为平原侯庶子。"

《晋书·元四王传》："琅邪悼王焕字耀祖。母有宠，元帝特所钟爱。初继帝弟长乐亭侯浑，后封显义亭侯。尚书令刁协奏：'昔魏临菑侯以邢颙为家丞，刘桢为庶子。今侯幼弱，宜选明德。'帝令曰：'临菑万户封，又植少有美才，能同游田苏者。今晚生蒙弱，何论于此！间封此儿，不以宠稚子也。亡弟当应继嗣，不获已耳。家丞、庶子，足以摄祠祭而已，岂宜屈贤才以受无用乎！'"

《资治通鉴》卷六十七："〔建安十九年（214）〕秋，七月，公操击孙权，留少子临菑侯植守邺。操为诸子高选官属，以邢颙为植家丞；颙防闲以礼，无所屈挠，由是不合。庶子刘桢美文辞，植亲爱之。桢以书谏植曰：'采庶子之春华，忘家丞之秋实，为上招谤，其罪不小，愚实惧焉。'"

【兰按】：同记刘桢作书规劝曹植事，《魏志·邢颙传》称植为"平原侯"，《晋书·元四王传》及《资治通鉴》称植为"临菑侯"，所载颇为含混。《晋书》为唐人所撰，不如《魏志》之更近汉末，《资治通鉴》更非一手资料，恐不能据以为凭。兹从《魏志》。《魏志·陈思王植传》云："建安十六年，（植）封平原侯。十九年，徙封临菑侯"，则刘桢转职平原侯曹植门下或在建安十七年（212）为曹操所赦之后。"平原县"为东汉青州平原郡治所，即今山东平原县南。曹植虽封"平原侯"，但并未就国而留居邺城，故而刘桢亦随之在邺。

家丞为列侯属官之主要成员，地位高于庶子。《后汉书·百官志五》："列侯，所食县为侯国。……每国置相一人，其秩各如本县。本注曰：主治民，如令、长，不臣也。但纳租于侯，以户数为限。其家臣，置家丞、庶子各一人。本注曰：主侍侯，使理家事。列侯旧有行人、洗马、门大夫，凡五官。中兴以来，食邑千户已上置家丞、庶子各一人，不满千户不置家丞，又悉省行人、洗马、门大夫。"《后汉书·朱晖传》李贤注引《续汉志》曰："诸侯家丞，秩三百石。"关于邢颙其人，《魏志·邢颙传》有云："邢颙、字子昂，河间鄚人也。举孝廉，司徒辟，皆不就。易姓字，适右北平，从田畴游。积五年，而太祖定冀州。颙谓畴曰：'黄巾起来二十馀年，海内鼎沸，百姓流离。今闻曹公法令严。民厌乱矣，乱极则平。请以身先。'遂装还乡里。田畴曰：'邢颙，民之先觉也。'乃见太祖，求为乡导以克柳城。太祖辟颙为冀州从事，时人称之曰：'德行堂堂邢子昂。'"刘桢书中推许邢颙，亦显出其虚怀若谷的胸襟。

桢与曹植、应玚同题共作《斗鸡诗》。

【兰按】：本篇亦有曹植、应玚同题之作，载《艺文类聚》卷九十一。关于曹植《斗鸡诗》撰作时间，丁晏系之于太和元年（227），见《曹集铨评·魏陈思王年谱》，其云："《邺都故事》：'魏明帝太和中筑斗鸡台。'集有《斗鸡诗》。"其说不甚确，历来说者颇持疑义。朱绪曾《曹集考异》驳之曰："刘桢、应玚俱有《斗鸡诗》，见《类聚》，盖建安中同作。山阳丁晏作年谱，引《邺都故事》明帝太和中筑斗鸡台，谓作于太和中。然考其时，应、刘早卒矣。"黄节《曹子建诗注》亦谓："山阳丁晏以此篇为作于明帝太和中，殆未悟应玚诗'兄弟游戏场，命驾迎众宾'二语，乃子桓未即帝位时与子建游戏斗鸡之作。若在明帝时，则不得言兄弟矣。朱氏驳之是也。"朱、黄之说诚是。本年前后，丕、植兄弟关系尚洽，常常呼朋引类、斗鸡走马，植诗"游目极妙伎，清听厌宫商。主人寂无为，众宾进乐方。长筵坐戏客，斗鸡观闲房"云云，完全是贵公子生活写照。作为当时著名文士，桢、玚皆同任平原侯曹植庶子，追随其左右，应多有唱和之作。本篇不能确指其写作年份，以本年刘桢担任曹植庶子，姑置于此。

王粲三十六岁，春，随军还邺，曹植作《赠王粲》，粲有《杂诗》（其一）相和。

粲诗："日暮游西园，冀写忧思情。曲池扬素波，列树敷丹荣。上有特栖鸟，怀春向我鸣。褰衽欲从之，路险不得征。徘徊不能去，伫立望尔形。风飚扬尘起，白日忽已冥。回身入空房，托梦通精诚。人欲天不违，何惧不合并！"（《文选》卷二十九，《艺文类聚》卷二十八）

植诗："端坐苦愁思，揽衣起西游。树木发春华，清池激长流。中有孤鸳鸯，哀鸣求匹俦。我愿执此鸟，惜哉无轻舟。欲归忘故道，顾望但怀愁。悲风鸣我侧，羲和逝不留。重阴润万物，何惧泽不周。谁令君多念，自使怀百忧。"（《文选》卷二十四）

【兰按】：粲诗与植诗为唱和之作，并无异说。然是粲答植，还是植答粲，殊难结论。主粲答植者，如刘履，其《选诗补注》卷二评曰："此盖仲宣在荆州，昔因曹子建寄赠而以是答之。故其词意终篇相合。所谓'特鸟'，喻子建也。'向我鸣'者，谓其赠诗以相劝也。风扬尘而白日冥，亦以喻天道之变革。至于托梦通诚，此可见其羁旅忧思之际，感子建之情念，而归魏之心已决然矣。"又有陆时雍《诗镜》亦云："子建《杂诗》'我愿执此鸟，惜哉无轻舟'，其情亦第已耳。王粲眷然一往，倾倒殆尽。"又有吴淇《六朝选诗定论》卷六亦谓："此诗与子建赠诗，不惟格调相同，且字句相类，如后人拟诗然。想亦答子建之诗。……子建借水鸟为比，故先树后池，仲宣借树鸟为比，故先池后树。惟末四句是各人说话，一赠一答，本文自明。"主植答粲者，如黄节，其议以为"粲诗或为植而发，植此诗盖拟粲诗作也。自'羲和逝不留'句以上，皆逐句相拟。'重阴'二句乃拟粲诗'人欲'二句，'谁令'云云始是植意。君指王粲，多念、百忧，指粲诗言也"（《曹子建诗注》）。

观植诗末句"谁令君多念，自使怀百忧"，似指王粲处于一种多怀忧愁的状态，感情基调较为悲观；而粲诗末句"人欲天不违，何惧不合并"则透露出积极乐观的情绪。盖王粲曾以某种方式向曹植表达过不满或哀怨，曹植遂作《赠王粲》劝导安慰。经过曹植关切，王粲心情好转，发出"人欲天不违，何惧不合并"之叹。故笔者以为王粲《杂诗》为答曹植之作的可能性更大。

粲诗有云："日暮游西园，冀写忧思情。"《文选》卷六《魏都赋》张载注："文昌殿西有'铜爵（雀）园'，园中有鱼池。"西园即铜雀园，盖该园以铜雀台为中心，辟为花园。晋陆翙《邺中记》："铜爵（雀）、金凤（即金虎，避石虎讳改）、冰井三台皆在邺城北城西北隅，因城为基址。"铜雀台"因城为基址"，则建台之前，此处是城楼。城楼旁边不应有园，因而可以假定铜雀台与铜雀园建于同时。

又据《魏志·武帝纪》，知铜雀台始建于建安十五年（210）冬。《魏志·陈思王植传》："时邺铜爵台新成，太祖悉将诸子登台，使各为赋。植援笔立成，可观，太祖甚异之。"《水经注》卷十"浊漳水"载："（邺）城之西北有三台，皆因城为之基，巍然崇举，其高若山。……中曰铜雀台，高十丈，有屋百一间，台成，命诸子登之，并使为赋。陈思王下笔成章，美捷当时。"《艺文类聚》卷六十二载曹丕《登台赋》序曰："建安十七年春，（上）游西园，登铜雀台，命余兄弟并作。"由丕序可知，铜雀台新成之时，在建安十七年（212）春。王粲与曹植游园唱和之事当在其后。俞绍初《建安七子年谱》系此二诗于建安十六春，盖未细考"西园"二字耳。

有论者以为植诗作于王粲初归曹操，未拜侍中之前（古直《曹子建诗笺》；赵幼文《曹植集校注》；王巍《曹植集校注》等）。而张可礼《三曹年谱》提出作于建安十八年（213）粲拜侍中后，认同者有徐公持《曹植年谱考证》。后者所据在于《魏志·杜袭传》所载："魏国既建，为侍中，与王粲、和洽并用。粲强识博闻，故太祖游观出入，多得骖乘，至其见敬不及洽、袭。袭尝独见，至于夜半。粲性躁竞，起坐曰：'不知公对杜袭道何等也？'洽笑答曰：'天下事岂有尽邪？卿昼侍可矣，悒悒于此，欲兼之乎！'"以王粲对个人境遇有所不满，曹植遂有劝慰之作，答曰："重阴润万物，何惧泽不周。谁令君多念，自使怀百忧。""拜侍中前"与"拜侍中后"二说，未详孰是。粲与植二篇赠答往来，当作于同时。粲诗"上有特栖鸟，怀春向我鸣"及植诗"树木发春华，清池激长流"等句，可知其时在春日也。考虑诸多因素，笔者以为此诗当作于本年春或稍后，暂系于此。

盛夏初秋，粲随曹氏兄弟出西园游玄武陂，作《杂诗》和丕。

《杂诗》（其二）："吉日简清时，从君出西园。方轨策良马，并驰厉中原。北临清漳水，西看柏杨山。回翔游广囿，逍遥波水间。"（《艺文类聚》卷二十八）

《杂诗》（其三）："列车息众驾，相伴绿水湄。幽兰吐芳烈，芙蓉发红晖。百鸟何缤翻，振翼群相追。投网引潜鲤，强弩下高飞。白日已西迈，欢乐忽忘归。"（《艺文类聚》卷二十八）

【兰按】：两者内容接近，情感相似，乃同时之作。《艺文类聚》卷九载曹丕《于玄武陂作》："兄弟共行游，驱车出西城。野田广开辟，川渠互相经。黍稷何郁郁，流波激悲声。菱芡覆绿水，芙蓉发丹荣。柳垂重荫绿，向我池边生。乘渚望长洲，群鸟欢哗鸣。萍藻泛滥浮，澹澹随风倾。"玄武陂即玄武池，在邺城之西南郊。《魏志·武帝纪》："（建安）十三年春正月，公还邺，作玄武池以肄舟师。"《水经注》卷九"洹水"载："……又东北出山，过邺县南。……其水西迳魏武玄武故苑，苑旧有玄武池以肄舟楫，有鱼梁、钓台、竹木、灌丛，今池林绝灭，略无遗迹矣。"除练兵外，玄武池亦游乐之好去处也。

丕诗与粲诗，前者述"驱车出西城""菱芡覆绿水""芙蓉发丹荣""群鸟欢哗鸣"，后者言"从君出西园""相伴绿水湄""芙蓉发红晖""百鸟何缤翻"，二者所说出游过程与所见景象基本吻合。曹氏兄弟出西园游玄武池，王粲盖亦同往，疑此篇亦当时所撰也。由"菱芡""芙蓉"等，可知撰写时节盖在盛夏初秋。又粲诗中有"从君出西园"，当在本年铜雀园建成后，故系于此。俞绍初系之于上年，亦未详考"西园"始成时间也。

十月，粲从曹操征孙权，是年作《为荀彧与孙权檄》。

《魏志·武帝纪》："〔建安十七年（212）〕冬十月，公征孙权。"
《魏志·荀彧传》："十七年……会征孙权，表请彧劳军于谯，因辄留彧，以侍中光禄大夫持节，参丞相军事。太祖军至濡须，彧疾留寿春，以忧薨，时年五十。"
《后汉书·荀彧传》："会南征孙权，表请彧劳军于谯，因表留彧曰：'臣闻古之遣将，上设监督之重，下建副二之任，所以尊严国命，谋而鲜过者也。臣今当济江，奉辞伐罪，宜有大使肃将王命。文武并用，自古有之。使持节侍中守尚书令万岁亭侯彧，国之（望）〔重〕臣，德洽华夏，既停军所次，便宜与臣俱进，宣示国命，威怀丑虏。军礼尚速，不及先请，臣辄留彧，依以为重。'书奏，帝从之，遂以彧为侍中、光禄大夫，持节，参丞相军事。至濡须，彧病留寿春，操馈之食，发视，乃空器也，于是饮药而卒。时年五十。"

【兰按】：本篇檄文不完整，当是残篇。观断文称："就渤海七八百里，阴习舟楫。四年之内，无日休解。今皆击棹若飞，回柁若环"，炫耀曹军武力，应作于曹操南征孙权之时。自建安十三年（208）王粲入曹操幕府，至建安十七年（212）荀彧卒，曹军南征孙权，共计两次：一次为建安十四年（209）春三月至十二月，二次在建安十七年（212）冬十月至十九年（214）春正月。又粲文中提及四年来曹军忙于训练水军之事，盖因建安十三年（208）赤壁之败也。此言赤壁之战以后四年，则王粲檄文写作时间，当在本年，即曹操赤壁战后第二次南征孙权之际。是年，操召荀彧到谯犒劳军队，彧寻卒。

阮瑀病故，粲作《阮元瑜诔》《寡妇赋》。
【兰按】：《魏志·王粲传》叙曰："瑀以十七年卒"。王粲撰写"诔文"，当在阮瑀卒后不久，故系于是。惜诔文仅有佚句，难窥全豹。

《文选》卷十六潘岳《寡妇赋》李善注引曹丕《寡妇赋序》曰："陈留阮元瑜，与余有旧，薄命早亡。故作斯赋，以叙其妻子悲苦之情，命王粲等并作之。"曹序明叙粲赋撰于阮瑀亡后，乃奉命之作。《艺文类聚》卷三十四于王粲《寡妇赋》后载："魏丁廙妻寡妇赋曰……"，盖丁廙妻亦同时作赋，以慰其遗孀幼子。

《艺文类聚》同卷载粲《思友赋》云："行游目于林中，睹旧人之故场。身既没而不见，馀迹存而未丧。"俞绍初谓："其所思之友或即阮瑀，亦为此时作"（《建安七子年谱》），此未必，王粲所思之旧友居林中，似是隐者。

粲作《七哀诗》（其三）。

【兰按】：本篇撰写，有说在建安二十年（215），其谓："建安二十年（215）曹操西平金城（今甘肃兰州西南），这诗所谓'边城'或指此。"（余冠英：《汉魏六朝诗选》）其说尚可商榷。《魏志·武帝纪》叙建安二十年（215）西征曰："三月，公西征张鲁，至陈仓，将自武都入氐。……夏四月，公自陈仓以出散关，至河池。……五月，公攻屠之。西平、金城诸将麴演、蒋石等共斩送韩遂首。秋七月，公至阳平。……公军入南郑，尽得鲁府库珍宝。巴、汉皆降。……九月，巴七姓夷王朴胡、賨邑侯杜濩举巴夷、賨民来附……十一月，鲁自巴中将其馀众降。封鲁及五子皆为列侯。……十二月，公自南郑还，留夏侯渊屯汉中。"知建安二十年（215），自四月至十二月，曹军始终在河池（今甘肃徽县西）、阳平（今陕西勉县西北白马城）、南郑（今陕西汉中市东）一带活动，似未曾远至金城，故"边城"指"金城"之说，恐误。查《武帝纪》，建安十六年（211），曹操亦曾西征，北至安定："秋七月，公西征……冬十月，军自长安北征杨秋，围安定。秋降，复其爵位，使留抚其民人。十二月，自安定还。"安定郡治临泾县（今甘肃镇原县东南），其地理位置更在河池、阳平、南郑等地之北，"边城"或指安定。且诗云："冰雪截肌肤，风飘无止期"，其时在冬日也，与曹军至安定时间相合。又云"子弟多俘虏"，盖指杨秋降。"昔吾亲更"句，表明非当时所作，应是事后不久之言也。故本文之作，当在建安十六年（211）稍后，或即在十七年（212），比较合乎事理。故系于是。

建安十八年（213）癸巳

正月，曹操进军濡须口，破孙权江西营。诏书并十四州，复为九州。四月，还邺。五月，天子使郗虑持节策命曹操为魏公，加九锡。七月，魏始立社稷、宗庙。曹操使三女入宫为贵人。十一月，初置尚书、侍中、六卿。（《魏志·武帝纪》）

刘桢约四十五岁，作《大阅赋》。

【兰按】：说见本年王粲作《羽猎赋》条下，桢文已佚。

王粲三十七岁，春，随军由谯还邺途中，遇霖雨，与曹丕、曹植、应场同作《愁霖赋》。

粲《愁霖赋》今佚。

俞绍初氏谓："〔建安十八年（213）〕曹操破孙权江西营后复引军还谯，四月乃由谯至邺。曹丕、曹植、王粲、应场四人各有《愁霖》、《喜霁》二赋，……盖自谯返邺，道中所作。"（《建安七子年谱》）

【兰按】：俞谓四人《愁霖赋》作于自谯返邺途中，可备参考。赵幼文《曹植集校注·愁霖赋》曰："《艺文类聚》卷二载曹丕、应场《愁霖赋》。"丕赋句云'脂余车而秣马，将言旋乎邺都。'丕不称邺为魏都或魏京而称邺都，似在曹操尚未为魏公时。魏公以后，便称邺为魏都或魏京了，观《朔风诗》、《王仲宣诔》可证。"赵说可供参考①。据《魏志·武帝纪》："〔建安十七年（212）〕冬十月，公征孙权。十八年春正月，进军濡须口，攻破权江西营，获都督公孙阳，乃引军还。……夏四月，至邺"，知曹军得胜后，丕、植②、粲、场等随军于建安十八年（213）春北上返邺。植赋句"攀扶桑而仰观兮，假九日于天皇"与丕赋句"思若水以照路，假龙烛之末光"互相蹈袭，亦有呼应，盖为同时之作。

---

① 赵氏邺都之说亦有反证，如曹丕《孟津》诗："翌日浮黄河，长驱旋邺都"，则作于建安二十年。参张可礼《三曹年谱》，第139页。
② 《初学记》卷九引曹丕《临涡赋》，序曰："上建安十八年至谯，余兄弟从上拜坟墓，遂乘马游观。经东园，遵涡水，高树之下，驻马书鞭，为《临涡赋》。"知是时丕、植兄弟随军征吴，由邺还谯。自赋文"春木繁兮发丹华"观，可知撰写时序在春时。

疑应玚、王粲①同题奉作。

俞谓四人《喜霁赋》亦同时之作，似可斟酌。丕、植《喜霁》乃作于延康元年（220）曹丕将即帝位之时，与王粲、应玚之《喜霁》非一时也。时与丕、植唱和者尚有缪袭，观丕赋中"厌群萌之至愿，感上下之明神"，"思寄身于鸿鸾，举六翮而轻飞"，植赋中"禹身誓于阳旰，卒锡圭而告成。汤感旱于殷时，造桑林而敷诚"，袭赋中"赖我后之明圣兮，独克躬而罪己"等句，知均作于汉魏易代之际。赵幼文《曹植集校注·喜霁赋》："考《初学记》卷二引《魏略·五行志》：'延康元年。大霖雨五十馀日。魏有天下乃霁。将受大禅（《艺文》卷二引作祚，是）之应也。'此赋所征史实，如禹锡玄圭，汤祷桑林，皆古开国帝王传说。而曹丕《喜霁赋》有句云：'厌群萌之至愿，感上下之明神。'显然是准备受禅而言。此赋写作时期，当在延康末将即帝位之日。"赵说诚确。王粲、应玚之《喜霁赋》，今亡，故而难以遽断其年份。但二人均卒于建安二十二年（217），史有明记，其赋不可能撰于卒后。俞说亦未深考耳。

粲与荀攸、毛玠、刘勋、刘若、夏侯惇等两次劝曹操进魏公，操乃受命。

【兰按】：详情见《魏志·武帝纪》裴注。朝廷封曹操为魏公，操"前后三让"，荀攸等领衔，粲以关内侯身份参与其事。考裴注所载劝进群臣名录，知建安七子中，惟粲一人参与此事。

粲作《太庙颂》三首、改创《俞儿舞歌》四篇，并复作《登歌》《安世诗》。

【兰按】：《古文苑》卷十二王粲《太庙颂》章樵注："《粲集》作'显庙'，魏公曹操之祖庙也。是时未敢僭称太庙，故止曰显庙。此编目以太庙，后人改之耳。《魏志》建安十八年，汉天子以十郡封操为魏公，加九锡，始建魏社稷宗庙。盖建庙之始，令粲作颂以献，寻以粲为侍中。"章说可从，本篇内容颂曹氏先祖，盖作于曹魏宗庙始建之际。"太庙"二字，显系后人改拟。

---

① 《文选》卷三十一江淹《杂体诗三十首·张黄门·苦雨》李善注曰："王仲宣有《愁霖赋》。"载萧统编《文选》，第1464页。严可均《全上古三代秦汉三国六朝文：全晋文》卷一百二陆云《与兄平原书》："视仲宣赋集，《初（征）》、《述征》、《登楼》前即甚佳，其馀平平，不得言情处。……《愁霖》、《喜霁》，殊自委顿，恐此都易胜"，载严可均《全上古三代秦汉三国六朝文：全晋文》，第2045页上。知王粲曾作《愁霖赋》《喜霁赋》，今亡。

《宋书·乐志二》："魏《俞儿舞歌》四篇，魏国初建所用，后于太祖庙并作之。王粲造。"《晋书·乐志上》："汉高祖自蜀汉将定三秦，阆中范因率賨人以从帝，为前锋。及定秦中，封因为阆中侯，复賨人七姓。其俗喜舞，高祖乐其猛锐，数观其舞，后使乐人习之。阆中有渝水，因其所居，故名曰《巴渝舞》。舞曲有《矛渝本歌曲》、《安弩渝本歌曲》（"安"字疑衍）、《安台本歌曲》、《行辞本歌曲》，总四篇。其辞既古，莫能晓其句度。魏初，乃使军谋祭酒王粲改创其词。粲问巴渝帅李管、种玉歌曲意，试使歌，听之，以考校歌曲，而为之改为《矛渝新福歌曲》、《弩渝新福歌曲》、《安台新福歌曲》、《行辞新福歌曲》，行辞以述魏德。黄初三年，又改《巴渝舞》为《昭武舞》。"关于粲改创《俞儿舞歌》事，据《宋书·乐志》及《晋书·乐志》载，可知事在本年也。

《登歌》或指《太庙颂》，《安世诗》今亡。《宋书·乐志一》："文帝黄初二年，改汉《巴渝舞》曰《昭武舞》，改宗庙《安世乐》曰《正世乐》……其众哥诗，多即前代之旧；唯魏国初建，使王粲改作《登哥》及《安世》、《巴渝》诗而已。"《宋书·乐志一》："侍中缪袭又奏：'《安世哥》本汉时哥名。今诗哥非往时之文，则宜变改。案《周礼》注云：《安世乐》，犹周《房中之乐》也。是以往昔议者，以《房中》哥后妃之德，所以风天下，正夫妇，宜改《安世》之名曰《正始之乐》。自魏国初建，故侍中王粲所作《登哥》《安世诗》，专以思咏神灵及说神灵鉴享之意。袭后又依哥省读汉《安世哥》咏，亦说"高张四县，神来燕享，嘉荐令仪，永受厥福"。无有《二南》后妃风化天下之言。今思惟往者谓《房中》为后妃之歌者，恐失其意。方祭祀娱神，登堂哥先祖功德，下堂哥咏燕享，无事哥后妃之化也。自宜依其事以名其乐哥，改《安世哥》曰《享神哥》。'奏可。……王粲所造《安世诗》今亡。"

《宋书·乐志一》明言粲之《登歌》《安世》撰于"魏国初建"时，故系于此。郭茂倩《乐府诗集》："登歌者，祭祀燕飨堂上所奏之歌也"，钱仪吉《三国会要》卷十三以为《太庙颂》盖即登歌也，可备一说。粲《安世》之歌，黄初二年（221）更名为《正世乐》，魏明帝时又据缪袭提议而改称《享神歌》，其辞在沈约作《宋书》时已亡。俞绍初谓："以上诸篇（《太庙颂》《俞儿舞歌》《登歌》及《安世诗》）当作于是年七月前。"《魏志·武帝纪》："秋七月，始建魏社稷宗庙。"笔者以为诸篇作于本年七月或稍后亦有可能。

十一月，粲与杜袭、卫觊、和洽同为侍中，执机微之事，朝廷奏议，多出其手。

《文选》卷五十六曹植《王仲宣诔》："我王建国，百司隽乂。君以显举，乘机省闼。载蝉珥貂，朱衣皓带。入侍帷幄，出拥华盖。荣曜当世，芳风晻蔼。"五臣注吕向曰："谓粲为侍中，执机微之事于此也。"

《魏志·王粲传》："魏国既建，拜侍中。"

《魏志·武帝纪》："〔建安十八年（213）〕十一月，初置尚书、侍中、六卿。"裴注引《魏氏春秋》曰："王粲、杜袭、卫觊、和洽为侍中。"

《魏志·杜袭传》："魏国既建，为侍中，与王粲、和洽并用。粲强识博闻，故太祖游观出入，多得骖乘，至其见敬，不及洽、袭。袭尝独见，至于夜半。粲性躁竞，起坐曰：'不知公对杜袭道何等也？'洽笑答曰：'天下事岂有尽邪？卿昼侍可矣，悒悒于此，欲兼之乎！'"《初学记》卷十二："魏侍中置四人。《齐职仪》云：'魏侍中掌傧赞。大驾出则次直侍中护驾，正直侍中负玺、陪乘，不带剑。皆骑从。御登殿，与散骑侍郎对挟帝。侍中居左，常侍居右。备切问近对，拾遗补阙也。'"俞绍初据此认为粲当是正直侍中，是也。

《魏志·王粲传》裴注引《典略》："粲才既高，辩论应机，锺繇、王朗等虽名为魏卿相，至于朝廷奏议，皆阁笔不能措手。"

【兰按】：《后汉书·百官志三》："侍中，比二千石。本注曰：无员。掌侍左右，赞导众事，顾问应对。法驾出，则多识者一人参乘，馀皆骑在乘舆车后。本有仆射一人，中兴转为祭酒，或置或否。"曹魏官制多承后汉，侍中之职，禄位盖亦颇高。其虽在近侧，而不任杂务，专顾问应对，拾遗补缺。粲博学多识，又深受重用，故而魏国初建，即拜侍中。建安时期朝廷奏议，相当一部分当出自王粲之手。粲不但文章足称，而且对于当时政事机密，应该参与较深。

粲与卫觊并典制度，草创朝仪；粲亦复造玉珮，流传后世。

《魏志·王粲传》:"博物多识,问无不对。时旧仪废弛,兴造制度,粲恒典之。"裴注引挚虞《决疑要注》曰:"汉末丧乱,绝无玉珮。魏侍中王粲识旧珮,始复作之。今之玉珮,受法于粲也。"

《魏志·卫觊传》:"魏国既建,拜侍中,与王粲并典制度。"

《宋书·礼志一》:"自汉末剥乱,旧章乖弛,魏初则王粲、卫觊典定众仪。"

《宋书·礼志五》:"至明帝始复制佩,而汉末又亡绝。魏侍中王粲识其形,乃复造焉。今之佩,粲所制也。"

《南齐书·礼志一》:"魏氏籍汉末大乱,旧章殄灭,侍中王粲、尚书卫觊集创朝仪,而鱼豢、王沈、陈寿、孙盛并未详也。"

《晋书·礼志上》:"魏氏承汉末大乱,旧章殄灭,命侍中王粲、尚书卫觊草创朝仪。"

《魏志·傅嘏传》评曰:"昔文帝、陈王以公子之尊,博好文采,同声相应,才士并出,惟粲等六人最见名目。而粲特处常伯之官,兴一代之制,然其冲虚德宇,未若徐幹之粹也。"

冬,奉曹丕教,粲作《羽猎赋》、桢作《大阅赋》,陈琳、应玚等并作。

【兰按】:《古文苑》卷七王粲《羽猎赋》章樵注引挚虞《文章流别论》:"建安中,魏文帝从武帝出猎,赋,命陈琳、王粲、应玚、刘桢并作。琳为《武猎》,粲为《羽猎》,玚为《西狩》,桢为《大阅》。凡此各有所长,粲其最也。"《艺文类聚》卷六十六应玚《西狩赋》中有"于是魏公乃乘雕辂"句,此处"魏公"称谓,知其时曹操已加封魏公,但未封魏王。

《后汉书·明帝纪》:"冬,车骑校猎上林苑";同书《安帝纪》:"十一月甲辰,校猎上林苑";同书《顺帝纪》:"冬十月戊午,校猎上林苑";同书《桓帝纪》:"冬十一月甲辰,校猎上林苑";同书《灵帝纪》:"冬十月…校猎上林苑";袁宏《后汉纪·孝桓皇帝纪》:"十月,上幸广成校猎。光禄勋陈蕃上书谏曰:'臣闻人主有事于苑囿,惟西郊顺时讲武,以杀禽助祭,尽孝敬之道也。'"知东汉冬季讲武,故同篇中又有"时霜凄而淹野,寒风肃而川逝。草木纷而摇荡,鸷鸟别而高厉"景象,时令亦合。则是赋当作于建安十八年(213)操为魏公之后的某冬季。《魏志·武帝纪》:"〔建安二十年（215）〕三月，公西征张鲁……二十一年春二月，公还邺。……夏五月，天子进公爵为魏王。"故此赋所记曹操之出猎事，建安二十年（215）可以排除，余下惟十八年（213）与十九年（214），两者必居其一。暂系于此。王粲《羽猎赋》又有"相公乃乘轻轩"句，"相公"之称亦当指曹操。此与"魏公"似有抵牾，然而实无矛盾。所谓"相公"，乃曹操封"魏公"后仍任丞相并领冀州牧。《魏志·武帝纪》载天子使御史大夫郗虑持节策命曹操为魏公曰："……其以丞相领冀州牧如故。"故"相公"之称，不能认为仅指封"魏公"之前也。

粲奉曹植命，作《七释》。

【兰按】:《文选》卷三十四曹植《七启》序曰："昔枚乘作《七发》，傅毅作《七激》，张衡作《七辩》，崔骃作《七依》，辞各美丽。余有慕之焉，遂作《七启》，并命王粲作焉。"日本《文馆词林》之《七启序》略异，末句"并命王粲作焉"为"并命王粲等作焉"。唐钞《文选集注》陆善经注本序曰："时王粲作《七释》、徐幹作《七谕》、杨脩作《七训》。"

曹植《七启》写作时间，是考订本篇作年之重要依据。其时间问题，约有二说：一说在建安十五年（210）左右，如赵幼文《曹植集校注》，其理由是"（曹操）为了进一步发展统一事业，必须争取士族与之合作。针对这一客观现实，便在建安十五年宣布《求贤令》，提出'唯才是举'的征用原则，借以网罗散居在野的士族，充实曹魏政权的统治力量。……文中称曹操为圣宰，是在操任丞相时。故疑此文作于《求贤令》之后，即建安十五年左右。"江竹虚《曹植年谱》、龚克昌等《全三国赋评注》所言略同。二说在建安十八年（213），如徐公持《曹植年谱考证》谓篇中言及"圣宰"，而无"魏王""圣王"等字样，可推知当时曹操尚未封王。且更重要之点，乃在"明君莅国"一语，此盖指其时在曹操封魏公、魏国始建之际也。俞绍初亦主其说。有论者驳之曰："曹操虽受封魏公，但尚为汉臣，若以'明君'称之，则有僭越篡位之嫌。……故《七启》中'明君'应泛指贤明君主，而非确指身为魏公的曹操。"（黄燕平：《王粲〈七释〉考论》）此说不足为据。王粲《从军诗》（其四）有云："筹策运帷幄，一由我圣君"，称曹操为"圣君"；刘桢《赠五官中郎将》诗云："昔我从元后，整驾至南乡"，谓曹操乃"元后"；何况曹操本人亦自拟为周文王，曾曰"若天命在吾，吾为周文王矣"（《魏志·武帝纪》裴注引《魏氏春秋》），故曹植称曹操为"明君"，亦颇合于当时情理。综合以上材料，笔者认为建安十五年（210）说虽有一定道理，但十八年（213）说有"明君莅国"为证，理由更充足，故从后者。植序中明言"并命王粲（等）作"，可认为粲之《七释》盖亦作于本年。韩格平据粲文中有"《巴渝》代起"句，结合《俞儿舞歌》四篇作于建安十八年（213）秋操为魏公后（此前巴渝舞因无人通晓其句读而近于湮灭），故而亦主十八年（213）之说。此亦本篇作年之一佐证。

曹操禁酒，粲作《酒赋》。

【兰按】：本篇同题作品还有曹丕《酒诲》、曹植《酒赋》。自描写内容观，义指颇为接近。曹丕云："酒以成礼，过则败德。而流俗荒沉，作酒诲"，曹植借"矫俗先生"叹曰："此乃荒淫之源，非作者之事。若耽于觞酌，流情纵逸，先王所禁，君子所（斥）〔失〕"，王粲亦谓"贼功业而败事，毁名行以取诬。遗大耻于载籍，满简帛而见书。孰不饮而罹兹，罔非酒而惟事"，皆主张饮酒有节，批判酗酒之风，盖一时之作也。赵幼文释曹植本篇以为："考《魏志·徐邈传》：'魏国既建，时科禁断酒。'似此赋创作时期，疑在建安十八年颁布禁酒令后。王粲《酒赋》：'暨我中叶，酒流遂多。群庶崇饮，日富月奢。'可见当时社会酗酒状况。植赋着重述说酗酒之危害性，与乎必须禁断的理由。"揆诸史实，曹操曾数度禁酒。然粲归曹后，禁酒令可考者惟建安十八年（213）一次。《魏志·徐邈传》："魏国初建，为尚书郎。时科禁酒，而邈私饮至于沉醉。"故王粲此赋，盖作于本年表制禁酒后，姑置于是。

曹操议复古肉刑，粲作《难锺荀太平论》。

《魏志·陈群传》："魏国既建，迁为御史中丞。时太祖议复肉刑……时锺繇与群议同，王朗及议者多以为未可行。太祖深善繇、群言，以军事未罢，顾众议，故且寝。"

《魏志·锺繇传》："初，太祖下令使平议死刑可宫割者，繇以为古之肉刑，更历圣人，宜复施行，以代死刑。议者以为非悦民之道，遂寝。"

【兰按】：俞绍初以为本篇撰于建安十八年（213）魏国初建之时，其依据是："《魏志·陈群传》，魏国既建，曹操议复古肉刑，陈群、锺繇持此议，王朗及议者多以为未可行，以军事未罢，暂寝，时在建安十八年，又见《锺繇传》。王粲此论似与时议复肉刑有关"，可从。自本篇内容观，所论者主要为治国当重刑术，背景因素或是曹操肉刑之议，所谓："苟不可移，必或犯罪；罪而弗刑，是失所也；犯而刑之，刑不可错矣"是也。又《魏志·王脩传》载："魏国既建，为大司农郎中令。太祖议行肉刑，脩以为时未可行，太祖采其议。"亦可证曹操曾于本年欲复肉刑，使群臣共议之。本篇盖亦其中之一也。锺荀，其人不详。《太平论》，今不传。

建安十九年（214）甲午

正月，曹操始耕籍田。三月，天子使魏公位在诸侯王上。七月，征孙权，无功还。十月，夏侯渊平定凉州，曹操自合肥还。十一月，曹操杀伏皇后，诛二皇子及其族。十二月，操至孟津。（《魏志·武帝纪》）

夏，刘备破雒城，围成都，败刘璋，据益州。（《蜀志·先主传》）

五月，孙权攻克皖城。（《吴志·吴主传》）

刘桢约四十六岁，秋，曹操南征孙权，作《黎阳山赋》。

【兰按】：赋云"自魏都而南迈"，所写当在建安十八年（213）曹操封魏公后，邺在此前无由称"魏都"。又云"想王旅之旌旄，望南路之逶修"，应作于某次南征之际。上文已述，建安十八年（213）后曹操南征仅两次，非建安十九年（214）即是二十一年（216）也。二十一年（216）可以排除，因为是役冬十月出发，次年三月还军，与赋中"云兴风起，萧瑟清泠"之秋景不符。《艺文类聚》卷五十九载曹植《东征赋》，序曰："建安十九年，王师东征吴寇，余典禁兵，卫官省。然神武一举，东夷必克。想见振旅之盛，故作赋一篇。"此序与《三国志·陈思王植传》所载："十九年，徙封临菑侯。太祖征孙权，使植留守邺"可相印证。本年秋七月，曹操征孙权，植留守邺都，遂有《东征赋》之"心遥思而悬旌"。刘桢任植庶子，是赋盖同时作也。"想王旅之旌旄"，亦表明此赋所写非刘桢亲临实见之景象。"延首南望，顾瞻旧乡，桑梓增敬，惨切怀伤"，是作者悬想曹操登高南望故乡的情景。因刘桢故土东平宁阳（今山东宁阳县南）在黎阳山（今河南浚县东南）之东，不得称"南望"；惟有曹操旧乡谯地

(今安徽亳州），正在黎山之南，方可曰"延首南望"。

《水经注》卷五"河水"曰："黎，侯国也。《诗·式微》，黎侯寓于卫是也。晋灼曰：'黎山在其南，河水迳其东。其山上碑云："县取山之名，取水之阳，以为名也"。'王莽之黎蒸也。今黎山之东北故城，盖黎阳县之故城也。山在城西，城凭山为基，东阻于河。故刘桢《黎阳山赋》曰：'南荫黄河，左覆金城，青坛承祀，高碑颂灵。'"

秋，曹丕随军南征，桢作《赠五官中郎将》（其三）相赠。

《文选》卷二十三本篇李善注曰："壮士，谓五官也。……出征，谓在孟津也。《魏志》曰：'建安十六年，文帝立为五官中郎将。'《典略》曰：'建安二十二年，魏郡大疫，徐幹、刘桢等俱逝。'然其间唯有镇孟津及黎阳，而无所征伐，故疑出征谓在孟津也。以在邺，故曰出征。以有兵卫，故曰戎事也。"

吴淇《六朝选诗定论》："旧注以为文帝视疾去后奉赠之诗。细玩之，乃答赠之诗也。先是，公幹于夏月出居漳滨养疾。冬十月，文帝将有西行，遂来视疾，兼以别之也。临别，文帝期以明春即还相见，迄秋未归。文帝有诗赠，故公幹赋此诗以答之，而追叙其本末。"

曹道衡、沈玉成《中古文学史料丛考》："其说明白而未可全据，以四首为四章，云前后一气贯注，显然牵强。一题之中有诗不止一首，非必同时所作，王粲《从军》、阮籍《咏怀》、陶渊明《饮酒》皆其例。此四首中，一、四首咏宴饮，'明镫散炎光'、'华灯散炎辉'语出一辙；二、三首则为别离，然'四节相推斥'语又与第一首全同。如作于一时，何意窘辞穷如此？如非一时之作，则重复语意尚不至过于明显。曹丕在建安十六年至二十二年刘桢之卒，未尝随操西征，吴淇'特有西行'之说又不可从，此当是南征。十月南征，一在十七年十月，一在二十一年，丕于二十一年未见从征，诗中所记自是十七年事。'追问何时会，要我以阳春。望慕结不解，贻尔新诗文'，'尔'即'我'，代拟曹丕之言耳。丕于次年四月返邺，亦与'阳春'合。颇疑其时恰在刑竟被释署吏之后，为平原侯庶子之前。"

  韩格平《建安七子诗文集校注译析》："建安二十年年初曹丕驻守孟津，年底还邺。孟津在洛阳附近，属曹操势力范围的中心，曹丕仅为驻守，与本诗'出征'、'戎事'及时令不合。建安二十一年十月，曹操东征孙权，曹丕从征，其时与本诗相符，疑为作于是年。"

  【兰按】：李善以为本篇之写曹丕出征在建安二十年（215）镇孟津，韩格平驳之甚详。吴、曹、沈及韩氏，皆以为出征事在冬十月。吴仅云"冬十月，文帝将有西行"，未确定哪一年；曹、沈谓在建安十七年（212）冬十月，韩系于建安二十一年（216）冬十月。然诗歌以秋日发端，明言出征在秋季，故以上诸说不甚确。检《魏志·武帝纪》，建安中曹操秋季出征，先后曾有两次，一次西征韩遂、马超，事在建安十六年（211）："秋七月，公西征"；二次南征孙权，事在建安十九年（214）："秋七月，公征孙权。"笔者以为前一次不可能，因为十六年（211）曹操西征关中，曹丕奉命留守邺城，不存在出征的可能。曹丕《感离赋》序曰："建安十六年，上西征，余居守，老母诸弟皆从。"曹植《离思赋》序亦可证："建安十六年，大军西讨马超，太子留监国，植时从焉。"然则曹丕秋日出征事当发生于后一次建安十九年（214）之际矣。此役曹丕是否从军，史无明记。上文引《三国志·陈思王植传》有云："十九年，徙封临菑侯。太祖征孙权，使植留守邺。"是时曹操留曹植守邺，或正因曹丕将随军征伐。故系于是。

  曹、沈两先生言《赠五官中郎将》四首诗非同时所作，甚合事理。此亦符合汉魏至隋唐诗歌编纂常态。该组诗最早见于《文选》，盖编者所汇集，因而不能预设其中各首作于同时或所写为同一事件。则吴淇"先是，公幹于夏月出居漳滨养疾。冬十月，文帝将有西行，遂来视疾，兼以别之也"之说尚可商讨。言从军事，仅其三，其二曹丕视疾未必与从军有关，亦未必在从军之前。且其二有云："自夏涉玄冬，弥旷十馀旬"，季节与其三亦不衔接。曹、沈及韩诸家，或皆泥"先视疾，后从军"之判断，故系曹丕出征于"冬十月"，盖未详考。

  王粲三十八岁，夏，奉曹丕之命，与丕植兄弟及繁钦同题共作《槐赋》。
  【兰按】：《艺文类聚》卷八十八引曹丕《槐赋序》云："文昌殿中槐树，盛暑之时，余数游其下，美而赋之。王粲直登贤门，小阁外亦有槐树，乃就使赋焉。"俞绍初以杨晨《三国会要》卷七载登贤门在听政门外，近内朝，推测："粲必以侍中值登贤门。考粲于建安十八年十一月为侍中，二十年三月西征张鲁，二十一年二月还邺，二十二年春卒，盛暑之时在邺者惟十九、二十一两年。"文昌殿为邺城北宫正殿。《水经注》卷十"浊漳水"曰："魏武封于邺，为北宫，宫有文昌殿"，知文昌殿始建于建安十八年（213）五月曹操拜魏公后。文昌殿当有一定规模，非一、二月内能建成。建成之时，建安十八年（213）盛暑当已过。故本篇写作时间上限为十九年（214），此与俞说相符。故暂系于是。

曹植、繁钦亦有同题之作，一赋一诗，并载《初学记》卷二十八。曹植赋谓"凭文昌之华殿，森列峙于端门"，则所咏者亦文昌殿两侧之槐树，与曹丕所写显系一物。又繁钦《槐树诗》云："嘉树吐翠叶，列在双阙涯"，与植赋内容略同，可知曹植、繁钦亦当日参与唱和者也。

七月，粲从曹军征吴，作《从军诗》（其二、其三、其四、其五）。

【兰按】：李善于"凉风厉秋节，司典告详刑"句下注："《魏志》曰：建安二十一年，粲从征吴，作此四篇。"李善有注，晚进学者，多从其说，恐误。自诗作"桓桓东南征"（其二）、"讨彼东南夷"（其三）、"率彼东南路"（其四）等句观之，乃述征孙权事，故当作于随军南征之际。诗作（其二）曰："凉风厉秋节，司典告详刑。我君顺时发，桓桓东南征。"据《礼记·月令》："孟秋之月……凉风至，白露降，寒蝉鸣，鹰乃祭鸟，用始行戮……天子乃命将帅选士厉兵，简练桀俊，专任有功，以征不义"，知秋天是杀伐的季节，粲诗谓适值秋季而南征。考《魏志·武帝纪》，赤壁战后，曹操亲征孙权共四次，第一次在建安十四年（209），其时间为"春三月，军至谯"，至"十二月，军还谯"。第二次在建安十七年（212），"冬十月，公征孙权"，至明年即"十八年春正月……乃引军还……夏四月，至邺"。第三次在建安十九年（214），"秋七月，公征孙权"至"冬十月……公自合肥还"。第四次在建安二十一年（216），"冬十月，治兵，遂征孙权，十一月至谯"，到明年即二十二年（217）"三月，王引军还"。四次南征，惟第三次是秋日出发，可与《从军诗》（其二）在时间上紧密对接。故其二盖撰于本年也。诗作（其三）"蟋蟀夹岸鸣，孤鸟翩翩飞""草露沾我衣"等句，所写亦秋日景象，疑与其二同作。

其四无明确时节信息，而其五有云"萑蒲竟广泽，葭苇夹长流""寒蝉在树鸣，鹳鹄摩天游""黍稷盈原畴"，所写时序亦在初秋。又曰"朝入谯郡界，旷然消人忧"，言时值大军途经谯地，盖亦南征之际也。考四次南征，第一次建安十四年（209）曾两次过谯，然与诗歌所叙时序不符；第二次建安十七年（212）出征，据曹丕《临涡赋序》，于次年春至谯，与粲诗季节亦不合；第三次建安十九年（214）未明叙是否到谯；第四次建安二十一年（216），十月出发，十一月至谯，与诗中所述景物"寒蝉在树鸣""黍稷盈原畴"均有所抵触。以秋深天寒，蝉即不鸣，何况冬日，且谯郡一带当是秋收秋种，冬日断无庄稼成熟景象。四次南征，史籍明载三次过谯，似曹军每次所走路线略同，均是由邺至谯，再自涡入淮，顺流而下。如是，则建安十九年（214）之南征亦不例外，盖亦过谯。至于其四、其五之撰写是否亦同在建安十九年（214）第三次南征之际，因无史籍依据，时间难以确凿认定。依据现有史料，结合诗歌内容，姑置于是。

谯郡之置疑在建安十八年（213），属豫州（参周振鹤《中国行政区划通史·秦汉卷》），其为曹操故里，故而王粲美之。《水经注》卷二十三"阴沟水"："魏立谯郡，沇州治。"

建安二十年（215）乙未

正月，立曹操次女为皇后。三月，西征张鲁。七月，巴中、汉中皆降。八月，孙权围合肥，大败。十一月，张鲁降曹。十二月，曹操自南郑还。（《魏志·武帝纪》）

孙权向刘备讨还荆州无果，遂遣吕蒙袭夺长沙、零陵、桂阳三郡。刘备惧曹操，与权连和，以湘水为界中分荆州：江夏、长沙、桂阳属东吴，南郡、零陵、武陵属西蜀。（《蜀志·先主传》）

刘桢约四十七岁。

王粲三十九岁，三月，随军西征张鲁。

【兰按】：说见下年"《从军诗》"条。

夏，粲与曹丕等唱和作《柳赋》。

【兰按】：本篇乃王粲奉曹丕之命同题共作，《艺文类聚》卷八十九载曹丕

《柳赋》，序曰："昔建安五年，上与袁绍战于官渡，时余始植斯柳。自彼迄今，十有五载矣，感物伤怀，乃作斯赋。"《古文苑》卷七章樵注同上，又称："盖命粲同作"。曹序明确记述写作年份，而正文又云"在余年之二七，植斯柳乎中庭"，则曹丕植柳时为十四岁。丕生于中平四年（187），十四岁为建安五年（200），与序文所述"始植斯柳"时间正相符合。粲赋"元正从而抚军，植佳木于兹庭。历春秋以逾纪，行复出于斯乡"等句，"元正"即指曹丕，其所述事件过程与曹序相似，显系同一事件也，更证实章樵注所说正确无误，故系于本年。陆侃如以为本篇撰于建安十九年（214），其据在于"王粲、陈琳均有《柳赋》，但下年丕在孟津，粲、琳随操西征，故系于本年"（《中古文学系年》）。曹道衡、沈玉成驳之曰："据《魏志·武帝纪》，操于十九年十二月率大军至孟津，二十年三月西征张鲁。丕留驻孟津，诸家无异说……官渡战时，袁氏据河之东、北，曹氏据河之西、南，洛阳、孟津当属曹军后方，丕其时驻此植柳。建安二十年二、三月间，作此赋。王粲、陈琳、应玚、繁钦同作。杀青甫就，诸文士即随操西征，丕则留守。"（《中古文学史料丛考》）然由丕赋中"于是曜灵次乎鹑首兮，景风扇而增暖"句，知其时约在五月夏至之时，而西征大军已于四月"自陈仓出散关，至何池"，粲、琳当随军〔粲有《从军诗》（其一）、琳亦在军中为曹洪作《与魏太子书》〕，盖唱和时非同在一处，而以邮筒往来，遥相酬答也。

粲赋"悟元正之话言，信思难而存惧。嘉甘棠之不伐，畏取累于此树。苟远迹而退之，岂驾驰而不屡"，可以理解为王粲对曹丕的响应。陈琳、应玚、繁钦皆有同题之论。惟应玚论题，作"杨柳赋"，小有差异。琳赋云"天机之运旋，夫何逝之速也"，丕赋云"嗟日月之逝迈，忽亹亹以遄征。昔周游而处此，今倏忽而弗形。感遗物而怀故，俯怅惘以伤情"，两者皆感慨时光飞逝，情调近似。琳赋"宜尔嘉树，配甘棠兮"与粲赋"嘉甘棠之不伐，畏取累于此树"用语略同。而应玚所写"三春倏其奄过，景日赫其垂光"，与曹丕所写"于是曜灵次乎鹑首兮，景风扇而增暖"，内容亦相接近。故以上盖建安文士一时群体性唱和之作。

是年，粲作《爵论》。

【兰按】：本篇全文已佚，断文开首所云"今爵事废矣，民不知爵者何也"，显示当时爵制荒废，而曹魏尚未确立新的赐爵制度。《魏志·王粲传》叙其事曰："时旧仪废弛。"观粲文，其主张恢复"爵事"及"侯次有绪"，以便刺激慕进者的进取心，盖与曹魏始置爵位之事相关。《魏志·武帝纪》载："〔建安二十年（215）〕冬十月，始置名号侯至五大夫，与旧列侯、关内侯凡六等，以赏军功。"裴注引《魏书》曰："置名号侯爵十八级，关中侯爵十七级，皆金印紫绶；又置关内外侯十六级，铜印龟纽墨绶；五大夫十五级，铜印环纽，亦墨绶，皆不食租，与旧列侯关内侯凡六等。"由《武帝纪》及裴注得知，本篇撰写时间，盖在本年。

建安二十一年（216）丙申

二月，曹操还邺。五月，晋爵魏王。七月，匈奴南单于来朝。十月，征孙权。十一月，至谯。（《魏志·武帝纪》）

刘桢约四十八岁，夏，与徐干分别为丕、植各失稚子作哀辞。

桢、干哀辞已佚。

【兰按】：《艺文类聚》卷三十四引曹植《行女哀辞》序云："行女生于季秋，而终于首夏。"又引其《仲雍哀辞》序云："曹喈字仲雍，魏太子之中子也，三月生而五月亡。"结合《太平御览》卷五百九十六引挚虞《文章流别论》："建安中，文帝、临菑侯各失稚子，命徐干、刘祯（桢）等为之哀辞"，知曹丕稚子仲雍与曹植稚子行女同年夏日亡殁，徐干、刘桢奉命而分别作哀辞。《仲雍哀辞》序中"魏太子"之称，如为原有之词，则当在建安二十二年（217）曹丕得立太子以后。曹仲雍"三月生而五月亡"，曹丕立太子在十月，则已过二十二年（217）之五月矣。仲雍之丧最早已进入二十三年（218）之事也，然其时刘桢已故，不得再奉命作哀辞。是则太子之称乃是事后所补，非当时所撰，不能作为时限考证依据。《文选》卷三十谢灵运《拟魏太子邺中集诗八首·魏太子》李善注有引曹植《行女哀辞》"家王征蜀汉"一句，值得重视。赵幼文《曹植集校注》谓："据《魏志·武帝纪》：'〔建安二十三年（218）〕秋七月，治兵，遂西征刘备。'哀辞遗句'家王征蜀汉'，则此文之作，或在二十四年首夏后也。"江竹虚《曹植年谱》、徐公持《曹植年谱考证》亦皆释"征蜀汉"为建安二十三年（218）曹操西征刘备，此说仍据二十一年（216）曹操始封魏王所作之推测。其说忽视了刘桢、徐干同时亦有哀辞，而二十三年（218）刘桢早亡。既然建安二十三年（218）西征刘备可以排除，余下惟二十年（215）西征张鲁可能性最大。《魏志·武帝纪》："〔建安二十年（215）〕三月，公西征张鲁……十二月，公自南郑还，留夏侯渊屯汉中"，或行女之出生在二十年（215）曹操征张鲁之"季秋"，则其终于二十一年（216）夏；或其亡殁之夏，曹操正西征张鲁，则在二十年（215）夏。俞绍初《建安七子年谱》主后说。然自"家王"二字观，则曹植之作《行女哀辞》当在建安二十一年（216）五月曹操进为魏王之后，故而行女之丧盖在二十一年（216）五、六月间。即操西征张鲁时尚未为魏王，然植此文作于西征第二年操进魏王后，方可曰"家王征蜀汉"。徐幹、刘桢之哀辞受命而作，则盖与曹植大致同时，故系于是。

夏，桢与王粲、曹植、陈琳、繁钦、杨脩同作《大暑赋》。
【兰按】：见本年"粲与邺中文人唱和，作《鹖赋》《大暑赋》"条下。

王粲四十岁，二月，随军还邺，作《从军诗》（其一）。

《魏志·武帝纪》："〔建安二十年（215）〕三月，公西征张鲁……十二月，公自南郑还，留夏侯渊屯汉中。"裴注谓："是行也，侍中王粲作五言诗以美其事曰：'从军有苦乐，但问所从谁……歌舞入邺城，所愿获无违。'"《文选》李善注所言略同。

【兰按】：粲诗"相公征关右"，指曹操西征也。核诸史实，建安中曹操征关西共计三次，上文已有所说〔见"建安十六年（211）"条〕，兹不赘也。如是建安十六年（211），曹军乃西征马超等关中各将，无涉少数民族，固不得云"一举灭獯虏，再举服羌夷"。然则此次西征事当发生于建安二十年（215）之际矣。《魏志·武帝纪》载："〔建安二十年（215）〕三月，公西征张鲁，至陈仓，将自武都入氐；氐人塞道，先遣张郃、朱灵等攻破之。夏四月，公自陈仓以出散关，至河池。氐王窦茂众万馀人，恃险不服，五月，公攻屠之。……九月，巴七姓夷王朴胡、賨邑侯杜濩举巴夷、賨民来附"，与粲诗"一举灭獯虏，再举服羌夷"相合。又粲诗"陈赏越丘山，酒肉踰川坻。军中多饫饶，人马皆溢肥。徒行兼乘还，空出有馀资"等句，盖《武帝纪》及裴注引《魏书》所载："公军入南郑，尽得鲁府库珍宝。""军自武都山行千里，升降险阻，军人劳苦；公于是大飨，莫不忘其劳。"俞绍初解释本篇撰写时间，其谓："诗中有'歌舞入邺城，所愿获无违。昼日处大朝，日暮薄言归。外参时明政，内不废家私'等语，当作于还邺后。"俞说是。据《魏志·武帝纪》："二十一年春二月，公还邺"，故系于此。而缪钺《王粲行年考》，徐公持《建安七子诗文系年考证》系本诗于建安二十年（215），恐未加细考耳。

五月，曹操进为魏王，粲受命作《蕤宾钟铭》及《无射钟铭》。

《文选》卷六左思《魏都赋》张载注引《钟簴铭》云："惟魏四年，岁在丙申，龙次大火，五月丙寅，作蕤宾钟，又作无射钟。建安二十一年七月，始设钟簴于文昌殿前，所以朝会四方也。"

《北堂书钞》卷一百零八引王粲《钟铭》云："蕤宾钟，建安二十一年九月十七日作，重二千百八（"百八"当作"八百"）钧十有二斤"，又云："无射钟，建安二十一年九月十七日作，重三千五十钧有八斤。"

【兰按】：据《钟簴铭》，魏之四年，当为建安二十一年（216）。考《魏志·武帝纪》："二十一年……夏五月，天子进公爵为魏王"，故设钟簴以"朝会四方"。《钟簴铭》又谓"岁在丙申"，丙申之岁，正是建安二十一年（216），与"惟魏四年"之述相符。《北堂书钞》引王粲《钟铭》系二钟制作时间于九月而非五月，俞绍初推测盖因铸钟数毁改作，《钟簴》与《钟铭》所记日月不一，见其所编《建安七子年谱》。俞说可信度较高。

十月，粲从曹军征吴，十一月至谯。

《魏志·王粲传》："建安二十一年，从征吴。"
《魏志·武帝纪》："冬十月，治兵，遂征孙权，十一月至谯。"

是年，曹操赐曹丕百辟宝刀，粲奉命作《刀铭》。

《艺文类聚》卷六十载曹操《百辟刀令》："往岁作百辟刀五枚，适成，先以一与五官将。其馀四，吾诸子中有不好武而好文学，将以次与之。"

《太平御览》卷三百四十六引曹植《宝刀赋》，序曰："建安中，家父魏王乃命有司造宝刀五枚，三年乃就，以龙、虎、熊、马、雀为识。太子得一，余及余弟饶阳侯各得一焉，其馀二枚家王自杖之。"

【兰按】：张可礼曾曰："粲铭殆与植赋同时作。粲卒于明年正月。又植赋序中称操为魏王，与本年操为魏王事合。操令中称丕为五官将，与本年丕仍为五官将事合。知操令及植赋当作于是年。"（《三曹年谱》）又俞绍初《建安七子年谱》亦谓："植赋序既称曹操为魏王，则赋当作于二十一年后。粲铭盖与植赋同时作。"张、俞二说以为粲铭作于建安二十一年（216），是也。又以为"粲铭盖与植赋同时作"，尚可商讨。江竹虚《曹植年谱》对此有辩，云："按《魏武令》曰：'往岁作百辟刀五枚，适成，先以一与五官将'，则是时植尚未得宝刀。丕因得宝刀而命王粲作《刀铭》。粲《铭》序云：'侍中、关内侯臣粲言：奉命作《刀铭》。'粲卒于二十二年正月，《刀铭》当作于二十一年。植《赋》序云：'太子得一'。按丕以二十二年冬十月为太子。其时王粲已卒，安得与植同作。植得宝刀在丕为太子之后，因宝刀而作《赋》，或在二十三年也。"江说有理。盖曹操建安十八年（213）始封魏公之时，即制御宝刀，"三年乃就"，至二十一年（216）方成。操以一枚予曹丕，粲遂奉命而作《刀铭》。而曹植受赐宝刀并作赋，则在本年之后矣。

是年，粲与邺中文人唱和，作《鹖赋》《大暑赋》。

【兰按】：《鹖赋》，当时尚有曹植①同撰并美。而《大暑赋》同题作者有曹

---

① 《大观本草》卷十九"鹖鸡"载曹操《鹖鸡赋序》："鹖鸡猛气，其斗终无负，期于必死。今人以鹖为冠，像此也。"《艺文类聚》卷九十载曹植《鹖赋》，序曰："鹖之为禽猛气，其斗终无胜负，期必于死，遂赋之焉。"两者文字略同，故赵幼文谓："（《鹖鸡赋序》）系之曹操，恐非。疑此或属曹植《鹖赋》序文"，载《曹植集校注》，第224页。本谱从之。

植、刘桢、陈琳、繁钦、杨脩。繁钦、杨脩题曰"暑赋",略异,是诸篇亦为建安文士一时唱和之作也。《文选》卷四十杨脩《答临菑侯笺》:"是以对鹡而辞,作《暑赋》,弥日而不献",李善注:"植为《鹡鸰赋》,亦命脩为之,而脩辞不应命。植又作《大暑赋》,而脩亦作之,竟日不敢献也。"杨脩《答临菑侯笺》写作年月不见著录,然曹植来笺《与杨德祖书》称:"仆少小好为文章,迄至于今,二十有五年矣"。篇中"二十有五年"一语,值得重视。检曹植生于初平三年(192),至本年正好二十五岁。且王粲卒于明年春,而其《大暑赋》作于夏日,故本年之后已再无可能与植等同题唱和。惜杨脩《暑赋》"弥日而不献",原文已佚。

是年,粲与应玚、徐幹、陈琳等陪侍曹氏兄弟,各有《车渠椀赋》。

【兰按】:王粲之外,本篇同题作者尚有曹丕、曹植、应玚、徐幹、陈琳。粲赋曰"侍君子之宴坐",植赋亦云"俟君子之闲宴",此处"君子"盖指曹丕,疑乃席间宴上曹氏兄弟与邺下文士同题共作的赋篇。

赵幼文氏释曹植本篇谓:"《魏志·武帝纪》:建安二十年,曹操攻屠河池,西平、金城诸将麴演、蒋石等共斩送韩遂首。凉州平定,西域交通开始恢复,西域诸国馈送,才能达致邺都。应、徐、王俱死于二十二年,则此赋创作时期,不会后于二十二年春天,是时王粲已死,据此或写于二十一年中。"(《曹植集校注》)赵说有理。由曹丕所写"车渠,玉属也。多纤理缛文。生于西国",与曹植所写"隐神璞于西野……于时乃有明笃神后,广被仁声。夷慕义而重使,献兹宝于斯庭",知车渠作为产于西域的美玉,是当时"夷"国进献的宝物。诸篇内容大同,如描述车渠椀色泽绚丽,丕赋谓"苞华文之光丽,发符采而扬荣",植赋云"采金光以定色,拟朝阳而发辉",粲赋曰"光清朗以内曜,泽温润而外津",玚赋有"荫碧条以纳曜,噏朝霞而发荣";写其形体容貌,丕赋云"夫其方者如矩,圆者如规",玚赋谓"乍圆乍方",幹赋曰"圜德应规"。而王粲所写"挺英才于山岳",与应玚所写"诞灵岳而奇生";曹丕"洪纤有宜",与徐幹"大小得宜";粲赋"杂玄黄以为质",与玚赋"纷玄黄以彤斋",措辞亦皆相近。故本篇之撰写,当在建安中凉州平定后,暂系于此。

是年,曹丕命王粲、陈琳同作《马瑙勒赋》。

【兰按】：本篇曹丕、陈琳有同题之作，皆载《太平御览》卷三百五十八。丕赋序曰："玛瑙，玉属也，出自西域，文理交错，有似马脑，故其方人因以名之；或以系颈，或以饰勒。余有斯勒，美而赋之，命陈琳、王粲并作。"可知，是赋由曹丕首倡，陈琳、王粲奉命而作。上文已述，建安二十年（215）凉州平定后，西域宝物始得顺利送达邺都。又琳赋序曰："五官将得马脑，以为宝勒，美其英彩之光艳也，使琳赋之。"此序中称曹丕为"五官将"，丕于建安十六年（211）任"五官中郎将"，本年仍之。姑置于是。

是年，受曹丕命，粲与曹植及诸子共作《迷迭香赋》。

【兰按】：本篇亦为咏物小赋，今知同作者尚有曹丕、曹植、应玚、陈琳。曹丕赋序曰"余种迷迭于中庭，嘉其扬条吐香，馥有令芳，乃为之赋。"似当时新栽此物，王粲等盖奉丕命作此同题之赋以唱和。丕赋云"薄西夷之秽俗兮，越万里而来征"，植赋云"播西都之丽草兮……丽昆仑之芝英"，粲赋谓"惟遐方之珍草兮，产昆仑之极幽……扬丰馨于西裔兮，布和种于中州"。自"西夷""西都""昆仑""西裔"等词推之，迷迭盖亦为西域所产。《魏志·四夷传》裴注引《魏略》曰："大秦多金、银、铜、铁……迷迭……"，大秦即古罗马帝国。《艺文类聚》引《广志》曰："迷迭出西域。"李时珍《本草纲目》卷十四："《广志》云：'出西海。'《魏略》云：'出大秦国。'时珍曰：'魏文帝时，自西域移植庭中，同曹植等各有赋。大意其草修干柔茎，细枝弱根，繁花结实，严霜弗凋，收采幽杀，摘去枝叶，入袋佩之，芳香甚烈，与今之排香同气。'"故而本篇写作背景，盖与《车渠椀赋》《马瑙勒赋》略同，暂系于是。

建安二十二年（217）丁酉

是岁，大疫。（《后汉书·献帝纪》）

正月，王军居巢。二月，曹操攻濡须，孙权退走。三月，操退兵，留夏侯惇守居巢。四月，操用天子礼仪。六月，操以军师华歆为御史大夫。十月，以曹丕为魏太子。（《魏志·武帝纪》）

鲁肃卒，孙权降曹。（《吴志·鲁肃传》《吴志·吴主传》）

曹植十月增邑五千户，醉而走马于司马门，犯门禁，触怒曹操，宠大衰。（《魏志·陈思王传》）

刘桢约四十九岁，冬，以疫卒。

  曹植《说疫气》："建安二十二年，疠气流行。"
  《魏志·王粲传》："幹、琳、玚、桢二十二年卒。文帝书与元城令吴质曰：'昔年疾疫，亲故多离其灾，徐、陈、应、刘，一时俱逝。'"
  《魏志·武帝纪》建安二十三年裴注引《魏书》载曹操令曰："去冬天降疫疠，民有凋伤。"

【兰按】：据操令，疫疠之降，在建安二十二年（217）冬。刘桢既以疫卒，盖在此时。

王粲四十一岁，正月十四日，病卒。粲子赴居巢迎丧返邺。曹植作《王仲宣诔》悼粲，曹丕作驴鸣为粲送葬。

  《文选》卷五十六曹植《王仲宣诔》："建安二十二年，正月二十四日戊申，魏故侍中关内侯王君卒。"赵幼文《曹植集校注》："二十四日，考建安二十二年正月乙未朔，戊申当是十四日，此二字宜删（据严敦杰先生说）。"
  《魏志·王粲传》："二十二年春，道病卒，时年四十一。"
  《世说新语·伤逝篇》："王仲宣好驴鸣。既葬，文帝临其丧，顾语同游曰：'王好驴鸣，可各作一声送之。'赴客皆一作驴鸣。"

【兰按】：检薛仲三、欧阳颐《两千年中西历对照表》，严说是也，建安二十二年（217）正月二十四日乃戊午，十四日为戊申。又曹植《王仲宣诔》云："思荣怀附，望彼来威，如何不济，运极命衰。寝疾弥留，吉往凶归。呜呼哀哉！翩翩孤嗣，号恸崩摧。发轸北魏，远迄南淮……丧柩既臻，将反魏京。"五臣注吕向曰："粲子自魏至南淮迎丧也。"赵幼文谓："南淮指居巢。《魏志·武帝纪》：'二十二年春正月，王军居巢。'居巢在淮水之南。王粲从征，或死于此。今安徽巢县东北五里，即汉、魏之居巢县也。"（《曹植集校注》）知粲子赴居巢迎丧返邺。曹植《王仲宣诔》首叙家世，次叙述德行、才智，再次叙政绩，又次叙两人亲密友情，全篇文情并茂，读之令人动容。

建安二十三年（218）戊戌

正月，少府耿纪、丞相司直韦晃起兵诛曹操，不克，夷三族。（《后汉书·献帝纪》）

七月，曹操治兵，西征刘备，九月，至长安。（《魏志·武帝纪》）

建安二十四年（219）己亥

三月，曹操伐蜀至阳平，五月，还长安，刘备遂取汉中。七月，刘备自称汉中王。曹操以卞氏为王后。十一月，孙权取荆州。十二月，关羽败死。（《魏志·武帝纪》《后汉书·献帝纪》）

九月，王粲二子涉魏讽谋反，为曹丕所诛，后丕以业嗣粲。

《魏志·王粲传》："粲二子为魏讽所引，诛，后绝。"裴注引《文章志》曰："太祖时征汉中，闻粲子死，叹曰：'孤若在，不使仲宣无后。'"

【兰按】：《魏志·武帝纪》："〔建安二十四年）（219）〕九月，相国锺繇坐西曹掾魏讽反，免。"裴注引《世语》曰："讽字子京，沛人，有惑众才，倾动邺都，锺繇由是辟焉。大军未反，讽潜结徒党，又与长乐卫尉陈祎谋袭邺。未及期，祎惧，告之太子，诛讽，坐死者数十人。"粲子既诛，曹丕以业嗣粲，已见前文所引。

是年，曹丕编纂王粲、刘桢等诸子文集。

《魏志·王粲传》裴注引《魏略》曰："二十三年，太子又与质书曰：'昔年疾疫，亲故多离其灾，徐、陈、应、刘，一时俱逝。痛何可言邪！昔日游处，行则同舆，止则接席，何尝须臾相失！每至觞酌流行，丝竹并奏，酒酣耳热，仰而赋诗。当此之时，忽然不自知乐也。谓百年己分，长共相保，何图数年之间，零落略尽，言之伤心。顷撰其遗文，都为一集。'"

【兰按】：曹丕《又与吴质书》亦载《文选》卷四十二，有"二月三日，丕白"云云。《文选》卷四十录吴质答笺言："二月八日庚寅，臣质言……陈、徐、刘、应，才学所著，诚如来命；惜其不遂，可为痛切"，亦当在是年也。沈玉成、傅璇琮《中古文学丛考》："查陈垣《二十史朔闰表》，建安二十四年二月癸未朔，二月八日正好是庚寅。曹丕的信是二月三日写的，吴质于二月八日回书，时间也正相衔接。"沈、傅两先生所说甚明，曹丕与吴质二人书函往来，固作于同年。再检薛仲三、欧阳颐《两千年中西历对照表》，建安二十三年（218）二月八日是丙申，二十四年（219）二月八日方为庚寅。是则《魏略》所言误，曹丕编撰文集当在本年。再曹丕此书下文论及"仲宣独自善于辞赋，惜其体弱，不足起其文，至于所善，古人无以远过……诸子但为未及古人，自一时之隽也"，盖其所编文集除收徐、陈、应、刘之作以外，亦收王粲之作。

主要参考文献

一、古籍

[1] 班固. 汉书[M]. 颜师古，注. 北京：中华书局，1962.

[2] 曹丕. 曹丕集校注[M]. 夏传才，主编. 夏传才，唐绍忠，校注. 石家庄：河北教育出版社，2013.

[3] 曹植. 曹植集校注[M]. 赵幼文，校注. 北京：中华书局，2016.

[4] 曹植. 曹子建诗注[M]. 黄节，注. 叶菊生，校订. 北京：人民文学出版社，1957.

[5] 晁公武. 郡斋读书志[M]. 孙猛，校证. 上海：上海古籍出版社，2011.

[6] 陈寿. 三国志[M]. 裴松之，注. 北京：中华书局，1982.

[7] 陈寿. 三国志集解[M]. 裴松之，注. 卢弼，集解. 钱剑夫，整理. 上海：上海古籍出版社，2012.

[8] 陈振孙. 直斋书录解题[M]. 徐小蛮，顾美华，点校. 上海：上海古籍出版社，2015.

[9] 陈祚明. 采菽堂古诗选[M]. 李金松，点校. 上海：上海古籍出版社，2008.

[10] 丁福保. 历代诗话续编[M]. 北京：中华书局，2006.

[11] 杜甫. 杜诗详注[M]. 仇兆鳌，注. 北京：中华书局，1979.

[12] 范晔. 后汉书[M]. 李贤，等，注. 北京：中华书局，1965.

[13] 方东树. 昭昧詹言[M]. 汪绍楹，校点. 北京：人民文学出版社，1961.

[14] 房玄龄，等. 晋书[M]. 北京：中华书局，1974.

[15] 葛洪. 抱朴子外篇校笺[M]. 杨明照，撰. 北京：中华书局，1991.

[16] 顾祖禹. 读史方舆纪要[M]. 贺次君，施和金，点校. 北京：中华书局，2005.

[17] 郭茂倩. 乐府诗集 [M]. 北京：中华书局，1979.

[18] 郭绍虞. 清诗话续编 [M]. 富寿荪，校点. 上海：上海古籍出版社，1983.

[19] 韩格平. 建安七子诗文集校注译析 [M]. 长春：吉林文史出版社，1991.

[20] 河北师范学院中文系古典文学教研组. 三曹资料汇编 [M]. 北京：中华书局，1980.

[21] 何焯. 义门读书记 [M]. 崔高维，点校. 北京：中华书局，1987.

[22] 何汶. 竹庄诗话 [M]. 常振国，绛云，点校. 北京：中华书局，1984.

[23] 何文焕. 历代诗话 [M]. 北京：中华书局，2004.

[24] 胡应麟. 诗薮 [M]. 上海：上海古籍出版社，1979.

[25] 纪昀，陆锡熊，孙士毅，等. 钦定四库全书总目（整理本）[M]. 四库全书研究所整理. 北京：中华书局，1997.

[26] 江淹. 江文通集汇注 [M]. 胡之骥，注. 李长路，赵威，点校. 北京：中华书局，1984.

[27] 李昉，等. 太平广记 [M]. 北京：中华书局，1961.

[28] 李昉，等. 太平御览 [M]. 北京：中华书局，1960.

[29] 李昉，等. 文苑英华 [M]. 北京：中华书局，1966.

[30] 李攀龙. 白雪楼诗集 [M] // 续修四库全书编纂委员会编. 续修四库全书：第1345册，上海：上海古籍出版社，2002.

[31] 李攀龙. 沧溟先生集 [M]. 包敬第，标校. 上海：上海古籍出版社，1992.

[32] 李攀龙. 古今诗删 [M] // 永瑢，纪昀，等. 纂修. 文渊阁四库全书：第1382册，台北：台湾商务印书馆，1983.

[33] 郦道元. 水经注校证 [M]. 陈桥驿，校证. 北京：中华书局，2013.

[34] 梁章钜. 三国志旁证 [M]. 杨耀坤，校订. 福州：福建人民出版社，2000.

[35] 刘昫，等. 旧唐书 [M]. 北京：中华书局，1975.

[36] 刘熙载. 艺概注稿 [M]. 袁津琥，校注. 北京：中华书局，2009.

[37] 刘勰. 文心雕龙 [M]. 黄叔琳，注. 纪昀，评. 李详，补注. 刘咸炘，阐说. 戚良德，辑校. 上海：上海古籍出版社，2015.

[38] 刘义庆. 世说新语校笺 [M]. 徐震堮，校笺. 北京：中华书局，1984.

[39] 刘跃进. 文选旧注辑存（第4册、第10册、第18册）[M]. 徐正，校. 南京：凤凰出版社，2017.

[40] 刘志伟. 文选资料汇编：赋类卷（上册）[M]. 北京：中华书局，2013.

[41] 陆时雍. 诗镜 [M]. 任文京, 赵东岚, 点校. 保定: 河北大学出版社, 2010.

[42] 逯钦立. 先秦汉魏晋南北朝诗 [M]. 北京: 中华书局, 2017.

[43] 马端临. 文献通考 [M]. 上海师范大学古籍研究所, 华东师范大学古籍研究所, 点校. 北京: 中华书局, 2011.

[44] 欧阳询, 等. 艺文类聚 [M]. 上海: 上海古籍出版社, 1999.

[45] 钱仪吉. 三国会要 [M]. 上海: 上海古籍出版社, 2006.

[46] 瞿蜕园. 汉魏六朝赋选 [M]. 上海: 上海古籍出版社, 1979.

[47] 阮瑀, 应场, 刘桢. 阮瑀应场刘桢合集校注 [M]. 林家骊, 校注. 石家庄: 河北教育出版社, 2013.

[48] 沈德潜. 古诗源 [M]. 闻旭初, 标点. 北京: 中华书局, 2018.

[49] 沈德潜. 说诗晬语笺注 [M]. 王宏林, 笺注. 北京: 人民文学出版社, 2013.

[50] 沈约. 宋书 [M]. 北京: 中华书局, 1974.

[51] 司马光. 资治通鉴 [M]. 北京: 中华书局, 2011.

[52] 司马迁. 史记 [M]. 裴骃, 集解. 司马贞, 索隐. 张守节, 正义. 北京: 中华书局, 1982.

[53] 宋祁, 等. 新唐书 [M]. 北京: 中华书局, 1975.

[54] 宋志英, 南江涛.《文选》研究文献辑刊 [M]. 北京: 国家图书馆出版社, 2013.

[55] 唐汝谔. 古诗解 [M] ∥ 四库全书存目丛书编纂委员会编. 四库全书存目丛书: 集部第370册, 济南: 齐鲁书社, 1997.

[56] 脱脱, 等. 宋史 [M]. 北京: 中华书局, 1977.

[57] 王粲. 王粲集校注 [M]. 夏传才, 主编. 张蕾, 校注. 石家庄: 河北教育出版社, 2013.

[58] 王夫之. 古诗评选 [M]. 李中华, 李利民, 校点. 上海: 上海古籍出版社, 2011.

[59] 王厚之, 辑. 古文苑 [M]. 章樵, 注. 北京: 中国书店出版社, 2012.

[60] 王士祯. 带经堂诗话 [M]. 张宗柟, 纂集. 戴鸿森, 校点. 北京: 人民文学出版, 1963.

[61] 王士祯. 古诗笺 [M]. 闻人倓, 笺. 上海: 上海古籍出版社, 2010.

[62] 王应麟.通鉴地理通释 [M].傅林祥,点校.北京:中华书局,2013.

[63] 魏征,等.隋书 [M].北京:中华书局,1973.

[64] 吴淇.六朝选诗定论 [M].汪俊,黄进德,点校.扬州:广陵书社,2009.

[65] 吴文治.明诗话全编 [M].南京:凤凰出版社,2006.

[66] 吴云.建安七子集校注 [M].天津:天津古籍出版社,2005.

[67] 萧统.文选 [M].李善,注.上海:上海古籍出版社,1986.

[68] 萧绎.金楼子校笺 [M].许逸民,校笺.北京:中华书局,2011.

[69] 萧子显.南齐书 [M].北京:中华书局,1972.

[70] 谢灵运,鲍照.谢灵运鲍照集 [M].丁福林,编选.南京:凤凰出版社,2009.

[71] 徐坚,等.初学记 [M].北京:中华书局,2004.

[72] 徐陵.玉台新咏笺注 [M].吴兆宜,注.程琰,删补.穆克宏,点校.北京:中华书局,1985.

[73] 许敬宗.日藏弘仁本文馆词林校证 [M].罗国威,整理.北京:中华书局,2001.

[74] 许学夷.诗源辩体 [M].北京:人民文学出版社,1987.

[75] 严可均.全上古三代秦汉三国六朝文 [M].北京:中华书局,1958.

[76] 严羽.沧浪诗话校释 [M].郭绍虞,校释.北京:人民文学出版社,1961.

[77] 颜之推.颜氏家训集解 [M].王利器,撰.北京:中华书局,2014.

[78] 杨晨.三国会要 [M].北京:中华书局,1956.

[79] 杨德周.汇刻建安七子集 [M].刻本.[出版地不详]:[出版者不详].1638(明崇祯十一年).

[80] 杨逢辰.建安七子集 [M].刻本,长沙:杨氏坦园.1890(清光绪十六年).

[81] 姚思廉.梁书 [M].北京:中华书局,1973.

[82] 殷璠.河岳英灵集注 [M].王克让,注.成都:巴蜀书社,2006.

[83] 余冠英.汉魏六朝诗选 [M].北京:人民文学出版社,1978.

[84] 俞绍初.建安七子集 [M].北京:中华书局,2017.

[85] 虞世南,等.北堂书钞 [M].北京:学苑出版社,2015.

[86] 郁贤皓,张采民.建安七子诗笺注 [M].成都:巴蜀书社,1990.

[87] 翟金明.集部辑佚文献汇编 [M].北京:国家图书馆出版社,2018.

[88] 张衡.张衡诗文集校注 [M].张震泽,校注.上海:上海古籍出版

社，2009.

[89] 张溥. 汉魏六朝百三名家集 [M]. 南京：江苏古籍出版社，2002.

[90] 张玉縠. 古诗赏析 [M]. 许逸民，点校. 北京：中华书局，2017.

[91] 真德秀. 文章正宗 [M] // 永瑢，纪昀，等. 纂修. 文渊阁四库全书：第 1355 册，台北：台湾商务印书馆，1983.

[92] 郑樵. 通志二十略 [M]. 王树民，点校. 北京：中华书局，1995.

[93] 钟嵘. 诗品集注（增订本）[M]. 曹旭，集注. 上海：上海古籍出版社，2011.

[94] 钟惺，谭元春. 古诗归 [M] // 续修四库全书编纂委员会编. 续修四库全书：第 1589 册，上海：上海古籍出版社，2002.

二、近现代著述

[1] 曹道衡. 曹道衡文集 [M]. 郑州：中州古籍出版社，2018.

[2] 曹金华. 后汉书稽疑 [M]. 北京：中华书局，2014.

[3] 陈斌. 明代中古诗歌接受与批评研究 [M]. 上海：上海三联书店，2009.

[4] 程章灿. 魏晋南北朝赋史 [M]. 南京：江苏古籍出版社，2001.

[5] 范子烨. 中古作家年谱汇考辑要 [M]. 西安：世界图书出版西安有限公司，2014.

[6] 傅刚. 汉魏六朝文学与文献论稿 [M]. 北京：商务印书馆，2016.

[7] 傅刚. 魏晋南北朝诗歌史论 [M]. 北京：商务印书馆，2017.

[8] 高光复. 赋史述略 [M]. 长春：东北师范大学出版社，1987.

[9] 葛晓音. 八代诗史 [M]. 北京：中华书局，2012.

[10] 葛晓音. 先秦汉魏六朝诗歌体式研究 [M]. 北京：北京大学出版社，2012.

[11] 郭建勋. 先唐辞赋研究 [M]. 北京：人民出版社，2004.

[12] 韩格平. 建安七子综论 [M]. 长春：东北师范大学出版社，1998.

[13] 侯立兵. 汉魏六朝赋多维研究 [M]. 北京：人民出版社，2007.

[14] 胡大雷. 文选诗研究 [M]. 桂林：广西师范大学出版社，2000.

[15] 胡大雷. 中古赋学研究 [M]. 桂林：广西师范大学出版社，2011.

[16] 胡国瑞. 魏晋南北朝文学史 [M]. 武汉：武汉大学出版社，2013.

[17] 胡旭. 汉魏文学嬗变研究 [M]. 厦门：厦门大学出版社，2004.

[18] 胡旭. 先唐别集叙录 [M]. 北京：中国社会科学出版社，2011.

[19] 黄水云. 中国辞赋论丛 [M]. 台北: 文津出版社有限公司, 2012.

[20] 黄亚卓. 汉魏六朝公宴诗研究 [M]. 上海: 华东师范大学出版社, 2007.

[21] 江建俊. 建安七子学述 [M]. 台北: 文史哲出版社, 1982.

[22] 江竹虚. 曹植年谱 [M]. 江宏, 整理. 台北: 台湾商务印书馆, 2013.

[23] 李景华. 建安文学述评 [M]. 北京: 首都师范大学出版社, 1994.

[24] 李文禄. 建安七子评传 [M]. 沈阳: 沈阳出版社, 2001.

[25] 铃木虎雄. 赋史大要 [M]. 太原: 山西人民出版社, 2015.

[26] 刘师培. 中国中古文学史讲义 [M]. 刘跃进, 讲评. 南京: 凤凰出版社, 2011.

[27] 刘永济. 十四朝文学要略 [M]. 武汉: 武汉大学出版社, 2013.

[28] 刘跃进. 中古文学文献学 [M]. 南京: 江苏古籍出版社, 1997.

[29] 鲁迅. 鲁迅全集 [M]. 北京: 人民文学出版社, 2005.

[30] 陆侃如. 中古文学系年 [M]. 北京: 人民文学出版社, 1985.

[31] 罗宗强. 魏晋南北朝文学思想史 [M]. 北京: 中华书局, 2006.

[32] 马积高. 赋史 [M]. 上海: 上海古籍出版社, 1987.

[33] 孙明君. 三曹与中国诗史 [M]. 北京: 清华大学出版社, 1999.

[34] 王玫. 建安文学接受史论 [M]. 上海: 上海古籍出版社, 2005.

[35] 王鹏廷. 建安七子研究 [M]. 北京: 北京大学出版社, 2004.

[36] 王巍. 建安文学概论 [M]. 沈阳: 辽宁教育出版社, 2000.

[37] 王巍. 魏晋南北朝文学意识的历史嬗变 [M]. 沈阳: 辽宁人民出版社, 2006.

[38] 王晓鹃.《古文苑》论稿 [M]. 北京: 人民出版社, 2010.

[39] 王晓毅. 儒释道与魏晋玄学形成 [M]. 北京: 中华书局, 2003.

[40] 王瑶. 中古文学史论 [M]. 北京: 商务印书馆, 2011.

[41] 王云路. 中古诗歌语言研究 [M]. 西安: 世界图书出版西安有限公司, 2014.

[42] 王运熙, 顾易生. 中国文学批评通史: 魏晋南北朝卷 [M]. 上海: 上海古籍出版社, 1996.

[43] 王锺陵. 中国中古诗歌史 [M]. 南京: 江苏教育出版社, 1988.

[44] 吴格, 眭骏. 续修四库全书总目: 丛书部 [M]. 北京: 国家图书馆出版社, 2010.

[45] 吴云. 魏晋南北朝文学研究 [M]. 北京：北京出版社，2001.

[46] 奚彤云. 中国古代骈文批评史稿 [M]. 上海：华东师范大学出版社，2006.

[47] 徐公持. 魏晋文学史 [M]. 北京：人民文学出版社，1999.

[48] 薛仲三，欧阳颐. 两千年中西历对照表 [M]. 北京：三联书店，1956.

[49] 杨焄. 明人编选汉魏六朝诗歌总集研究 [M]. 西安：陕西人民教育出版社，2009.

[50] 叶朗. 中国美学史大纲 [M]. 上海：上海人民出版社，1985.

[51] 于浴贤. 辞赋文学与文化学探微 [M]. 北京：中国社会科学出版社，2010.

[52] 于浴贤. 六朝赋述论 [M]. 保定：河北大学出版社，1999.

[53] 张可礼. 三曹年谱 [M]. 济南：齐鲁书社，1983.

[54] 张兰花. 曹魏士风递嬗与文学新变 [M]. 北京：人民出版社，2015.

[55] 张丽锋. 曹魏三祖时期文学研究 [M]. 北京：社会科学文献出版社，2017.

[56] 赵敏俐，吴思敬. 中国诗歌通史 [M]. 北京：人民文学出版社，2012.

[57] 郑婷尹. 明代中古诗歌批评析论 [M]. 台北：文史哲出版社，2013.

[58] 中国古籍善本书目编辑委员会. 中国古籍善本书目：集部 [M]. 上海：上海古籍出版社，1998.

[59] 周振鹤. 中国行政区划通史：秦汉卷 [M]. 上海：复旦大学出版社，2015.

[60] 周祖撰. 历代文苑传笺证 [M]. 南京：凤凰出版社，2012.

三、学位论文

[1] 陈绘芳. 王粲辞赋散文研究 [D]. 济南：山东师范大学，2018.

[2] 黄燕平. 王粲研究三题 [D]. 杭州：浙江大学，2008.

[3] 李华. 汉魏六朝宴饮文学研究 [D]. 济南：山东大学，2011.

[4] 李静. 王粲研究 [D]. 济南：山东大学，2009.

[5] 林丹霞. 刘桢诗歌研究 [D]. 深圳：深圳大学，2017.

[6] 吕艳. 王粲的思想及其文学创作 [D]. 济南：山东师范大学，2004.

[7] 王金龙. 王粲研究 [D]. 武汉：华中师范大学，2017.

[8] 王倩韵. 刘桢诗文研究 [D]. 济南：山东大学，2018.

[9] 王珊珊. 建安诗歌声韵艺术研究 [D]. 复旦：复旦大学，2014.

[10] 吴洁. 刘桢研究 [D]. 西安：陕西师范大学，2007.

[11] 向光金. 刘桢诗歌研究 [D]. 桂林：广西师范大学，2013.

[12] 谢丽琼. 魏晋赠答诗研究 [D]. 上海：华东师范大学，2009.

[13] 张文畅. 王粲赋的继承与发展 [D]. 长春：东北师范大学，2015.

[14] 张在存. 三国军旅诗赋研究 [D]. 济南：山东师范大学，2011.

[15] 张振龙. 建安文人的文学活动与文学观念 [D]. 西安：陕西师范大学，2003.

[16] 朱秀敏. 建安散文研究 [D]. 济南：山东师范大学，2011.

四、期刊论文

[1] 蔡世华. "七子之冠冕"的另一面：王粲实用文章价值初探 [J]. 江苏社会科学，1996 (2)：125-128.

[2] 池世桦. 刘桢诗"气过其文，雕润恨少"之歧见 [J]. 齐鲁学刊，2001 (4)：5-8.

[3] 杜贵晨. 刘梁、刘桢故里及世系、行辈试说 [J]. 泰安教育学院学报岱宗学刊，2002，6 (3)：57.

[4] 顾农. 刘桢论 [J]. 齐鲁学刊，1992 (2)：16-21.

[5] 顾农. 王粲论 [J]. 天津师大学报（社会科学版），1992 (5)：62-70.

[6] 韩安逸. 锺嵘《诗品》刘桢条疏证 [J]. 许昌学院学报，2011，30 (3)：13-15.

[7] 胡德怀. 论王粲赋 [J]. 中国文学研究，1988 (2)：29-33.

[8] 胡小林. 荆州学派王粲与杜夔交游师承考论 [J]. 中国文化研究，2013 (4)：80-86.

[9] 黄燕平. 20世纪80年代以来王粲研究述评 [J]. 广西社会科学，2011 (11)：125-129.

[10] 黄燕平. 论王粲投曹后同题诗赋创作的艺术特色 [J]. 西南交通大学学报（社会科学版），2009，10 (3)：15-20.

[11] 黄燕平. 王粲《七释》考论 [J]. 河南师范大学学报（哲学社会科学版），2012，39 (1)：177-182.

[12] 黄燕平. 王粲荆州交游考论 [J]. 中南大学学报（社会科学版），2009，15 (3)：439-444.

[13] 景蜀慧. 王粲典定朝仪与其家世学术背景考述 [J]. 四川大学学报（哲学社会科学版），2003 (4)：92-101.

［14］孔德明.再释刘勰《文心雕龙·体性》中的"公干气褊"［J］.长江师范学院学报，2008，24（4）：6-9.

［15］李静.试论"曹刘"并称［J］.中国韵文学刊，2005，19（3）：17-22.

［16］李慰祖.刘桢简论［J］.韶关大学韶关师专学报（社会科学版），1990（4）：23-27.

［17］梁姗姗.胜于气 长于情：建安文人刘桢、王粲之对比［J］.萍乡高等专科学校学报，2008，25（4）：63-65.

［18］林斌.刘桢诗歌的艺术特征：兼论刘桢王粲的历史地位［J］.盐城工学院学报（社会科学版），2006（1）：65-68.

［19］林家骊.日本所存《文馆词林》中的王粲《七释》［J］.文献，1988（3）：15-18.

［20］刘芳.浅析王粲入邺前后"情志"文学思想变化［J］.蚌埠学院学报，2016，5（4）：67-69.

［21］卢佑诚.由刘桢诗漫话文气［J］.许昌师专学报（社会科学版），1986（1）：10-14.

［22］吕艳.《七哀》、《三良》：王粲人生的诗意言说［J］.齐鲁学刊，2005（2）：76-79.

［23］满颖慧."壮而不密"刘桢诗［J］.玉溪师范学院学报，2005，21（10）：51-54.

［24］缪钺.王粲行年考［J］.责善半月刊，1942，2（21）：8-13.

［25］穆克宏.捷而能密 文多兼善：刘勰论王粲［J］.福建师范大学学报（哲学社会科学版），1985（4）：68-75.

［26］施建军.20世纪建安文学研究综述［J］.中州学刊，2002（5）：51-56.

［27］宋景昌.论刘桢［J］.殷都学刊，1992（4）：109-115.

［28］谭其觉.王粲年谱［J］.北京女子高等师范文艺会刊，1919（4）：22-28.

［29］田璐.刘桢被刑对其后期诗歌创作的影响研究［J］.宜春学院学报，2008，30（5）：123-125.

［30］王金龙.王粲行年系地考［J］.汉语言文学研究，2017，8（4）：24-41.

［31］王锐.登高之作的里程碑：谈王粲《登楼赋》的文学地位及影响［J］.济南大学学报（社会科学版），2007，17（3）：44-46.

［32］王燕.刘桢诗歌的六朝拟作分析［J］.咸宁学院学报，2011，31（7）：46-

47.

[33] 王燕. 刘桢文论探微 [J]. 湖北成人教育学院学报, 2007, 13 (1): 63 - 64.

[34] 魏宏灿. 刘桢新论 [J]. 阜阳师范学院学报 (社会科学版), 1993 (1): 71 - 76.

[35] 谢建忠, 张华林. 论《毛诗》与刘桢诗歌 [J]. 兰州学刊, 2011 (11): 110 - 115.

[36] 谢建忠. 论刘桢的文气说及文学实践 [J]. 西南农业大学学报 (社会科学版), 2012, 10 (12): 99 - 105.

[37] 邢培顺. 好合琴瑟 分过友生: 曹植对王粲师承关系的全面探索 [J]. 聊城大学学报 (社会科学版), 2011 (6): 100 - 105.

[38] 熊清元. 王粲《从军诗五首》后四首系年考辨 [J]. 黄冈师专学报, 1990 (2): 42 - 44.

[39] 熊宪光, 肖晓阳. 刘桢及其作品的悲剧精神 [J]. 大庆高等专科学校学报, 1995, 15 (3): 25 - 29.

[40] 徐传武. 刘桢为宁阳何处人 [J]. 文献, 1996 (2): 55.

[41] 徐公持. 建安七子论 [J]. 文学评论, 1981 (4): 134 - 144.

[42] 徐公持. 建安七子诗文系年考证 [J]. 文学遗产, 1982 (A14): 125 - 144.

[43] 杨立群. 浅论王粲的人格心态 [J]. 广西社会科学, 2009 (11): 76 - 79.

[44] 易健贤. 慷慨以任气 磊落以使才: 刘桢和他的诗歌创作 [J]. 贵州教育学院学报 (社会科学版), 2000, 16 (3): 33 - 38.

[45] 余纪珍. 锺嵘《诗品》王粲条疏证 [J]. 黄河科技大学学报, 2013, 15 (4): 92 - 95.

[46] 袁济喜, 徐晓. 论"七子之冠冕"的形成: 试论王粲文学创作中诗礼秩序与情感表现的融合 [J]. 中国文学研究, 2013 (4): 30 - 35.

[47] 袁亚铮. 经学素养对刘桢生平及诗歌创作的影响 [J]. 新疆大学学报 (哲学·人文社会科学版), 2015, 43 (6): 116 - 120.

[48] 张春红. 论王粲诗之以情取胜 [J]. 宝鸡文理学院学报 (社会科学版), 2011, 31 (2): 38 - 42.

[49] 张亚新. "曹王"、"曹刘" 辨 [J]. 贵州大学学报 (社会科学版), 1988 (3): 54 - 59.

[50] 张亚新. 锺嵘《诗品》的曹操、刘桢品第 [J]. 中州学刊, 1987 (5): 80 - 84.

[51] 张艳存. 论王粲归曹后的文学创作 [J]. 哈尔滨师范大学社会科学学报, 2014, 5 (6): 104 - 106.

[52] 张振龙, 胡娅. 21 世纪以来王粲研究综述 [J]. 陕西理工学院学报 (社会科学版), 2015, 33 (2): 84 - 87.

[53] 周薇. 论锺嵘对刘桢的评价 [J]. 重庆邮电大学学报 (社会科学版), 2011, 23 (6): 39 - 42.

[54] 周薇. 王粲位次与魏晋南北朝文论的审美自觉 [J]. 贵州社会科学, 2002 (2): 77 - 81.

[55] 舟子. 刘桢籍贯考辨 [J]. 文学遗产, 1988 (2): 135.

[56] 朱绍侯. 王粲《爵论》评议: 兼论军功爵制的废除 [J]. 军事历史研究, 2015, 29 (3): 65 - 71.